古代歷史文化研究輯刊

二九編

王明蓀 主編

第14冊

清代廣東團練研究（1804～1911）（下）

何圳泳 著

國家圖書館出版品預行編目資料

清代廣東團練研究（1804～1911）（下）／何圳泳 著 -- 初版
-- 新北市：花木蘭文化事業有限公司，2023〔民 112〕
目 6+196 面；19×26 公分
（古代歷史文化研究輯刊 二九編；第 14 冊）
ISBN 978-626-344-158-3（精裝）
1.CST：軍事史 2.CST：清代 3.CST：中國
618   111021687

ISBN-978-626-344-158-3

9 786263 441583

古代歷史文化研究輯刊
二九編　第十四冊　　　　　　　ISBN：978-626-344-158-3

清代廣東團練研究（1804～1911）（下）

作　　者　何圳泳
主　　編　王明蓀
總 編 輯　杜潔祥
副總編輯　楊嘉樂
編輯主任　許郁翎
編　　輯　張雅淋、潘玟靜　美術編輯　陳逸婷
出　　版　花木蘭文化事業有限公司
發 行 人　高小娟
聯絡地址　235 新北市中和區中安街七二號十三樓
　　　　　電話：02-2923-1455／傳真：02-2923-1452
網　　址　http://www.huamulan.tw 信箱 service@huamulans.com
印　　刷　普羅文化出版廣告事業
初　　版　2023 年 3 月
定　　價　二九編 23 冊（精裝）新台幣 70,000 元　　版權所有・請勿翻印

清代廣東團練研究（1804～1911）（下）

何圳泳　著

目

次

表目錄

第四章　清代廣東團練與社會控制

　　官方的社會控制有兩個方面的內容，一是對居於基層社會管理主導地位的士紳及其團練組織是否能夠形成有效控馭；二是借由士紳之「手」是否能夠對基層社會形成有效控制與管理。對於清代廣東當局的地方統治來講，前者意味著能夠規避諸如山東、安徽等他省「團亂」現象的出現，關乎政權統治的穩定，後者則意味著官方是否能夠維持基層社會秩序的穩定，關乎人民百姓的安寧。本節圍繞官方的社會控制問題，闡述廣東當局為了規避如山東、安徽等他省「團亂」的出現，如何對士紳及其團練組織展開控馭。團練組織對於基層社會的管理與控制效果如何？面對團練組織對社會控制的無力，官方又是對基層社會管理秩序做出哪些調整？面對基層社會失序，官方採取怎樣的策略與措施加以應對？

第一節　官方對士紳與團練的控馭

　　無論是承平時期還是戰亂時期，清代團練組織在於穩定社會秩序方面起到重要作用。在基層社會管理方面，無論是來自中央的「皇權」還是來自地方的「官權」，從來都無法將權力擴散並滲透到基層社會的每個角落中。儘管象徵皇權的中央政府以及象徵官權的地方官府都在此方面做出了諸多的嘗試與努力，但其結果總是不盡人意。既然皇權與官權都無法對基層社會形成直接的管控，且又存在管控無力的事實，官方只能尋找能夠協助自己管理基層社會的「代理人」。而咸同兵燹時期，協同官府戡平戰亂、穩定社會秩序的清代團練組織得到了中央與地方官府的重視，最為重要的是領導清代團練組

織的士紳階層對清政權有著強烈的向心力。因此，清代團練組織及其辦團士紳遂成為清政府「代理人」的理想對象。

針對廣東地區而言，以順德團練為例，士紳階層成為基層社會的實際管理者，由士紳領導的團練組織亦成為基層社會管理的主要管理機構。廣東當局借由士紳之「手」更為便捷且高效地對基層社會展開管理與控制。儘管士紳群體和團練組織佔據基層社會管理的主導地位，但官方仍對其形成強力的控馭。

清代團練組織雖然作為官方管理基層社會的「代理」，但並不意味著官方對團練組織及其辦團士紳的完全放心與放權。雖然官府不得不在社會動亂之時鼓勵民間積極辦團，但對於地方辦團卻時刻處於一種戒備的狀態。官府雖不能充分介入地方的辦團活動中，但對地方辦團卻可以時刻監管，以保證地方的團練組織運行和團練活動的開展時刻處在官方的可控範圍以內。官方不僅對於地方團練的組織活動時刻處於監管狀態，而且對其辦團士紳的權勢亦始終保持壓制的態勢，這兩者實質上是清政府控馭地方勢力的「一體兩面」。

一、對地方辦團的戒心

官方對於地方辦團始終體現一種戒備心理。

嘉慶年間的白蓮教起義和咸豐年間的太平天國運動之亂，清代的這兩次大型的動亂最終平定，無疑昭示著團練在平定內亂方面所發揮的作用。一個毋庸置疑的事實是，在倡導各省地方官員和紳民積極辦團的過程中，清廷肯定了地方團練保家衛國的作用。清廷在萬般無奈之際確實希望地方辦團能夠成為當時挽救危亡的一劑救世良方，並加以推廣〔註1〕。不過，這種推崇並不是盲目和絕對的。相反，朝廷對於地方辦團存在著由來已久的戒心與防範。這種戒心與防範是來自於朝廷、官府對於地方團練以及隨之崛起的士紳階層在心理上處於一種矛盾狀態，即對於團練組織既要利用又要防範，對於辦團士紳是既要拉攏又要打壓。這矛盾心理又來源於中央管理體制中兩種現實矛盾〔註2〕。

第一個現實矛盾是關於中央對於地方管制的問題。鑒於唐末的藩鎮割據的歷史教訓，中央朝廷不希望地方上形成有勢力的民間組織。如果中央對於地方有限的武裝力量過度削弱，則在面臨盜匪劫掠，甚至較大的匪患或者外敵入侵的時候，地方當局難免陷入束手無策、無力應付的窘境。

〔註1〕 崔岷：《山東「團匪」：咸同年間的團練之亂與地方主義》，北京：中央民族大學出版社，2018年，第59～73頁。
〔註2〕 王爾敏：《清代勇營制度》，《臺灣近代史研究所集刊》，1973年第4期，第6頁。

另一個是現實矛盾就是晚清時期的紳權擴張問題。官府在地方行政事務的管理和執行中需要士紳協助管理基層社會行政事務，同時又要防範士紳對行政事務的過度介入。特別是士紳階層在團練組織創辦之前與之後兩個不同時期，由原來的基層社會控制的被管理者成為管理者所反映出身份和社會地位的巨大變動。這樣的巨大轉變足夠引起朝廷和地方官府的觸動與警惕。在軍事防務上，地方官府既需要依賴士紳辦團來平定內亂，同時又要時刻提防士紳在軍事武裝上形成絕對的掌控權，從而威脅到中央集權。

圖 4-1　士紳階層在保甲與團練中身份地位的差別〔註3〕

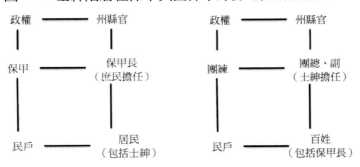

然而，晚清時期的「紳權擴張」是否足以威脅清朝的政權統治？答案是否定的。筆者認為至少對於清代廣東一省來說，所謂的「紳權擴張」非但沒能威脅清政權的統治，甚至也無法對「官權」形成有力的挑戰。

清代團練不僅是一種民間鄉兵組織，而且亦是一種社會管理機構。因此清代團練組織不僅體現平叛靖亂的軍事職能，而且還發揮著社會管理的行政職能。由於有了一定的武力依仗，廣東士紳對基層社會有了更大的控制力與影響力。基於此，廣東士紳階層在於基層社會管理中擁有相較以往更大的話語權，履行更多社會管理職能，發揮出更大的社會管理作用。這便是所謂「紳權擴張」之具象。

有論者以此認為自太平天國運動以後，士紳階層借助團練組織擴張權勢，形成所謂的「紳權擴張」，進而侵奪官府的「正式權力」，導致官、紳關係逐步走向對立〔註4〕。然而，如果從上述情況就此推斷整個士紳階層與官方呈現對

〔註3〕　王先明：《晚清士紳基層社會地位的歷史變動》，《歷史研究》，1996 年第 1 期，第 22 頁。

〔註4〕　崔岷：《游移於官、紳之間：清廷團練辦理模式的演變（1799～1861）》，《史學月刊》，2019 年第 7 期，第 54 頁；《禦匪到救時：道咸之際清廷團練動員的興起》，《社會科學研究》，2020 年第 5 期，第 182 頁。

立的關係，那是錯誤的〔註5〕。在總體上，士紳階層的政治立場與態度始終與官方保持一致。所以，士紳階層在一般情況下非但不會向國家政權發出挑戰，反而如果儒道或是國家政權受到嚴峻挑戰時，他們還會挺身而出，以一種「衛道者」的姿態對付「反叛者」。除非一個士子對入仕的期待完全落空（如洪秀全），繼而才會鋌而走險，向現有政權發出挑戰，否則士紳階層一般會選擇維護現有政權。

就基層社會管理方面，對於官方政權統治來說，士紳就是基層社會管理的基石。沒有士紳的協助，官方的基層社會管理很難進行下去。沒有士紳的參與與組織，基層社會生活儘管也能進行，但很難有任何組織完善的社會生活，以及像樣的組織社會活動。不可否認，士紳在於傳統中國社會中佔據著極為重要的地位，以及發揮著極為重要的作用。儘管在一些權益鬥爭，士紳更多傾向於地方，選擇保護地方利益，反對官府的種種侵犯（例如州縣官府的苛派強徵、官吏走卒的敲詐勒索以及種種腐敗行為）。由此，在自是所難免地會出現一些抗官抗糧的群體性暴力事件。

士紳在與官府共同管理基層社會過程中難免會產生一些頡頏，引發各種衝突，但這些現象終究只是個例。是否能夠由這些個案進而推斷晚清時代整個士紳階層與官府的對立？這種推斷值得質疑。至於士紳為何會與官府發生衝突，其背後的根本動機值得深入研究。其衝突的緣由是否就是「紳權擴張」所帶來的？抑或是由於某些官吏的腐敗行為，而士紳為了維護地方利益而不得以出面頡頏。這些引發衝突行為背後個中原委，孰是孰非？需要作進一步的辨明，方可定論。而並非簡單統而言之，將其定性為「紳權擴張」，士紳對官府「正式權力」的侵奪。

在正常情況下，士紳發揮著穩定基層社會的作用。清王朝統治者總是試圖利用並控制士紳，以達到對基層社會的控制。儘管存在一些如士紳抗官抗糧等例外情況，亦時常受到如外國勢力入侵等干擾，但清朝統治者卻始終對這樣一種統治策略一以貫之，從而在社會控制問題上有效地維護了官與紳之間的團結，並保持了長期的良好合作關係。在於諸多基層社會管理事務上，士紳仍佔據著主導地位，但諸多時候仍遵循著官方意志行事。更何況，對於基層社會的管理與社會控制的問題上，官與紳之間的關係並非對立，更多的

〔註5〕 孫兵：《清咸同年間山東州縣團練抗糧抗官活動與官府應對——兼與「團練勢力極度膨脹」說商榷》，《理論月刊》，2018年，第12期。

是呈現出一種合作關係。平定戰亂、穩定社會秩序是官與紳聯合辦團應對社會動亂的共同目的。並且，士紳是官方對基層社會管理與控制的重要依仗。因此在於社會控制問題上，雙方的合作關係是主流，對立、鬥爭則是次要。

另外，由於團練組織具有「應亂而興、亂止輒撤」的特點，因此戰亂中建立的團練組織並不會長久存在。隨著團練組織的裁撤，士紳階層便自然失去了管理基層社會事務的倚仗。所以，士紳取得基層社會管理的主導一般只存在於社會秩序紊亂的戰時狀態。官方一旦度過統治危機，擺脫戰爭威脅，便立刻飭令地方團練組織進行解散，以達到進一步削弱民間武裝力量，保障官方在軍事方面的絕對優勢。哪怕一些團練組織在戰後並未進行裁撤，官府亦是會削弱乃至剝奪其軍事力量，以進一步保障官方的軍事安全。例如，為應對第二次鴉片戰爭英法聯軍入踞廣州城引發的統治危機，朝廷與廣東當局委任羅惇衍、龍元僖和蘇廷魁（廣東「三大紳」）為團練大臣籌辦廣東團練。咸豐八年（1858），廣東團練總局就是為了應對第二次鴉片戰爭帶來的統治危機而設立的。而在同年清方與英法聯軍達成和議，簽訂《天津條約》以後，清政府隨即對廣東團練總局在於廣州城北軍事力量進行限制，勒令「北路各勇自可裁撤」〔註6〕。雖然廣東團練總局直至同治元年（1862）才得以裁撤，但咸豐九年（1859）以後的廣東團練總局基本喪失了廣東全省團練的領導權，且遷往順德並歸入順德團練總局，其職權極為有限，只負責為接濟西北江軍務的地方糧餉徵繳，並彌補各借項，料理請獎報銷等各項事宜〔註7〕。在廣東團練總局裁撤以後，清政府迅速將廣東「三大紳」之一的羅惇衍召還回京，並擢拔為左都御史，以此達到分化和拉攏廣東辦團士紳的目的〔註8〕。

並且，朝廷與地方不止一次地在上諭抑或在勸諭地方民眾興辦團練的告示中，強調「官督紳辦」為團練的運行原則〔註9〕。朝廷諭令地方官員、督撫

〔註6〕〔清〕龍葆誠：《鳳城識小錄》卷下，「廣東團練總局始末」，見廣東省立中山圖書館、佛山市順德區清暉園博物館：《順德歷代文獻選篇文叢（第一輯）》，廣州：世界圖書出版廣東有限公司，2020年，第36頁。

〔註7〕〔清〕龍葆誠：《鳳城識小錄》卷下，「廣東團練總局始末」，見廣東省立中山圖書館、佛山市順德區清暉園博物館：《順德歷代文獻選篇文叢（第一輯）》，廣州：世界圖書出版廣東有限公司，2020年，第36頁。

〔註8〕〔清〕龍葆誠：《鳳城識小錄》，卷上，「順德團練總局始末」，見廣東省立中山圖書館、佛山市順德區清暉園博物館：《順德歷代文獻選篇文叢（第一輯）》，廣州：世界圖書出版廣東有限公司，2020年，第13頁。

〔註9〕《安徽學政孫銘恩奏覆勘諭籌辦團練情形摺》（咸豐三年十月二十四日），見中

命令所屬各司應對辦團士紳以及所辦團練起到監督的作用，以便將地方團練的運行納入政府的有序管控之中〔註10〕。

時至光緒十六年（1890），薛福成專作《敘團練大臣》一文，反覆申說咸豐年間朝廷設立團練大臣的諸多教訓，其用意不僅在於總結前事，更在於避免讓士紳總攬過多權力而形成專權的政治格局。薛福成在《敘團練大臣》一文中反覆強調「官督紳辦」團練運行原則的重要性，用紳而防其弊，最根本無非是保證地方行政權力一統於官，確保達到紳為官助而不侵奪官權的目的。

> 團紳甲長擇老成公正、素有鄉望者為之，均由各該地方官督率統馭。官、紳互相維繫，官則約束書差，不准藉端苛派、需索擾累；紳則號令團丁，毋許假公濟私、尋仇報復。湘省民情尚知奉公，而拘捕、奪犯、毆差之案亦不能盡無，尤當嚴加警戒。由官出示申明法律，有犯照例懲辦，毋稍寬假。紳則勸諭本團壯丁，遇事務須安分守法，聽關處斷，不得恃強違抗。〔註11〕

官府並沒有放鬆對團練的控制，故聞鈞天在《中國保甲制度》中概括朱孫詒之團練特點為四：以人制之、以地限之、以官總之、以民團之。何謂「以官總之」——「（團練）悉歸地方官指使，使團總聽命於官。是官總其權，而紳董其事，此關總之之術也。〔註12〕」事實上，清代廣東大部分團練組織在辦理模式和運行形式一直遵循著「官督紳辦」的原則。

作為團練組織領導者與組織者的士紳階層，已經牢牢掌控著團練組織的運行。對此，朝廷與地方官府為了更好地管控團練組織，自然不會放任辦團士紳實施自我監管。雖然官方無法在團練組織體制內部對團練組織運行實施嚴

國第一歷史檔案館整理：《清政府鎮壓太平天國檔案史料》第 10 冊，北京：社會科學文獻出版社，1993 年，第 635 頁。《（民國）順德縣志》，卷 18，列傳，「龍元僖傳」，頁二至三，見《中國方志叢書·第 4 號》，臺北：成文出版社，1966 年，第 223～224 頁。《會奏廣東團練捐輸事宜摺》（光緒十年正月二十八日），見〔清〕彭玉麟著，梁紹輝等整理：《彭玉麟集》上冊，「奏稿·電稿」，長沙：嶽麓書社，2003 年，第 376 頁。

〔註10〕《清實錄》第 43 冊，文宗顯皇帝實錄（四），卷 199，咸豐六年五月癸未，北京：中華書局，1986 年，第 148～149 頁。〔清〕章佳容安輯：《那文毅公兩廣總督奏議》卷 11，頁四十五至四十六，見沈雲龍主編《近代中國史料叢刊》第 21 輯，臺北：文海出版社，1973 年，第 1462～1463 頁。

〔註11〕中國第一歷史檔案館：《光緒朝朱批奏摺》第 26 輯（內政·職官、保警、禮儀），北京：中華書局，1995 年，第 339～340 頁。

〔註12〕聞鈞天：《中國保甲制度》，上海：上海書店出版社，1992 年，第 322 頁。

密監控，但官方可以從其他渠道進行，例如通過對主要辦團士紳的籠絡與利用，使其俯首聽命於官方，並使之成為團練組織中官方的「代理人」，以進一步形成官方對團練組織的間接掌控。另外，官方亦可以在體制之外對團練組織的運行，例如組織成員的選任、武器的使用等方面進行限制，以保證團練組織的運行全在官方的掌控之中。這便是官方為何一再強調「官督紳辦」為辦團原則的道理所在。

總而言之，官方對於晚清時代形成的「紳權擴張」是有一定的約束與監管，並通過對士紳階層及其團練組織的控馭，完成對基層社會的間接掌控。官方對於地方團練組織不僅存有戒心，且存在監管，並通過對團練組織的利用，完成官方在基層社會無法完成的事項。

二、對團練組織的監管

晚清時期廣東動亂不斷，隨之而來的是清代廣東團練的不斷發展壯大。清代廣東團練作為晚清時期廣東地區最具影響力的民間武裝組織，官府必然要對其組織和活動情況形成全方位的監管。

第一，官方對團練組織的合法性以及辦團士紳身份的資格認可。

嘉慶以後動亂加劇，朝廷與官府鼓勵地方辦團，並將辦團權力下放到地方。但這並不意味著地方可以自由隨意地辦團。地方辦團首先要取得地方官府認可，這種認可分為兩部分，一種是對辦團者身份的認可，另一種是所辦理的團練機構的認可。因為廣東官府充分意識到團練作為地方的武裝組織，一旦落入一些劣紳手中，將會發生多麼危險的事情，所以官府必須對辦團者身份進行嚴格審核。辦團者一般皆為士紳，沒有士紳主持而組建起來的團練，往往會被官府視為非法組織而加以制裁。同樣組建團練的人如若沒有士紳身份，往往不被官府認可。

官府通過分發戳記方式，對辦團者成立的團練機構進行認可。清代學者左欽敏曾指出官府給團練頒發關防戳記有三大好處，其一，遵官。「頒之自官不敢私相授受，而後紳為官之紳，士為官之士，所以尊官也」；其二，「示信」。「文書往來足資考核，稟者不敢妄稟，覆者不敢虛覆，所以示信也」；其三，「重品」。「憑藉稍重識廉恥而有條理者乃肯身任其責，所以漸復周官、鄉師、族師之舊，而仁人君子、奇才傑士乃出於其間，所以重品也」〔註13〕。該種戳

〔註13〕〔清〕左欽敏：《湖南團練私議》，序，頁二，光緒二十五年（1899年）刻本，湖南省圖書館藏。

記一般由團總掌握，團練解散時要歸還官府。官府給團練分發戳記的做法是倣仿保甲制進行的〔註14〕。

在清代廣東地區，官府給團練機構頒發戳記的做法肇始於嘉慶年間順德縣。嘉慶五年（1800）順德知縣沈權衡為其領導團練局的團紳頒發「保良攻匪」的戳記〔註15〕。嘉慶年間香山、順德兩縣成立的小欖公約、黃圃公約和容桂公約皆被官府授予「保良攻匪」戳記。該戳記同時也作為團總約紳對不法肇事者緝捕查拿的權力憑證〔註16〕。咸豐十年（1860）大良公局收繳了其管轄下的四門公約（南關、北關、東關、城內各公約）的戳記，惟北關公約獨自留用。此舉證明大良公局及其所轄的四關公約皆擁有「保良攻匪」的戳記，得到官府的認可。

> 囑令四關公約紳繳還縣署所發公戳。張石鄰邑侯琮給發四關約紳各公戳一顆，俾遞稟蓋用以昭憑信。太常謂約紳憑眾推舉，合則留，不合則去，鄉眾自有公論。若一發縣戳，將踞者自踞，攻者徒攻，勢必稟縣追繳或且稟請另給，糾擾紛拿，無非因此戳所致，流弊何窮。是以囑各約將原戳繳還，惟北約獨留用。〔註17〕

咸豐八年（1858）廣東團練總局成立之後，朝廷授予廣東團練總局主持者羅惇衍以木刻關防，准其在局辦事〔註18〕。木刻關防是朝廷對廣東團練總局的團練活動及其局紳在局辦事權力的一種承認。清政府與英法聯軍簽訂合約之後，朝廷勒令廣東團練總局裁撤團勇，並將抗夷的各個團練調往西北江剿滅土匪，同時將木刻關防「夷務」二字改為「團練」〔註19〕。光緒十四年

〔註14〕《分給戳記》，見〔清〕許乃釗輯：《鄉守輯要合抄》（共十卷），卷2，首事，六，清咸豐三年（1853年）武英殿刊本。

〔註15〕《（咸豐）順德縣志》卷21，列傳，文傳，頁二十五至二十六，見廣東省地方史志辦公室輯：《廣東歷代方志集成·廣州府部》第17冊，廣州：嶺南美術出版社，2007年，第498頁。《議覆葉紹本條陳捕盜事宜疏》（道光二十年七月初七日，1840年8月4日），見《林則徐全集》編輯委員會編：《林則徐全集》第3冊，奏摺卷，福州：海峽文藝出版社，2002年，第1555頁。

〔註16〕〔清〕黃恩彤：《粵東省例新纂》（共八卷）卷5，頁三十八，清道光二十六年（1846年）藩署刊本，中山大學圖書館館藏。

〔註17〕〔清〕龍葆誠：《鳳城識小錄》卷上，「順德團練總局始末」，見廣東省立中山圖書館、佛山市順德區清暉園博物館：《順德歷代文獻選篇文叢（第一輯）》，廣州：世界圖書出版廣東有限公司，2020年，第15頁。

〔註18〕《清實錄》第43冊，文宗顯皇帝實錄（四），卷248，咸豐八年三月丁亥，北京：中華書局，1986年，第828～829頁。

〔註19〕〔清〕龍葆誠：《鳳城識小錄》卷下，「廣東團練總局始末」，見廣東省立中山

（1888），中法戰爭期間清遠縣設立安良分局，並設八十所分局，分別發給攻匪保良戳記〔註20〕。

　　朝廷與地方官府除了給其認可的團練組織頒發戳記或關防木印之外，還要求地方官實時彙報團練機構相關的團練活動。特別是兩次鴉片戰爭中建立的升平社學和廣東團練總局這種大型團練組織，而且它們的團練活動還事關外交，所以朝廷和廣東當局對其進行嚴密的管控。道光二十二年十二月（1843.1），兩廣總督祁墳將石井士紳稟請設立升平社學的要求反映給朝廷，得到朝廷的首肯〔註21〕。道光二十四年正月（1844.2），護理兩廣總督、廣東巡撫程矞採將石井、江村地方士紳捐建升平社學公所的情況上奏朝廷，並得到朝廷同意所奏的朱批諭旨〔註22〕。更小一級的團練機構需要設立，不僅要得到州縣官員的同意，而且還要由州縣地方官聯名保奏並得到督撫官員的認可。以東平社學為例，道光二十二年十一月（1842.12），番禺東北六社士紳賴定生、楊利達、楊金、王韶貴等人與番禺縣府經縣丞王韶光和縣丞高梁材聯名向督撫稟請設立東平總社，得到官府的贊同〔註23〕。換言之，縣一級團練機構（大團）的設立需要得到州縣官的認可，並聯名向督撫進行保奏，才能得以設立。而跨縣的團練機構（擴大團）的設立則需要得到督撫的認可，並通過督撫向朝廷反映後才能得以設立。升平社學與東平社學設立後，道光二十三年，督撫祁墳和程矞採聯名向朝廷彙報了升平社學、東平社學的設立情況和廣東團練相關的團練活動〔註24〕。鄉一級團練機構（小團）的設立同樣需要稟請知縣同意。如洪兵起義期間，東莞縣茶山鄉鄉耆袁承泰、舉人袁起

圖書館、佛山市順德區清暉園博物館：《順德歷代文獻選篇文叢（第一輯）》，廣州：世界圖書出版廣東有限公司，2020 年，第 34 頁。

〔註20〕《（民國）清遠縣志》卷 3，縣紀年下，頁四十，見廣東省地方史志辦公室輯：《廣東歷代方志集成·廣州府部》第 43 冊，廣州：嶺南美術出版社，2007 年，第 309 頁。

〔註21〕《祁墳等又奏石井紳士請建立升平社學團練自衛摺》，見〔清〕文慶等纂：《籌辦夷務始末（道光朝）》，第 5 冊，北京：中華書局，1964 年，第 2517 頁。

〔註22〕《程矞採單》（道光二十四年三月初二日），見中國史學會主編：《中國近代史資料叢刊·鴉片戰爭》第 4 冊，上海：上海人民出版社，1978 年，第 199～200 頁。

〔註23〕《番禺東北六社義民稟督署請建東平總社呈文（附祁墳批）》、《奉批擇日建社稟（附祁墳批）》，見廣東省文史研究館：《三元里人民抗英鬥爭史料》，北京：中華書局，1978 年，第 276～278 頁。

〔註24〕《祁墳等又奏團練鄉兵於粵省情形相宜摺》，見〔清〕文慶等纂：《籌辦夷務始末（道光朝）》，第 5 冊，北京：中華書局，1964 年，第 2673～2674 頁。

鳳聯合各鄉團，稟請東莞知縣華廷傑、京山巡檢司卓炳森設立祥和社，得到州縣地方官的支持〔註25〕。團練機構的設立需要得到督撫以及州縣地方官的批准，並及時報告相關的團練活動，這些都是官方對其所管轄區域內團練組織進行監督的必要手段。

第二，官方對團練組織的經費管理方面的監督。

官府對團練的監管還包括了團練經費的籌集與使用，例如嘉慶治理華南海盜過程中，總督那彥成向督辦固圍公約的鄭敏達、劉源隆等香山士紳，提議在團練經費籌辦方面按照順德縣容桂公約進行。那彥成要求將順德縣容桂公約的防盜章程十條均抄發至各州縣，各州縣按照自身情況因地制宜、稍加變通而施行，並將實行情況向當局報告，嚴禁官吏不得「假公濟私、借名科派、滋生事端，抑或從中擾阻，有意把持〔註26〕」。

咸豐五年（1854）順德團練總局成立以後，包括龍元僖個人捐資10萬兩在內，總局總共募集到第一批辦團經費為97萬兩。順德士紳龍元僖等人除了將籌集到的22萬兩留作順德團練總局的活動經費，還將剩餘75萬兩解交到省城，作為官方軍費，同時將團練總局數項開支以及經費進出各數全部造冊送縣。

> 凡順屬殷富每一名認捐至萬兩以上者，捐項全數解省，亦全數給獎。萬兩以下者捐項一半解省，照給獎，單餘半留局辦團，不給獎。太常二月初間先在省垣大佛寺捐局，認捐銀壹拾萬兩以為倡。邑局開後各殷富創鉅痛深，且見太常倡題鉅款。是以群情踴躍，計自開辦勸捐日起至捐竣日，縣屬收捐除每一名捐至萬兩者解省外，其留局充團費者約貳拾貳餘兩，仍不敷。商由縣令轉請善後局再給局費銀五萬餘兩。隨已將進支各數造具清冊送縣。〔註27〕

〔註25〕《茶山鄉志》，卷3，事蹟略，頁四十五，卷4，人物傳，清人物，袁承泰傳，頁七十二，見《中國地方志集成・鄉鎮志輯》第32冊，上海：上海書店出版社，1992年，第393、407頁。《茶山鄉志》，卷3，事蹟略，卷4人物略，袁承泰傳，見廣東省文史研究館、中山大學歷史系編《廣東洪兵起義史料》下冊，廣州：廣東人民出版社，1996年，第1358～1360頁。

〔註26〕〔清〕章佳容安輯：《那文毅公兩廣總督奏議》卷11，頁四十八至四十九，見沈雲龍主編《近代中國史料叢刊》第21輯，臺北：文海出版社，1973年，第1466～1468頁。

〔註27〕〔清〕龍葆誠：《鳳城識小錄》卷上，「順德團練總局始末」，見廣東省立中山圖書館、佛山市順德區清暉園博物館：《順德歷代文獻選篇文叢（第一輯）》，廣州：世界圖書出版廣東有限公司，2020年，第6頁。

　　咸豐八年（1858）廣東團練總局成立後，面臨著團練經費籌借無望的窘境。於是兩廣總督黃宗漢飭令地方官會同士紳按戶強制性進行派捐，才得以籌集到團練經費的啟動資金〔註28〕。咸豐十年（1860）廣東地區對英法聯軍的團練活動基本停止後，廣東團練總局要向朝廷奏銷剿夷用款，並備具清冊，諮部核銷。「此次奏銷似可仿行，經於本年五月內照例條款奏奉旨交部核准，照行諮覆在案。茲開列清冊呈部，旋由部細核奏，奉旨准予開銷，行諮到局。〔註29〕」咸豐年間朝廷直接干預廣東團練總局團練經費的籌集與使用。

　　第三，官方對團練組織表現出色紳民的嘉獎及犧牲團勇的撫恤。

　　成立的團練如要獲得官府的許可，應該提交辦理團練的士紳姓名和人數等詳細情況。官府有權對辦理團練士紳的品行、資質進行審核，對辦團出力的士紳及團勇進行嘉獎，對不得力者做除名退團的處理。官府採取這些措施也是出於對地方辦團實效的檢驗以及辦團過程實施監督的考慮，以防止辦團士紳敷衍了事、貪功瀆職，保證辦團質量。以鴉片戰爭期間升平社學為例，朝廷諭令當地官府對具備才能、辦團出力的士紳進行保奏拔擢，並從優嘉獎。其嘉獎之銀兩在士紳捐輸事項內籌劃辦理〔註30〕。隨後兩廣總督祁墳將設立升平社學的士紳人員以及各鄉捐銀數額上奏朝廷知曉〔註31〕。道光二十四年七月（1844.8），護理兩廣總督、廣東巡撫程矞採保奏李芳、梁源昌、何有書、週日襄等升平社學出力紳士〔註32〕。

　　對於團練中出力或犧牲的團勇，朝廷與地方官府均給予一定的獎賞和撫恤。例如嘉慶十年（1805）兩廣總督那彥成治理海盜、勸諭沿海鄉村組建團練時規定：

　　　　州縣印官不時親自下鄉查點試驗，人數齊整者獎賞，抗玩不行

〔註28〕〔清〕華廷傑：《觸藩始末》，見齊思和主編：《中國近代史資料叢刊・第二次鴉片戰爭》第 1 冊，上海：上海人民出版社，1978 年，第 193 頁。

〔註29〕〔清〕龍葆誠：《鳳城識小錄》卷下，「廣東團練總局始末」，見廣東省立中山圖書館、佛山市順德區清暉園博物館：《順德歷代文獻選篇文叢（第一輯）》，廣州：世界圖書出版廣東有限公司，2020 年，第 31 頁。

〔註30〕《奕山等奏查明兵勇月需經費並現在籌辦洋務情形摺》，見〔清〕文慶等纂：《籌辦夷務始末（道光朝）》，第 5 冊，北京：中華書局，1964 年，第 2202 頁。

〔註31〕《祁墳等又奏石井紳士請建立升平社學團練自衛摺》，見〔清〕文慶等纂：《籌辦夷務始末（道光朝）》，第 5 冊，北京：中華書局，1964 年，第 2517 頁。

〔註32〕《吏部奏遵議廣東捐建升平社學出力紳士議敘由》（道光二十四年七月初五日），見中國史學會主編：《中國近代史資料叢刊・鴉片戰爭》第四冊，上海：上海書店出版社，2000 年，第 203 頁。

者責懲，務使鄉黨互相聯絡，首尾相應，如常山之蛇，果能齊心合力，擒魁殺賊。地方官據實稟報其功之大小，團總或奏予職銜，或旌予匾額。共事出力之人賞給銀兩，優示鼓勵。倘鄰村被劫，坐視不救，則團總練長咎有難辭。或因號炮不明，則將卡勇責懲。〔註33〕

道光二十六年十一月十七日（1847.1.3），督辦九龍城工委員（候補縣正堂喬、候補糧捕分府顧、即補縣左堂袁）獎賞九龍各鄉團練壯勇銅錢60文一事〔註34〕。

對於抗英鬥爭中犧牲的團勇，番禺縣士紳暨三元里抗英鬥爭領導者何玉成向督撫衙門，為三元里抗英鬥爭中犧牲的團勇稟請設立忠勇祠，並獲督憲衙門批准。對於這些在王朝戰爭中死去的人，朝廷與地方官府通過為他們立墓、樹碑、修祠等方式，將其塑造成忠於朝廷的道德楷模，並加以政治宣傳〔註35〕。清王朝官方的這些追認忠義之舉，愈發強化紳民對王朝政權的認同與向心力。

第四，官方對團練組織火器使用的嚴格管制。

官府對團練的監督還體現在對其火槍、大炮等重型武器使用情況的管制。

《大清律例》嚴厲禁止民間私有鳥槍以及火炮等火器，但因戰爭需要，朝廷與官府對團練使用火器的管制稍加放寬，火器的領用卻需要得到官方嚴密的監控〔註36〕。嘉慶廣東治理華南海盜期間，辦理沿海團練的紳耆需要火炮也須就近兵營進行借撥，所借用的官炮需要官府進行編號，使用完畢之後計數收回，同時委任地方官員隨時查察〔註37〕。在《升平社學防守城北條例》中對團練使用火器做出如下的規定：

在和平之後，社學曾因需要，收到軍火庫發來有活動後膛之長槍十支及有小型軍器，加以記號，發給團勇練習，可照舊攜帶。現

〔註33〕〔清〕章佳容安輯：《那文毅公兩廣總督奏議》卷11，頁四十二至四十三，見沈雲龍主編《近代中國史料叢刊》第21輯，臺北：文海出版社，1973年，第1455頁。

〔註34〕舒國雄主編，深圳市檔案館編：《明清兩朝深圳檔案文獻演繹》，廣州：花城出版社，2000年，第1478頁。

〔註35〕〔美〕梅爾清：《躁動的亡魂：太平天國戰爭的暴力、失序與死亡》，新北：臺灣衛城出版社，2020年，第40頁。

〔註36〕張榮錚點校：《大清律例》卷19，《兵律·軍政》，天津：天津古籍出版社，1993年，第312～313、364頁。

〔註37〕〔清〕章佳容安輯：《那文毅公兩廣總督奏議》卷11，頁三十九，見沈雲龍主編《近代中國史料叢刊》第21輯，臺北：文海出版社，1973年，第1449頁。

決定由社學之紳耆請求高級官廳發長槍三十支，一俟收到，即分發
團勇攜帶。至於有等地方要安置大炮，社學經收到高級官廳會問，
謂已致函當地官府及將領提及。〔註38〕

另外，官府對於隨意購置火藥、槍械等違禁武器要求開辦團練的個人申
請，一律予以駁斥〔註39〕。

官府不僅對團練組織的人員、經費、獎懲原則以及武器使用等各方面實
施全方位的監管，而且對於辦團士紳管理當地社會事務亦予以適當的介入。
咸豐五年（1854）順德縣復城之後，順德團練總局的辦團士紳協助官府履行
了一定社會管理職能，包括修復損毀建築、捐建炮臺、平糶陳穀、買穀填倉、
興建義倉、疏通河道、勒令禁止鄉民挖穀爭界等事項。對於一些地方的公共
事務，地方官也樂意「授權」士紳去辦理，以顯出官民相得的和諧場景。但是
所謂的「授權」並非官府對士紳所做的事務完全放任不管。官府為了顯示自
己的權威和存在，仍保留對團練公局辦理地方事務的決策權和監督權。團練
公局在辦理地方事務之前必須稟請地方知縣知曉並同意後才能進行。例如順
德團練總局撥支團練經費代官修理城垣、衙署、藥房、汛房及龍王廟一事，
也須稟準順德知縣出示相關聲明才能進行〔註40〕。還有總局辦理變沽縣倉陳
穀和附城平糶等事務也須與順德知縣商議以後才能進行〔註41〕。因此，地方
團練公局職能的踐行是有一定相對性的和前提條件的，團練公局的士紳也並
非如「土皇帝」那樣的隨心所欲。儘管晚清紳權相較以往的確有所擴張，但
是地方士紳管理地方事務時依舊要得到當地官府的批准才能執行，所以士紳
的許多社會管理活動仍處於官府的嚴密管控。

咸同兵燹之後，清代團練組織職能的拓展，辦團士紳的權勢亦隨之有所
擴張，形成所謂「紳權擴張」的現象。但這種「紳權擴張」是在「官權」嚴

〔註38〕《升平社學防守城北條例》見廣東省文史研究館：《三元里人民抗英鬥爭史
料》，北京：中華書局，1978年，第276頁。
〔註39〕《澳長稟辦漁團之候查》（光緒三十三年九月二十九日），《廣州總商會報》，
1907年11月4日。《稟辦漁團被斥》（光緒三十三年十一月二十一日），《廣州
總商會報》，1907年12月25日。
〔註40〕〔清〕龍葆誠：《鳳城識小錄》卷上，「順德團練總局始末」，頁十九至二十三，
清光緒三十一年順德龍氏似園刻本，見倪俊明編審：《廣州大典》第221冊，
廣州：廣州出版社，2015年，第63頁。
〔註41〕〔清〕龍葆誠：《鳳城識小錄》卷上，「順德團練總局始末」，頁十九至二十三，
清光緒三十一年順德龍氏似園刻本，見倪俊明編審：《廣州大典》第221冊，
廣州：廣州出版社，2015年，第63頁。

格管控之下進行的，並不對「官權」乃至「皇權」形成致命威脅。在於社會控制體系中，官府主管縣級以上的行政事務，士紳接受州縣官吏的監督，分理縣級以下諸多的社會事務，成為官方在於基層社會的「代理人」。

第二節　盜匪問題與官紳辦團治盜

　　同治中期至光緒初期是清朝的一個「中興時期」〔註42〕。同治三年（1864）湘軍曾國荃部攻陷天京，太平天國政權敗亡。同治五年至七年（1866～1868），活躍於華北地區的捻軍起義活動業已基本結束。中法戰爭爆發之前，雖一再出現邊疆危機，但已無外國侵略中國的大規模戰爭。此時的邊境危機對於清朝統治不構成實質性威脅。同治中期至光緒初期，由於一批滿漢「中興之臣」的努力，清朝中央權威得以重建。在地方管理方面，官與紳的通力合作使地方社會漸趨穩定，並形成「官紳共治」的良好管理格局。此時的廣東社會亦沒有大型戰亂，中等亂事還有粵西土客大械鬥的餘波以及潮汕地區鄉族械鬥、抗官抗糧等事件。相較於之前道光、咸豐以及此後的光緒、宣統的兩段歷史時期，同治中期至光緒初期的廣東社會已是相對平靖。

　　咸同年間廣東當局的社會控制體系中，官方對士紳及其團練組織形成有效控馭，規避了諸如山東、安徽等其他省份「團亂」情況的出現。在「官紳共治」的管理格局下，廣東社會度過了一個相對安靖的時期。中法戰爭以後，頻發的盜匪問題對士紳及其團練組織的基層社會管理構成嚴重挑戰。清末廣東盜匪問題的日趨嚴重，以及盜匪勢力的不斷壯大，嚴重威脅並動搖官方的社會控制。清末廣東官與紳在盜匪問題上又將做出何種應對呢？

一、清末廣東嚴重的盜匪問題

　　清末廣東盜匪勢力日漸壯大，且其所引發的盜匪問題十分嚴重。清末廣東盜匪與會黨組織互相勾結，逐漸發展成為控制基層社會的一股武裝力量。

　　會與匪是兩個不同概念，「會」指會黨，是秘密社會的一種組織形式，其結會的目的在於「有事相幫」、「斂財分用」之類。「匪」指盜匪，是有劫掠財

〔註42〕　〔美〕芮瑪麗著，房德鄰等譯：《同治中興——中國保守主義的最後抵抗（1862～1874）》，北京：中國社會科學出版社，2002年。虞和平、謝放：《早期現代化的嘗試（1865～1895）》，見張海鵬主編《中國近代通史》，第3卷，南京：江蘇人民出版社，2009年。

物行為的武裝集團或個人。前者強調組織方式，後者強調行為方式。但事實上
會與匪的活動聯繫緊密，有時甚至因密不可分而被統稱為「會匪」。會黨有劫
掠行為則為「匪」，盜匪有拜會，加入會黨組織，亦為「會」。

　　據稱，清末廣東三點會等會匪遍布順德、恩平、開平、新寧、懷集等縣，
其中以懷集縣最多，「聞所糾不下萬人」〔註 43〕。清末的順德有「匪鄉」之
稱，據稱有會匪 10 萬以上〔註 44〕。

> 　　近聞順屬之羊額、倫教、黎村、容奇、桂洲等鄉鄉賊匪聚眾齊
> 出劫掠，攔途劫搶，以致水路不通。復布匪黨聯結三點會，到處引
> 人入會，威逼恫嚇。謂不入會則身家不保。聞順德之入會者已有四
> 五千人。經營弁率勇千人圍捕，黎村鄉不論良歹，先行捉獲，以俟
> 鄉紳攻保。惟賊匪聞風遠揚，未被緝獲。〔註 45〕

　　宣統元年（1909），廣東官員奏稱廣東「會匪日眾」的情形：「一省之中，
勾結日廣，幾乎無處蔑有，而以惠、潮、高、廉各屬為最多，近來附省之順
德、東莞、新會等縣，亦蔓延遍地〔註 46〕」。

　　為了斂聚更多財富，會黨成員多數從事盜匪活動。尤其是晚清以後，會黨
通常表現出大良漫無節制的劫掠活動，或直接為匪，或與盜匪相勾結，劫財分
贓〔註 47〕。清末，隨著盜匪勢力日益龐大，廣東會黨「匪化」情況亦十分突出。
光緒三十一年（1905），潮州府大埔縣與豐順縣交界地帶，三點會盛行，開臺
拜會，明目張膽，「從之者日益眾多，專以打家劫舍為事，富弱之家，夜不安
枕〔註 48〕」。惠州府各屬，三點會匪遍地皆是，「聚而為盜，散而為民，辦理甚
難得手」，致使劫掠之風盛極，攔河截擊，槍斃人命之案時有發生〔註 49〕。

〔註 43〕　《廣東三點會除分散於順德、恩平、開平外，以懷集為最多，糾眾不下萬人》，
　　　　　《申報》1904 年 10 月 3 日，見林忠佳、張添喜等：《〈申報〉廣東資料選輯 6
　　　　　（1902～1907）》，廣東省檔案館《申報》廣東資料選輯編輯組，1995 年，第
　　　　　181 頁。
〔註 44〕　《兵來草木無生氣》，《民生日報》1913 年 1 月 6 日。
〔註 45〕　《順屬三點會之披猖》（光緒三十三年九月十七日），《香港華字日報》1907 年
　　　　　10 月 23 日。
〔註 46〕　中國第一歷史檔案館：《辛亥革命前十年間民變檔案史料》（下），北京：中華
　　　　　書局，1985 年，第 478 頁。
〔註 47〕　劉平：《略論清代會黨與土匪的關係》，《歷史檔案》，1999 年第 1 期。
〔註 48〕　《大埔會匪蔓延》（光緒三十一年八月十一日），《嶺東日報》，1905 年 9 月 9
　　　　　日。
〔註 49〕　《惠州會黨猖獗》（光緒三十一年八月十日），《嶺東日報》，1905 年 9 月 8 日。

「有結會而不為匪，未有為匪而不結會者，是為會即匪之媒〔註50〕。」當時不少匪幫為了擴大勢力範圍和擴充人員的需要，都紛紛加入類似三合會等反清的會黨活動中〔註51〕。清末順德縣成為著名的「匪鄉」，當時盤踞在順德一縣的就有如李茂、黃金仔等有名的匪幫，他們長期對順德附近的州縣進行劫掠〔註52〕。順德的「大天二」普遍建立起自己的堂號，名曰「龍順堂」〔註53〕。據稱盤踞在順德一縣的盜匪已有10萬之眾〔註54〕。並且盜匪與會黨兩股擾亂社會治安的黑惡勢力產生緊密的勾結，活動頻繁且肆無忌憚。

> 近聞順屬之羊額、倫教、黎村、容奇、桂洲等鄉鄉賊匪聚眾齊出劫掠，攔途劫搶，以致水路不通。復布匪黨聯結三點會，到處引人入會，威逼恫嚇。謂不入會則身家不保。聞順德之入會者已有四五千人。經營弁率勇千人圍捕，黎村鄉不論良歹，先行捉獲，以俟鄉紳攻保。惟賊匪聞風遠揚，未被緝獲。〔註55〕

「粵東之盜，多屬會匪，實有滋漫難圖之憂〔註56〕。」而且會黨傳統的歃血會盟的儀式也被盜匪團夥所利用，成為匪幫首領團結籠絡手下的重要手段，這些儀式一直持續到民國時期〔註57〕。「廣東會黨與盜匪之間呈現的是一種『你中有我，我中有你』的複雜局面〔註58〕。」

清末廣東社會亂象叢生，盜搶劫案成為清末廣東社會司空見慣的事，而許

〔註50〕《岑方伯通飭廣東各州縣條復地方情形手諭》（光緒二十五年二月二十一日），《知新報》，1899年4月1日。

〔註51〕葉少林：《辛亥、討龍兩役珠江三角洲西五縣大天二的活動》，《廣東文史資料》第16輯，廣州：廣東人民出版社，1964年，第40頁。

〔註52〕葉少林：《辛亥、討龍兩役珠江三角洲西五縣大天二的活動》，《廣東文史資料》第16輯，第33頁。

〔註53〕廣東文史資料編輯部：《舊廣東匪盜實錄》，廣州：廣州出版社，1997年，第1頁。

〔註54〕《兵來草木無生氣》，《民生日報》1913年1月6日。

〔註55〕《順屬三點會之披猖》（光緒三十三年九月十七日），《香港華字日報》1907年10月23日。

〔註56〕《署兩廣總督袁樹勳奏廣東會黨日眾現擬辦理情形片》（宣統二年五月初二日，宮中朱批奏摺），見中國第一歷史檔案館：《辛亥革命前十年民變檔案史料》，下冊，北京：中華書局，1985年，第478頁。

〔註57〕〔英〕貝思飛著，徐有威譯：《洋票與綁匪——外國人眼中的民國社會》，上海：上海古籍出版社，1998年，第388～391頁。

〔註58〕何文平：《清末廣東的盜匪問題與政府清鄉》，《中山大學學報（社會科學版）》，2008年第1期，第94頁。

多盜案、劫案基本以盜匪、會黨為主要參與者。例如在潮嘉地區，劫盜已成為每日報章的例行新聞，其中潮陽縣的盜案頻發，每月至少在五宗以上〔註59〕。

　　清末廣東盜匪問題的嚴重及其日益壯大的盜匪勢力，對官、紳對盜匪問題的治理形成嚴峻挑戰，同時亦對基層社會管理秩序造成強烈衝擊。而官與紳將如何應對這場盜匪問題引發的社會動亂，其治盜的效果又將如何呢？

二、官與紳辦團治盜的展開

　　光緒初年，廣東盜匪問題已是非常嚴重。光緒四年（1878），廣東佛岡廳城被盜匪闖入，而當時官軍相距甚遠，鞭長莫及，幸有當地各堡鄉團對闖入之匪進行圍剿，才得以在五日之內克復城池。

> 兩廣總督部堂劉（坤一）廣東巡撫部院張（之洞）為籌辦團練以靖盜匪而安閭閻。照得粵東歲饑盜起，地方在在堪虞，惟有認真團練，庶足以資守望。倘遇風鶴之警，官軍亦得借助聲援。即如此次佛岡廳城被盜匪闖入，正在遣將調兵，分途進剿，而相距較遠，未免鞭長不及。非得各堡鄉團進攻，安望於五日內即能克復？萬一曠日持久，豈特盜匪滋擾不堪，將來大兵雲集之時，何能安枕？〔註60〕

此後，廣東督撫飭令該地區辦理團練。

> 際此歲歉民饑，難免宵小竊發，且毗連江楚，更恐伏莽萌孽。其間官兵既難節節設防，全賴團練相為捍禦。所望該紳民各就地方情形妥為籌辦，自為一團。或數村為一團，簽派壯丁，製備器械。並設立團長以任訓練督率之意。無事則安耕鑿，有事則習戰攻。〔註61〕

　　興辦團練成為清末廣東防範與緝拿盜匪的常用手段。《申報》中記錄了清末廣州省城因盜匪問題的多次辦團。

> 光緒六年八月初四日（1880.9.18）粵省近設籌防籌防聯團局，於省內魁港，肇羅道行署申紳士龍蘭簃、李若農、陳蘭甫三君主理其事，其餘郡縣諸紳尚未選定〔註62〕。

> 光緒十一年十月初七日（1885.11.13）時屆冬令防務宜嚴，督撫

〔註59〕　《（岑督憲）札覆清辦潮州盜匪》（光緒三十年四月七日），《嶺東日報》，1904年5月21日。

〔註60〕　《飭辦團練告示》（光緒四年四月初八日），《申報》，1878年5月9日。

〔註61〕　《飭辦團練告示》（光緒四年四月初八日），《申報》，1878年5月9日。

〔註62〕　《創設籌防》（光緒六年八月初四日），《申報》，1880年9月18日。

憲早經嚴飭營兵按段分巡，毋許或懈，保甲局覆札飭各街鋪民舉辦冬季團練，以期守望相助〔註63〕。

光緒十五年九月廿七日（1889.10.21）省城五方雜處、良歹不齊。時屆隆冬，每自盜賊竊發王灼棠廉訪憂之。先期頒發告示，明定章程，勸令各街民募勇團防，以期守望相助。未識各街民能懍遵憲詣，踴躍成團否也。〔註64〕

光緒十六年三月初一日（1890.4.19）查縣屬盜案每月總有數起，民間憂懼，竟有夜不安枕之虞，……嗣後各鄉紳耆人等務當遵守舊章，實力舉行團練，聯絡聲勢。〔註65〕

光緒十六年十一月十五日（1890.12.26）時屆冬令盜賊堪虞，巡緝地方更為緊要。著梟憲王誦先廉訪，飭令設立冬防局，招募勇丁團練，以資保衛。局內總辦系列劉勞鍾、陳四觀察，已於十四日開局矣。〔註66〕

　　光緒二十四年（1898）全國盜案四起，來自全國各地督撫奏摺紛紛上呈朝廷，自此盜匪問題才引起清廷的關注。同年，清政府主政人慈禧太后頒布懿旨，要求全國各地辦理積穀保甲團練等事，這是自太平天國運動之後清廷又一次在全國範圍內興辦團練〔註67〕。相較他省，兩廣地區的盜匪問題更為突出，因此清廷諭令兩廣地區限期一個月速辦團練〔註68〕。由此清末廣東地區才展開了以治理盜匪為目的，由官府主導的第五次團練活動。此後才有兩廣總督譚鍾麟、岑春煊等人的前後興辦全省團練。沒有相關史料記錄官府興辦全省團練之後，治盜成效如何，但從日益嚴重的盜匪問題可以推測出，清末廣東屢次辦團治盜基本上是收效甚微。

三、辦團治盜收效甚微的原因

　　光緒初年，廣東盜匪問題愈發嚴重，官府以治盜為目的勸諭民間辦團。儘

〔註63〕 《粵東雜錄》（光緒十一年十月初七日），《申報》，1885年11月13日。
〔註64〕 《廣州近事》（光緒十五年九月廿七日），《申報》，1889年10月21日。
〔註65〕 《告示照登》（光緒十六年三月初一日），《申報》，1890年4月19日。
〔註66〕 《嶺南近事》（光緒十六年十一月十五日），《申報》，1890年12月26日。
〔註67〕 《欽奉慈禧端佑康頤昭豫莊誠壽恭欽獻崇熙皇太后懿旨》（光緒二十四年九月），選錄於朱壽朋：《光緒東華錄》（四），北京：中華書局，1958年，第230頁。
〔註68〕 廣東省地方史志編委會辦公室、廣州市地方志編委會辦公室：《清實錄廣東史料》第6冊，廣州：廣東省地圖出版社，1995年，第348頁。

管清末廣東屢興團練，但始終未能真正落實，地方官吏與辦團士紳皆視為具文。即使迫於無奈不得不對盜匪實施緝捕，官與紳在治盜的落實與執行上亦互相推諉，甚至出現辦團劣紳與盜匪相勾結等惡劣現象。部分官吏在緝盜過程中不斷對辦團士紳勒繳「花紅」，給團練治盜帶來巨大壓力，同時一定程度上激化了官、紳矛盾。

第一，官、紳治盜的敷衍了事與互相推諉。

清末廣東以治盜為目的屢興團練，但事實上對於盜匪的防範與打擊卻是收效甚微。地方官方濬師認為儘管自己手訂的《團練保甲章程二十四條》雖「飭發各屬嚴諭舉辦，繼復迭申前令，飭據各屬於上年陸續稟報。雖均稟稱辦有端倪，實則明察暗訪，未能一律齊整，甚有不肖員弁紳董以時際太平，何用嘵嘵多事騰謗者。〔註69〕」地方官員未能實力奉行，辦團士紳敷衍了事，陽奉陰違的姿態，各官、紳士庶皆視為具文，致使團練治盜未能取得實效〔註70〕。

> 由卑府酌定振頓團練明白示稿，札發各屬舉辦，免致鄉村遠近不齊，傳諭未能周遍。惟是粵中人士情性各執，相率苟安，不知守望。地方牧令既鮮實心任事，又忘未雨綢繆。職道蒞任以來，於茲九載。卑府調權斯郡亦已年餘。即如飭辦團練實難一端，三令五申，幾致唇焦管禿。……此外非搪塞敷衍，即吝惜經費，罕有實力奉行者。〔註71〕

清末廣東地區盜匪橫行、會匪蠢動的局面，不但引起紳民的恐慌，連外國的領事亦敦促「省憲嚴飭地方迅速查辦，以遏亂萌」〔註72〕。不僅外界對於清末廣東亂象早已有所耳聞，就連遠居南洋的潮商亦發表他們對僑鄉治安惡化的憂慮。光緒三十年四月（1904.5），新加坡潮商陳景仁（雲秋）「以潮州去年以來，劇盜橫行，商民交困，而地方官未聞有力謀治安者，心焉憂之，因聯名

〔註69〕　《聯肇慶府聯稟遵照奉飭情節分別移行文武各衙門加意巡防振頓團練上劉制軍、張中丞稟（光緒四年三月十八日）》，載《嶺西公牘匯存》，卷10，頁十八，見沈雲龍主編：《近代中國史料叢刊》第27輯，臺北：文海出版社，1973年，第1607頁。

〔註70〕　《批署高要縣許肇元將團練保甲事宜酌議條款稟請示遵辦》（光緒三年十月十一日），載《嶺西公牘匯存》，卷9，頁四十三，見沈雲龍主編：《近代中國史料叢刊》第27輯，第1537頁。

〔註71〕　《聯肇慶府聯稟遵照奉飭情節分別移行文武各衙門加意巡防振頓團練上劉制軍、張中丞稟（光緒四年三月十八日）》，載《嶺西公牘匯存》，卷10，頁二十，見沈雲龍主編：《近代中國史料叢刊》第27輯，第1611～1612頁。

〔註72〕　《請辦三點會黨》（光緒三十年四月十六日），《嶺東日報》，1904年5月30日。

稟請領事府轉稟省憲飭屬嚴辦，以弭盜患而慰商情〔註73〕」。兩廣總督張鳴岐接到領事轉呈的稟稿，亦直斥治理潮州官員的無能、不力。其云：「查黏單內開，自上年六月至十二月，無月不有劫盜，甚至一月四五起之多，該管地方文武，平日漫不經心，事後毫無察覺，玩因偈循，實堪痛恨〔註74〕。」

對於治盜緝盜這種「費力不討好」的事項，官吏與辦團士紳不是敷衍了事，就是相互推諉。

光緒二十五年五月二十三日（1899.6.30），佛山西樵同人局局紳董德華奏報當地土匪赤勒申等人糾黨橫行，請求撫憲派兵支持。在各地大辦團練的形勢下，各地盜匪問題依舊非常嚴重，團練無法對付盜匪勢力及其引發的盜匪問題，不得已只能請求官方派兵，可見團練對治理盜匪沒有取得實質性成效。另外官方接報後，又苦於無兵可派的窘境，只能讓地方自謀辦法。

又如宣統三年（1911），香山縣小欖鎮鄉紳鑒於土匪竊發，擬辦團防。於是該年五月二十日在欖鄉公約集議，商辦團防。但是「是日到者寥寥，約紳又以無錢舉辦，不肯肩此責任，故終無成議〔註75〕」。

在這樣一種官與紳相互推諉，對盜匪問題治理無力的窘境當中，無疑可以預見清末廣東本已嚴重的盜匪問題更趨惡化〔註76〕。清末廣東時局動盪，官、紳在治理盜匪問題上相互推諉，同時打擊盜匪的「保甲團練」之法也沒能得到有效的施行，未能取得顯著成效。儘管官方不遺餘力地推行「保甲團練」之法，同時要求各地州縣制定出詳細的辦團章程，但實際上，「保甲團練」之法並未得到有效的施行，各地官府視同具文，各局士紳虛與委蛇，敷衍了事。

第二，劣紳辦團並與盜匪勢力相互勾結。

在士紳群體當中難免會產生一些品質低劣的士紳，這些人參與到辦團的活動中非但無法對社會秩序產生正面積極的作用，相反還會進一步擾亂社會穩定。劣紳辦團的惡劣影響最突出的表現在於與盜匪互相勾結。團練組織本是針對盜匪問題設立的專門機構，卻在某些劣紳的運作之下成為盜匪的庇護所，對社會秩序產生嚴重擾亂。光緒三十一年（1905），科舉制度的廢除引發士紳群體出現嚴重的分化，其中不少士紳則與盜匪、會黨勢力相互勾結、同流合污，

〔註73〕 《札覆清辦潮州盜匪》（光緒三十年四月七日），《嶺東日報》，1904 年 5 月 21 日。
〔註74〕 《札覆清辦潮州盜匪》（光緒三十年四月七日），《嶺東日報》，1904 年 5 月 21 日。
〔註75〕 《舉辦鄉團之難》，《香山旬報》第 98 期，第 72～73 頁，廣東翠亨孫中山故居紀念館館藏。
〔註76〕 《請兵彈壓》（光緒二十五年五月二十三日），《申報》，1899 年 6 月 30 日。

成為擾亂社會秩序的其中一員。士紳階層的分化導致士紳階層在於基層社會管理的主導地位發生嚴重動搖，同時使官府的基層社會控制失去重要倚仗，導致基層社會管理秩序的崩潰。

　　清末廣東地區盜匪橫行，有些劣紳甚至與盜匪沆瀣一氣，庇匪濫保，坐地分肥〔註77〕。儘管大多數情況下「劣紳」庇匪是打著維護家族利益的幌子，如光緒三十一年初，鶴山縣唐蝦壚被越塘馮姓盜匪百餘人行劫，鄉團當場拿獲巨盜6人，準備解縣究辦，馮姓士紳出面阻擾並大鬧公約，「謂我姓子侄，自有家法處置，別姓何得干涉，恃勢橫行，硬將釋放，一任賊等逍遙法外」〔註78〕。但是，此類行為不止使盜匪逃脫。還打擊了其他士紳剿匪的積極性，加快了士紳集團的分裂與內部對立〔註79〕。盜匪為了破壞以剿匪為目的的團練行動，時常對辦團士紳展開殘酷的報復行動。順德縣眾湧鄉鄉紳盧天驥在倡辦團練、自任團長的當天晚上就在家被一擁而入的一眾盜匪所殺〔註80〕。在清末廣東惡劣的治安社會環境下，即使一些有心辦團的正紳為了顧及身家性命對辦理團練只好敷衍了事，有的辦團士紳生怕遭遇報復，甚至乾脆賦閒在家、不願出面理事〔註81〕。地方士紳或出於害怕盜匪尋仇報復而不敢指攻，尤其是盜匪仇殺攻匪士紳的案件不斷出現以後，不少士紳「亦懼禍及，各相匿避」〔註82〕。正紳的退縮正是為劣紳進一步加強對團練機構的控制提供的機遇，同時又由於劣紳與盜匪的相互勾結，促使團練機構由原來的剿匪組織轉身一變成為盜匪活動的庇護機關〔註83〕。

　　士紳本是社會秩序的維護者，但清末士紳階層的分化，加之正紳退避，劣紳得勢，劣紳與盜匪相互勾結，導致士紳階層轉而成為社會動亂的製造者。

　　第一，地方官吏勒繳「花紅」的斂財牟利。

〔註77〕　《論鄉紳交匪之難》（光緒三十三年八月二十四日），《廣州總商會報》，1907年10月1日。
〔註78〕　《請看鶴邑劣紳之包庇盜賊》（光緒三十一年二月三日），《廣東日報》，1905年3月8日。《論鄉紳交匪之難》（光緒三十三年八月二十四日），《廣州總商會報》，1907年10月1日。
〔註79〕　《論鄉紳交匪之難》（光緒三十三年八月二十四日），《廣州總商會報》，1907年10月1日。
〔註80〕　《順德盧氏之冤狀》（宣統三年六月二十日），《時報》，1911年7月15日。
〔註81〕　《順德盧氏之冤狀》（宣統三年六月二十日），《時報》，1911年7月15日。
〔註82〕　《廣東之盜賊世界》（宣統三年七月三日），《時報》，1911年8月26日。
〔註83〕　《論龔梟議就鄉局改設巡警之善》（光緒三十三年七月二十二日），《香港華字日報》，1907年8月30日。

官與紳在治盜過程中出現不少摩擦與糾紛，特別在勒繳「花紅」一事上，暴露出地方官吏的貪婪，引發官與紳之間的矛盾衝突。

懸賞緝匪是官府緝盜的一個重要手段。懸賞的款項在廣東稱之為「花紅」〔註84〕。原則上「花紅」是由該匪族人自行籌繳，由地方團練局局紳管理。清末，廣東提督方耀辦理潮州地區盜案時，潮州各地公局所提繳的「花紅」之銀多達 31 萬兩之多〔註85〕。但官府為了防止團練局紳庇護本村本族之盜匪，勒令「花紅」之銀提交官府管理〔註86〕。官府在緝匪問題上不僅不斷逼勒士紳交匪，而且還一再逼勒士紳籌繳「花紅」。不少局紳為此承受不少壓力。例如光緒二十九年底（1903），南海縣西樵著名盜匪區新、區湛被官兵捕殺以後，原所懸賞的 2 萬元「花紅」，官府不斷勒令當地局紳進行籌繳，「以為窩庇巨匪者戒」〔註87〕。時人對此進行評論道：

> 匪有親屬，可以遵繳花紅，則紳士只上奉憲札，下勸匪親，辦理亦非棘手。然有寄寓數傳，流而為匪，既無親屬，孰繳花紅？此等匪徒，所地多有，則官必以勒紳捆交，為重要問題，而紳士之受累匪淺矣。〔註88〕

官府最初設立「花紅」是為了激勵緝盜，然而對「花紅」的追剿成為官吏斂財的一個重要手段，甚至官府不問盜匪是否已經緝拿，只問「花紅」是否已遵繳。

> 地方官於既繳花紅之後，遂置匪於不問，匪族亦以遵繳花紅，遂可藉免充匪，其謹慎者，不過以此塞責，其不肖者，更將緣以為奸。始僅責成匪之父兄，繼遂推至匪之親屬，甚者及於疏族祖祠，真匪飽劫掠之資，平民受追呼之慘。而地方官之視追剿花紅，更重於勒交匪犯。〔註89〕

〔註84〕〔清〕曾國荃：《曾忠襄公奏議》，卷 20，頁十六，見沈雲龍主編：《近代中國史料叢刊》第 44 輯，臺北：文海出版社，1966 年，第 1960 頁。

〔註85〕〔清〕曾國荃：《曾忠襄公奏議》，卷 20，頁十六，見沈雲龍主編：《近代中國史料叢刊》第 44 輯，臺北：文海出版社，1966 年，第 1960 頁。

〔註86〕《嚴飭地方官查察清鄉委員》（光緒三十三年八月十二日），《廣州總商會報》，1907 年 9 月 19 日。

〔註87〕《論功行賞》（光緒二十九年十二月一日），《申報》，1904 年 1 月 17 日。

〔註88〕《論鄉紳交匪之難》（光緒三十三年八月二十四日），《廣州總商會報》，1907 年 10 月 1 日。

〔註89〕〔清〕袁樹勳：《抑戒齋奏牘輯存》，《奏請嚴禁緝匪花紅永遠裁革摺》（宣統元年十一月），載〔清〕袁榮法編：《湘潭袁氏家集》，見沈雲龍主編：《近代中國

因此，官府勒繳「花紅」「適以懈緝匪之責，而長地方豢匪之風，且使無所控告之民，強者散四方，弱者轉溝壑」，結果是「廣東盜風如故，廣東之花紅亦如故」〔註90〕。光緒三十五年（1909），兩廣總督袁樹勳雖奏請禁止勒繳「花紅」，但各地官吏仍不願放棄這一斂財謀利的重要手段，各地「花紅」仍舊照收無誤。在盜匪問題十分嚴重的順德縣，地方官員「到處勒繳花紅，真犯狡獪難獲，良善幹累難堪」，即使是賊匪明目張膽地開臺拜會，各紳士也是置之不理〔註91〕。某種程度上，通過追繳「花紅」進行斂財成為官吏緝匪的主要目的。且官府一再地逼勒辦團士紳催繳「花紅」，給團練治盜帶來巨大壓力，且極易激化官、紳矛盾，引發官、紳衝突。民初《民生日報》對此評論道：

> 吾粵之為盜藪久矣。前清官吏，日日言治盜，而盜卒不之治，
> 則以有一所利者在也。何利乎爾？緝捕之大吏，大都與盜相依，盜
> 存則其利存，盜絕則其利絕。故陽以剿捕之者，達陞官發財之想；
> 陰以縱庇之者，為用寇自重之計。此盜之所以不能治也。〔註92〕

第三節　官方對團練治盜方式的調整

清末廣東團練組織治盜的無所作為和基層社會管理的失序，成為官方在於基層社會治理方面不得不面對的事實。於是，團練組織的「存」與「捨」成為官方考慮的問題。如若「存」，有何辦法可以促使團練組織在治安管理方面發揮出更為良好的效用？如若「捨」，又有何組織機構可以代替團練組織，協助官方展開治安管理？

一、「寓團練於保甲之中」

官府原本依靠團練組織對盜匪進行打擊，然而團練組織對盜匪問題的治理未見良好成效。因此，官府試圖通過保甲制度對團練組織實施全面掌控，將團練組織納入官府的全面控制之下。於是便有了「寓團練於保甲之中」的提出。

史料叢刊》第 21 輯，臺北：文海出版社，1966 年，第 114 頁。

〔註90〕〔清〕袁樹勳：《抑戒齋奏牘輯存》，《奏請嚴禁緝匪花紅永遠裁革摺》（宣統元年十一月），載〔清〕袁榮法編：《湘潭袁氏家集》，見沈雲龍主編：《近代中國史料叢刊》第 21 輯，臺北：文海出版社，1966 年，第 114 頁。

〔註91〕《順德真無一乾淨土》（宣統二年十一月二十六日），《香港華字日報》，1910年 12 月 27 日。

〔註92〕《今之治盜與昔之治盜》，《民生日報》，1912 年 5 月 14 日。

而現實情況是清末廣東地區的保甲已是名存實亡，但為何官府仍要不斷提出重建保甲，並提出將團練寓於其中的要求呢？其原因主要有兩點：

第一，當初國家興辦團練的初衷只是為了在平定戰亂中起到輔助官方軍隊的作用，未曾想團練卻成為士紳階層擴充權勢的重要憑藉，因此必須對團練的規模和士紳權勢進行限制與抑制。同時，咸同年間全國各地興辦團練引發的地方軍事化問題，向清王朝統治提出了尖銳的挑戰。因為如果非正規的軍事力量不能正規化並納入官方的有效控制之下，那麼國家自身安全將受到威脅。

第二，在行政管理上，國家設立團練組織也只是利用團練擁有的一定限度的武裝力量對小型的社會動亂和盜匪起到一定的震懾作用，以補保甲的不足，而絕非想讓團練取代保甲。

因此，無論是從軍事職能上還是行政管理職能上，團練組織都是作為八旗綠營經制兵和保甲的輔助和補充，處於一種從屬的地位。然而，團練的發展與壯大，大有取代國家經制兵和地方保甲的傾向，這是朝廷決不允許的，因此朝廷與地方官府必須直接出手，利用行政的強制力將團練組織收歸官有。另外，保甲是中央對地方實施行政管理的一種行政手段，是一種政府行為，也是實施統治管理的一種象徵與標誌。因此保甲制度作為官方基層行政控制力的代表絕不可能將其廢除。保甲由官府直接管控，借用保甲之名將團練置於其中，才能達到將團練控制權收歸官有的目的。

方濬師提出的「寓團練於保甲」的主張是基於保甲、團練二者不同特點，並且認為保甲比之團練在社會管理方面有更為明顯的優越性〔註 93〕。時任兩廣總督張樹聲亦同意了方濬師的提議，認為「必寓團練於保甲之中，寓選鋒於練丁之內」〔註 94〕。此後，廣東糧道李蕊在稟呈總督張之洞的奏稿中也提出團練應當以保甲為本的宗旨。

> 團練以保甲為本。治流寇以堅壁清野之法，以團練佐官兵，則團練重。然團練必寓於保甲，無保甲而矜言團練，往往滋弊。況自四方多故，遊勇哥匪，假勢焰於團練而益張，則保甲宜急講也。保甲，古良法，禁遊惰，嚴保結，所以清內奸者法無不備。由是而按

〔註93〕〔清〕方濬師：《保甲團練異同議》，載〔清〕方濬頤：《二知軒文存》，卷 10，頁一，見沈雲龍主編：《近代中國史料叢刊》第 49 輯，臺北：文海出版社，1973 年，第 651～652 頁。

〔註94〕《籌辦廣東海防情形》，載〔清〕何嗣焜編：《張靖達公（樹聲）奏議》，卷 4，頁五至六，見沈雲龍主編：《近代中國史料叢刊》第 23 輯，第 201～202 頁。

戶派丁，製器械以禦寇而團練起。重團練，愈重保甲，天下皆然，而在閩、粵尤急。前此沿海之變，數萬里揚帆而至，為寇幾何？皆閩粵之水盜，貪其利而附之、導之。則甲士之寡者眾，而山川之險易皆通，逆寇之凶鋒益銳，以無保甲階之屬也。有保甲，則內奸戢，舉無業之亂民，悉範以保甲之法而用為團練，則向之為寇用者，今可用以滅寇。團練之得力，本於保甲，以保甲清其源，以團練試其用。為兵為將，皆由此而進之。清查匪類，不即為羅致英流之具哉？否則棄壯士為寇資，識時務者必不然。〔註95〕

　　光緒二十四年，南海縣訂立的《保甲團練章程》中第 3 條明確規定「團練必託於保甲」〔註96〕。「寓團練於保甲之中」一值得到官方的大力支持與推廣，於是出現了一批將「團練」與「保甲」聯合命名的「團保局」〔註97〕。但是，事實上官方並未達到「寓團練於保甲之中」的真正目的，其始終不過是廣東當局的「一廂情願」。其原因在於清末的保甲制度已然廢弛，難收監管地方之效，更甭提「寓團練於保甲」。另外，士紳階層牢牢掌控團練組織的管理大權，官府若想將團練組織收歸官有，無異於觸犯了士紳階層的權益。因此，「寓團練於保甲之中」自然會遭到辦團士紳的強力抵制。甭說「寓團練於保甲之中」，即如在興辦團練一事上，地方官吏與辦團士紳多數採取敷衍了事或互相推諉的態度，認真奉行者實少〔註98〕。另外，就清代保甲與團練的關係，團練組織本源於地方保甲，其許多職能與保甲相同。只因清中期以後保甲與武備的廢弛，加之戰亂紛起、國防空虛，團練組織因協助官府平叛，其軍事功能得以彰顯，進而得以脫離保甲、獨立存在。如今，僅憑官方的「一廂情願」，強制性地讓團練回歸到保甲之中，無疑違背了歷史發展潮流。這種「開歷史的倒車」的做法是絕不可能成功的。

〔註95〕〔清〕李蕚著，李維琦等校點：《兵鏡類編》附錄二，奏稿，長沙：嶽麓書社，2007 年，第 807 頁。

〔註96〕《南海縣保甲團練章程二十六條》（光緒二十四年十二月十日），《嶺海報》，1899 年 1 月 21 日。

〔註97〕《實行裁撤團保局》（宣統三年七月二十二日），《香港華字報》，1911 年 9 月 14 日。

〔註98〕《聯肇慶府聯稟遵照奉飭情節分別移行文武各衙門加意巡防振頓團練上劉制軍、張中丞稟（光緒四年三月十八日）》，載《嶺西公牘匯存》，卷 10，頁二十，見沈雲龍主編：《近代中國史料叢刊》第 27 輯，臺北：文海出版社，1973 年，第 1611～1612 頁。

官方將保甲與團練相結合，意在更好地通過保甲對團練組織實施管控，實現將團練組織收歸官有。既然官府無力將團練組織收歸官有，那麼只能另闢蹊徑，尋找團練組織的「替代品」。清末清廷仿傚西方基層管理模式，不僅在中央設立巡警部，且在各省設立巡警道，要求全國各地推行巡警制度。官方此舉以期用巡警代替團練，取得基層治安管理權。

二、推行巡警以圖取代團練

光緒二十六年（1900），時任兩廣總督的陶模向朝廷提呈了變法自強奏議。從陶模上呈的變法自強奏議中，可以看出官方主張推行巡警制以取代保甲團練，並且較之於保甲團練，巡警的優點在於章程的細密與管理的規範〔註99〕。陶模的奏議得到朝廷的批准，同年位於廣州的西關巡警局得以設立〔註100〕。西關巡警局雖名曰巡警局，但從具體的章程規範看，其性質仍就沒有擺脫傳統地方募勇辦團的窠臼，更類似於城市團練的做法。無論如何，西關巡警局的出現表明了官府推行巡警制以取代傳統保甲團練的決心。

巡警制度從設立之初就體現明顯的官辦性質。光緒二十七年（1901）清廷實施「新政」。次年，全國各地推行巡警制。光緒二十九年（1903），廣東設立巡警總局，由官方主導推行巡警。巡警總局之下設立分局，總辦由按察使兼任，道員兼任會辦，各地知府出任提調，各地知縣為坐辦等〔註101〕。同年三月，廣州城內開辦巡警，巡警局設立於老城，並將街區分為五段，於原來保甲局的勇丁中挑選巡目 60 名，巡丁 480 名，分派五局巡防〔註102〕。原來城內保甲局及老城九段各卡，一併裁撤。同年十月，海陽知縣徐東崖「以各關、廂、鄉、都近來盜賊猖獗，舊有練勇一百三十名不足以資防守，議增加七

〔註99〕 〔清〕陶模：《粵督陶覆奏條陳變法摺》，載〔清〕毛佩之：《變法自強奏議彙編》，卷 18，十五，見沈雲龍主編：《近代中國史料叢刊》第 48 輯，臺北：文海出版社，1973 年，第 485 頁。

〔註100〕 《行商街眾請抽租設巡警原摺》（光緒二十六年六月二十日），《博聞報》，1900 年 7 月 16 日。《粵東談屑》（光緒二十六年七月二十五日），《申報》，1900 年 8 月 19 日。《行商街眾請抽租設巡警原摺》（光緒二十六年六月二十日），《博聞報》，1900 年 7 月 16 日。

〔註101〕 林仁：《清末民初廣州的警察機構（1903～1917）》，見中國人民政治協商會議廣東省廣州市委員會文史資料研究委員會編：《廣州文史資料》，第 11 輯，廣州：廣東人民出版社，1964 年，第 90～91 頁。

〔註102〕 《粵興巡警》（光緒二十九年四月十日），《申報》，1903 年 5 月 6 日。

十名……合成二百名，妥訂章程，改辦巡警」〔註103〕。同時委任「團練總帶汪士材統領其眾，分派各坊、關，日夜輪流巡防」〔註104〕。光緒三十三年（1907），汕頭設立巡警總局。總局局長由廣東巡警廳委任，內部設有委員協助管理警政，其下按中、東、西、南、北五路設局，各路設巡佐、巡尉、巡士長以及巡兵等職級，「除負責治安外，並辦理民刑訴訟，間及洋務交涉〔註105〕」。

　　光緒二十四年（1898），清廷勸諭全國各地興辦團練，鑒於兩廣地區盜匪問題的嚴重性，要求兩廣地區一個月內速辦團練。同年，兩廣總督譚鍾麟奉旨辦團〔註106〕。聯繫官方在興辦團練之後對巡警的大力推廣，可以推測出官方的真正用意在於，利用興辦團練之機實現對巡警的推廣。事實上，廣東確有不少地方的團練組織改為巡警局。例如三水縣、嘉應州、茂名等地的巡警局皆是由原來團練局轉換而來〔註107〕。又如汕頭，在丁寶銓道臺任內（1902）曾由保商局紳董籌款選募練勇巡緝（即設立汕頭團練局）〔註108〕。但因「地廣勇少，常有鞭長莫及之虞」，加之各大商埠、省會多已辦巡警，汕埠經濟日益發展，練勇當然不能適應新的時勢，故褚道乃倡議舉辦警察，以為因時制宜之計。

　　　　自光緒戊戌政變後，又改團練為巡警，（設總商會內，由總商會
　　　　負擔經費），將汕頭劃分東西南北四社，分駐由蛇浦司委任之總爺一
　　　　名統帶，至宣統元年，始設汕頭警察局，由廣東警察廳委任馮鐵鈞
　　　　為局長，改四社為四區，派出警察站崗。光復後仍沿用警察局，或
　　　　警察廳名義維持汕頭地方秩序。〔註109〕

　　警員的來源有兩種途徑，一是由公開招募而來。「另就地方招募土勇六十

〔註103〕　《招募巡勇》（光緒二十九年十月十四日），《嶺東日報》，1903 年 12 月 2 日。
〔註104〕　《郡垣舉辦巡警》（光緒二十九年十一月四日），《嶺東日報》，1903 年 12 月
　　　　　　22 日。
〔註105〕　饒宗頤：《潮州志》，兵防志，警政，八一，汕頭：潮州修志館，1949 年。
〔註106〕　《諭辦民團》（光緒二十四年八月十九日），《嶺海報》，1898 年 10 月 4 日。
　　　　　　《大紳辦團》（光緒二十四年十二月十一日），《嶺海報》，1899 年 1 月 22 日。
〔註107〕　《警察畢業生派回原籍》（光緒三十二年八月二十三日），《嶺東日報》，1906
　　　　　　年 10 月 10 日。《列呈茂名巡警圖說之批詞》，《廣州總商會報》（光緒三十三
　　　　　　年十月九日），1907 年 11 月 14 日。《批飭籌辦三水巡警》（光緒三十三年十
　　　　　　月九日），《廣州總商會報》，1907 年 11 月 14 日。
〔註108〕　《汕頭團練局四月徵信錄》（光緒三十年五月九日），《嶺東日報》，1904 年 6
　　　　　　月 22 日。
〔註109〕　謝雪影：《潮梅現象》，汕頭時事通訊社，1935 年，第 156 頁。

名，以為巡警，並供縣衙門驅使，以備解糧、解餉、解犯之用。就營中挑一千總員帶之，即將縣衙差役四十八名，先裁一半。〔註110〕」在潮汕地區，潮陽縣舉辦警察。惟興辦過程頗曲折。查潮陽興辦警察之議，在知縣俞瑛任內（光緒三十年至三十一年六月）已經提出。先是俞氏「蒞任後，即自募練勇六十名，重新訓練，於下鄉辦鬥各事，頗資得力」〔註111〕。知縣俞瑛有意將此六十名練勇「改為警察，以收巡防之實效」〔註112〕。警員的另一種獲得途徑就是由原來團練局的團勇改編而成。光緒三十一年七月二十四日（1905.8.24），「保安局紳集議倡辦」警察，但「以財力所困，勢難猝舉，至九月間，權將所設練勇八十名改為巡警」〔註113〕。總局開辦後，「翌年，設紳、商合辦的棉湖分局」〔註114〕。由保安局練勇改編之揭陽巡警，在開辦後三年，成效或強差人意。

官方意在「另闢蹊徑」，以巡警替代團練成為官方在基層社會的管理機構。然而在實際操作上，不少地區的巡警是由團練組織進行改編而來。團練組織衍至清末已成為基層社會的一個綜合管理機構。事實上，巡警源於團練，且較之團練組織更為強調治安管理職能的發揮。好比清中期團練源於保甲，較之保甲更為強調其勘平靖亂功能之發揮一樣。團練之於保甲，巡警之於團練，其組織形式應時代形勢發展而出現的。巡警作為社會治安管理的專責機關，應清末嚴重盜匪問題的社會環境局勢而得以出現。儘管巡警制的推行是在官方迫於社會失序和輿論壓力情況下，不得已實行清末新政中的一項政策，儘管其開辦以後治盜效果差強人意，但巡警的出現是對社會管理舊制度的一次革新與創造，亦是順應時代潮流所需。作為新興事物的巡警，其制度的完善和體系的健全皆需要時間，而現實留給清王朝的統治時間卻不多了。

儘管清末廣東基層社會嚴重失序，亂象叢生，但官府對於士紳群體以及地方辦團仍形成強力的控馭。地方辦團仍須得到官方允予方可進行。辛亥革命前述年，清政府對各省的行政控制系統已是嚴重癱瘓，處心積慮推行的「新政」，未得其益，反招其亂。廣東一隅更是危機四伏，革命黨起事屢撲屢起，

〔註110〕 《電諭改革澄海營兵制》（光緒三十年五月十日），《嶺東日報》，1904 年 6 月 23 日。

〔註111〕 《擬改練勇為警察》（光緒三十年五月十日），《嶺東日報》，1904 年 6 月 23 日。

〔註112〕 《擬改練勇為警察》（光緒三十年五月十日），《嶺東日報》，1904 年 6 月 23 日。

〔註113〕 饒宗頤：《潮州志》，兵防志，警政，頁八一，汕頭：潮州修志館，1949 年。

〔註114〕 揭陽縣地方志編纂委員會編：《揭陽縣志》，廣州：廣東人民出版社，1993 年，第 22 頁。

盜匪、會黨伺機大作，城鄉民變此起彼伏。對於紳民來說，危害最大莫過於治安失控，盜賊蜂起。清政府病入膏肓，幾乎喪失了基本免疫力，體現在整頓治安方面尤為如此。

宣統二年四月二十八日（1910.6.5），以劉成澤、胡國良、吳樹森等粵省紳商代表函呈粵商自治會，以清末盜匪橫行，迫切要求「舉辦鄉團」。此後，粵商自治會接受粵省紳商的請求，另文擬出鄉團、商團的組織章程，正式向諮議局提交「獎勵商團民團議案」〔註 115〕。諮議局在給廣東政府的正式呈文中亦表達「商團民團者，民力之所以輔助國力者也。故舉辦商團民團，實今日中國救亡之唯一手段〔註 116〕」。經過層層轉呈，粵省紳商的意見終於提交到廣東當局手中，但廣東當局在其答覆中極盡虛與委蛇、閃爍其詞之能事。巡警道在其覆函中稱此案已超出「自治範圍」，並強調「自治不能離官治而獨立」，因此不允許開辦。儘管此次呈請辦團未能如願，但此後粵省紳商陳廉伯等人仍為此奔走不綴，直至張鳴岐督粵時，官方仍不允。

就清末粵省紳商呈請辦團未允一事，表現士紳群體與地方政府對於清室覆亡危險來臨的兩種截然不同的反應，一是因地方糜爛而陷於水深火熱，迫不得已而謀求自救自治之法，另一是既無能治理，並自救之法亦不見容。由此亦表現出社會動亂愈劇，官方社會控制欲望愈強的政治心態；但卻不得不面對既無能治理，也無法管理的現實，最終必是得到士紳群體對清政權離心離德和民眾推翻清王朝的結果。

清末廣東社會動亂加劇，官方對團練組織管控較以往更為嚴苛。官府不僅對於團練組織的人事安排上進行諸多阻撓與控制，而且在團練武器使用方面亦頗多的約束與限制〔註 117〕。直至宣統二年（1910），廣東紳商通過諮議局向廣東當局稟請辦理民團商團，但是廣東當局則一再予以拒絕。社會動亂愈劇，清政府愈顯現出其強烈的控制欲。一方面，官府出於對地方武力的警惕，不允許地方自主辦團，極力將團練組織置於官方完全掌控之中。如此做

〔註 115〕《廣東諮議局第一次會議報告書》，頁六八至七四，見廣東省立中山圖書館、中山大學圖書館編：《清代稿鈔本》第 49 冊，廣州：廣東人民出版社，2007 年，第 167～170 頁。

〔註 116〕《廣東諮議局第一次會議報告書》，頁六八至七四，見廣東省立中山圖書館、中山大學圖書館編：《清代稿鈔本》第 49 冊，第 169 頁。

〔註 117〕何文平：《清末地方軍事化中的國家與社會——以廣東團練為例》，《學術研究》，2009 年第 9 期，第 118 頁。

法則嚴重限制了能夠制約盜匪勢力的管制力量的發展。另一方面，盜匪勢力由於清政府地方控制力的衰減，加之缺乏足夠強大的基層管制力量的制約，並且與其他會黨、革命黨人進行聯結，因而不斷得以壯大。一方是基層管制力量的萎縮，另一方是盜匪勢力的不斷壯大，雙方在於基層社會的力量對比嚴重失衡。盜匪一方在其較量中逐步佔據優勢，並逐漸取得清末廣東基層社會的控制權。清末民初，盜匪漸寖成為控制地方的一種非法武力權勢〔註118〕。

咸同時期，官、紳通過團練組織在戡平戰亂、穩定社會秩序方面展現出友好的合作關係。光緒初年，嚴重的盜匪問題迫使官、紳再度合作。但清末廣東的官與紳在盜匪問題治理上呈現出微妙的關係變化。官方不僅在地方辦團上進行限制與阻擾，而且在盜匪問題治理的諸多具體措施中觸犯了士紳的權益，激化了官、紳矛盾，並逐步將士紳群體推向自己的對立面。例如地方官吏逼勒辦團士紳催繳「花紅」，無疑給團練治盜帶來巨大壓力。又如「寓團練於保甲之中」的提議與做法，和推行巡警以圖取代團練等行為，體現出官方意在取消士紳群體的基層社會管理權。官、紳關係的惡化對於清政府的社會控制形成致命打擊，亦對清室覆亡產生重大影響。

法國史學家白吉爾對清室覆亡原因的見解頗有見地：

> 簡言之，辛亥革命爆發的原因，不在於商人階級社會地位的提高，不在於西方思想的傳播，也不在於孫中山的軍事和摧毀性活動，而是因為帝國政權沒有能力與處在深刻變化之中的地方精英階層結成持久的同盟，依靠他們的力量，既保證帝國政權的『延年益壽』，又促進地方精英的蓬勃發展。〔註119〕

小　結

本章圍繞清末廣東官方的社會控制問題，探討了以下兩個方面的內容。

第一，關於官方社會控制中的官紳關係。

中國傳統社會結構主要分為「上下」兩層，上層由官府管治，下層則由宗族、士紳等地方勢力主導。這樣的一種「上下層」管理的結構形態，有些學

〔註118〕 何文平：《民國初年廣東的盜匪與地方社會──一種「非法」武力權勢的形成》，《學術研究》，2011 年第 5 期。

〔註119〕 〔法〕白吉爾著，張富強、許世芬譯：《中國資產階級的黃金時代（1911～1937年）》，上海：上海人民出版社，1994 年，第 219 頁。

者稱之為「雙軌政治」或「雙重統治格局」等〔註120〕。同時，學界在過去很長一段時期普遍認為「皇權不下縣」〔註121〕。但此說法現已被一些學者所否認，他們諸多從清代「分防制度」或「次縣級政權與轄區」的角度，論證了清代官方對於基層社會的控制與管理並不止於縣級〔註122〕。雖然主導基層社會管理的士紳或宗族，在部分領域與國家政權存在衝突，但無論宗族組織還是士紳階層，在整合社會、維護民間秩序方面與國家政權有著共同的目的，在正統的文化價值系統中亦始終與國家政權保持高度的一致性。在社會控制方面，在於基層社會的宗族組織或士紳階層發揮構建社會秩序的重要作用，而國家政權借助士紳階層對基層社會實施間接控制與管理。從這一點看，國家與地方之間並非呈現出一種對抗、衝突的狀態。相反，士紳、宗族對於基層社會的管理，彌補了國家政權無法觸及管理上的空白，並沒有侵奪官府原有的「正式權力」〔註123〕。

　　以往學界對於晚清「紳權擴張」的表現，普遍認為士紳借太平天國時期的團練活動進而侵奪官府原有的「正式權力」，對官方政權統治造成威脅。但就晚清廣東而言，儘管咸同時期廣東士紳的權勢因團練活動而有所擴張，但不足

〔註120〕 費孝通：《費孝通選集》，天津：天津人民出版社，1988 年，第 129 頁；《中國士紳》，北京：生活·讀書·新知三聯書店，2009 年，第 68 頁，《皇權與紳權》，北京：生活·讀書·新知三聯書店，2013 年，第 62～64 頁。張研、牛貫傑：《試論團練大臣與雙重統治格局》，《安徽史學》，2004 年第 4 期，第59～60 頁。張研、牛貫傑：《19 世紀中國雙重統治格局的演變》，北京：中國人民大學出版社，2002 年，第 351 頁。

〔註121〕 「皇權不下縣」是由溫鐵軍最早提出的，但在此之前呂思勉曾做過相關的表述。（溫鐵軍：《半個世紀的農村制度變遷》，《戰略與管理》，1999 年第 6 期。呂思勉：《呂思勉讀史箚記》，上海：上海古籍出版社，1982 年，第 1097 頁。）

〔註122〕 胡恒：《皇權不下縣？清代縣轄政區與基層社會治理》，北京：北京師範大學出版社，2015 年。高壽仙：《「官不下縣」還是「權不下縣」？——對基層治理中「皇權不下縣」的一點思考》，《史學理論研究》，2020 年第 5 期。楊國安：《「天高皇帝遠」？古代基層社會如何治理》，《人民論壇》，2020 年第 3期。張新光：《質疑「皇權不下縣」：基於宏觀的長時段的動態歷史考證》，《華東理工大學學報（社會科學版）》，2007 年第 1 期。黃宗智：《集權的簡約治理——中國以準官員和糾紛解決為主的半正式基層行政》，見黃宗智：《經驗與理論：中國社會、經濟與法律的實踐歷史研究》，北京：中國人民大學出版社，2007 年，第 414～438 頁。

〔註123〕 瞿同祖先生認為官吏持有正式權力，是正式政府的象徵，而士紳則持有非正式權力，代表非正式政府。在清代中國，地方權力只在官吏（正式政府）和士紳（非正式政府）之間分配。（〔美〕瞿同祖著，范忠信，晏鋒譯：《清代地方政府》，北京：法律出版社，2003 年，第 338 頁。）

以對官權產生威脅。官府雖鼓勵地方興辦團練，但卻將團練的規模壓制在縣級以下，並在危機解除之後迅速勒令裁撤大型團練組織。就晚清廣東一域而言，咸同時期的大動亂造就了團練組織的遍設，且幫助士紳階層成功建立起多層級的地方管理體系。此時團練職能隨戰亂的擴大而得以擴展，士紳階層介入地方事務管理活動中，成為基層社會管理的主導。但就廣東一域而言，「紳權擴張」不足以威脅到官方統治。就清代團練活動時期而言，清政府社會控制有兩方面內容，分別以辦團士紳和團練組織為主要控制對象。地方團練的創辦使得士紳階層在社會活動中完成了由幕後走向臺前的角色轉換。此時的士紳階層憑藉一系列的團練活動，成功擺脫了保甲制度帶來的等級壓制，完成了社會管理活動的自主。而清政府對此實施控制的措施便是將原本「非正式化」變為「正式化」，將其制度化、官僚化，納入到國家行政管理體系中，納入到官方行政統治的正規中。例如授予辦團士紳「團練大臣」名銜，將其官吏化，又如有意將原本民間自辦的團練組織轉化為基層社會管理機構等等。官方此舉目的無非想把一切不可控的變為可控，否則就極盡一切辦法予以抹殺，以保障政權的穩定。所以，官方對於地方武力代表的團練組織的創辦，總是極為警惕，對地方辦團亦是始終體現一種戒備心理。即使在團練活動過程中，官方對辦團士紳及其團練組織展開嚴密的監管。其措施包括對團練組織的合法性的鑒定以及辦團士紳身份的資格認可；對團練組織的經費管理方面的監督；對團練組織表現出色紳民的嘉獎及犧牲團勇的撫恤；對團練組織火器使用的嚴格管制等等。

咸同時期，廣東當局出於對地方辦團的戒心，通過諸多管制措施對士紳及其團練組織形成強力控馭。辛亥革命前夕，廣東當局仍對士紳群體及其地方辦團形成強力控馭的態勢。清代廣東的「紳權」始終處於被「官權」壓制的狀態，「紳權」無法且無力侵奪「官權」。且就傳統士紳階層而言，士紳的集體利益與官方的根本利益是一致的，有穩定社會秩序的共同目的。因此，大部分士紳無意挑戰官府的權威。社會動亂來襲促成團練的興起，地方團練的興辦則有賴於官府與地方士紳的通力合作。士紳群體成為官方管理基層社會的「代理人」，而其創辦的團練組織則是管理基層社會的機構。

正是官方對於士紳及其團練組織的有效控馭，才使廣東避免像安徽、山東等其他省份「團亂」情況的出現。然而在官與紳聯合治理盜匪問題上，由於辦團治盜的不見成效，官方試圖轉變以往依靠團練組織進行社會治安的間接管理模式，以「寓團練於保甲之中」或推行巡警制等手段，試圖對社會治安實施

直接管理。清末廣東官方轉變社會治理模式的諸多舉措，直接剝奪了團練組織的基層社會管理權，侵犯了士紳階層的既得利益，進而引發官紳關係的惡化。清末廣東官紳關係的惡化，嚴重影響了官方的社會控制，咸同時期努力構建的「官紳共治」管理格局此時已徹底崩潰。

第二，關於官方社會控制中團練組織的社會管理效果。

在社會控制方面，官方借用士紳之「手」，通過各地遍設的團練組織，且建立多層級的管理體系，對地方社會形成高效地控制與管理。基層社會管理上，官與紳的「聯手」進而形成「官紳共治」的管理格局。在管理層級上，官府位於士紳的上層，士紳及其創辦的團練組織管理並控制地方社會，官府則對士紳及其團練組織形成控馭。這種理想化的「官紳共治」管理格局對於官方的社會控制來說，固然可以高效且省事，但事實上是否真能取得預期的效果，則另當別論了。如此理想化的管理設計，事實上則存在諸多現實問題，例如在管理層級上，官府應對和處理的對象只有士紳及其團練組織的單一對象，而士紳及其團練組織應對的卻是引發動亂的各類對象。現實中，鬥爭對象的多樣性常常讓士紳及其團練組織疲於應付且猝不及防。另外，士紳及其團練組織儘管有官府作為「靠山」，但很多時候其單薄的力量不足與敵對勢力形成抗衡，更遑論對鬥爭對象形成壓制，甚至剷除動亂根源。因此，團練組織的社會控制其實有著很大的侷限性，究其原因在於清末官權與紳權的同步衰弱。中央政權的衰微意味著官權無足以能夠為紳權的社會管理提供有力的支撐；紳權的衰微則進一步削弱士紳在於基層社會的管制力。

光緒初年，全國性盜匪蜂起，其中兩廣地區尤為嚴重。盜匪問題對清政府的社會控制以及團練組織基層社會管理都形成嚴峻的考驗。官府依照以往應對社會動亂的舊法，勸諭民間辦團治盜。然而團練治盜始終未見成效。其原因除了整治對象——盜匪勢力的龐大以外，還存在諸多執行上的問題，例如地方官吏與辦團士紳對於辦團治盜「視為具文」，並不「實力奉行」；治盜過程中，官與紳的互相推諉；以及地方官吏貪財牟利，頻繁對士紳勒繳「花紅」，進而激化了官、紳矛盾。

官府對團練治盜方式作出調整，先是提出了「寓團練於保甲之中」，試圖將團練組織納入保甲制當中，以進一步對團練組織進行直接操控。但是保甲制衍至清末已是廢弛已極、形同虛設。保甲在功能上不可能對團練組織職能發揮有所裨補。況且，團練本是源出保甲，應清中期戰亂而興；又因協助官

府平叛，其軍事功能得以彰顯，進而得以脫離保甲、獨立存在。團練與保甲在職能上存在許多共同之處。官方將團練組織重新回歸到保甲之中的企圖與做法，無疑違背了歷史發展的潮流，是不可能成功的。於是，官方只能「另闢蹊徑」，試圖通過推行巡警已取代團練。因為許多地區的巡警是在團練組織基礎上改編而來，因此可以認為巡警實質上是脫胎於團練組織，且是團練組織治安管理職能方面的進一步強化，是基層社會治安管理的專責機關。巡警作為新興事物，其制度的完善和體系的健全都需要時間，若假以時日是能夠在社會治安管理方面發揮出重要作用。但是現實留給清王朝的統治時間不多，清末社會動亂愈發劇烈，清朝統治者在治安管理上更是急不可耐、一味求成，因此巡警在治安管理方面仍呈現不了良好的效果。因為政府財政拮据，因此巡警多數只在比較大型的城市進行辦理，而且多數巡警局只是原來的團練局換了個牌子而已，其治安管理方式仍遵循團練治盜的老路。

由此，我們看到了清末廣東社會的這樣一番圖景：盜匪問題引發的社會動亂讓民眾陷入焦慮與恐慌之中。而官方組建的地方治安機構（前有保甲、後有巡警）都不能有效維護社會治安，由士紳組建的團練組織亦束手無策。清末廣東社會亂象叢生，地方失序。

另外，清末廣東團練組織在官方的社會控制體系中產生分化。如同圖 3-1 所示，由於廣東當局對辦團治盜方式的調整，促使團練組織與保甲發生結合，形成團保局；或者在官方的極力推動下，部分團練組織被改造成巡警局。總而言之，清代廣東團練組織只不過是官方進行社會管理的「工具」，發揮良好效用時則予以保留，沒達到預期效果時則予以替換。由於清末廣東辦團治盜問題上官與紳意見相左，進而在辦團治盜方式調整上發生爭執，進而引發官紳矛盾，因此，官紳在辦團治盜問題上開始分道揚鑣，如部分紳商、商人等不信任官府的部分社會群體選擇獨立辦團，催生了如商團一類的團練組織新形態。

第五章　清代廣東順德縣團練研究

　　19 世紀的廣東團練在平亂禦侮方面發揮出正面積極的作用。其中廣東省內的順德縣團練的創設、發展以及發揮出的社會控制方面更是令人矚目。選擇清代廣東順德縣團練作為本章重點考察對象是基於以下幾點考慮：

　　第一，清代廣東順德縣團練的典型性。

　　清代廣東順德縣團練在廣東省內眾多團練組織中具有典型的代表意義。相較於廣東省其他地區團練，順德縣團練的發展序列較為完整，發展等級與規模存在較為明顯的變化，所以順德團練具有典型性。關於順德團練的史料記錄相對較為完整，而其他州縣對於團練組織的記錄相對簡略，這也是分析其他州縣團練組織較為困難的原因之一。據《順德縣志》的記載，順德公約組織早在乾隆年間就已存在〔註1〕。嘉慶年間順德團練組織體系得到進一步的完善，軍事功能得到進一步強化，協助官府打擊海盜。順德士紳為了抑制內亂、抵禦盜匪侵擾設立公約作為早期的團練組織形式。隨著時間的推移，公約作為團練的一種基層組織形式，在官府的推動下在順德全縣得到大力推廣，並最終得以確立。因此，順德縣的公約組織是作為研究團練組織形式的一個典型分析樣本，嘉慶年間在順德籍士紳胡鳴鸞倡導之下成立的容桂公約就是其中典型的代表。另外從發展等級與組織規模看，順德團練歷經護沙組織——容桂公約——順德團練總局——順德團防總局的發展過程，典型體現了團練組織發展規模從無到有、從小到大的發展變化。在順德團練總局發展過程期間，尤其是咸豐年間創辦的廣東團練總局，促使團練規模從順德一縣擴展到全省。清代廣東順

〔註1〕《(民國)順德縣志》，卷3，建置二，「團局公約」，頁八，見《中國方志叢書·第4號》，臺北：成文出版社，1966年，第45頁。

德縣的團練活動，完美呈現出從個體防衛到地區防衛、再到全省防衛等一系列發展變化。

第二，清代廣東順德縣團練的影響力。

清代廣東順德縣的團練活動，對順德一縣乃至廣東全省的地方防務乃至政治經濟產生了重大影響。順德縣的團練活動，不僅與當地的社會動亂密切相關，而且與當地士紳群體與宗族組織聯繫緊密。在順德團練發展的早期，順德縣地方士紳及其所在的地方大族為抵制「沙匪」的打單勒索、維護沙田經濟收益，設立了「護沙組織」。嘉慶年間廣東海盜肆虐，順德籍士紳胡鳴鸞倡立容桂公約。在當時廣東當局勸諭民間團練的號召下，順德縣大良士紳龍廷槐主持民間聯防，組建團練，並在協助官府打擊海盜的鬥爭中表現出色。來自順德縣龍氏家族的龍元僖，在應對咸豐年間廣東洪兵起義的系列團練活動中聲名鵲起，更是在咸豐年間的第二次鴉片戰爭中成為統領廣東全省團練的領袖人物。龍元僖本人及其龍氏家族的相關團練活動，對順德縣社會發展產生重大的影響。因此，龍元僖本人及其所在的龍氏家族，對順德縣歷次社會動亂所做出的應對，是分析清代廣東順德縣團練活動發展的一個關鍵要素和典型分析樣本。

本章以順德縣團練作為清代廣東團練的個案研究，通過對順德團練發展過程，順德團練組織職能的發揮，及其在於基層社會主導地位的確立，分析社會動亂與團練活動的關係，士紳權勢擴張與團練職能的拓展，並以此以小見大地進一步加深清代廣東團練的整體認知。

第一節　清代順德縣團練興起的背景

團練的開辦本質上是出於一種民間武力自衛的本意。順德縣沙田區域的「沙匪」的掠奪行為以及豪右世家的「占沙」、「搶割」等管理亂象促成了「護沙」組織的出現。「護沙」組織的出現與擴大促成了順德團練的最初發展。因此，清代順德縣沙田區域的管理亂象與「護沙組織」的出現和擴大，是清代順德縣團練興起的社會背景。

順德縣處於珠江三角洲中部的衝擊地帶，水網縱橫。順德縣當地百姓向來將珠江流進順德地域的支流稱為「海」，故在順德縣志中有許多如「碧鑒海」、「桂畔海」等支流名稱的記載〔註2〕。其中順德主要幹流有 43 條，其他穿梭、

〔註2〕　《（咸豐）順德縣志》，卷3，輿地略，山川，頁二十四，見廣東省地方史志辦

蜿蜒縱橫於各鄉的支流小河不計其數，文獻並未進行相關統計。在順德縣水網縱橫的地理環境中，沙田是自然賜予順德重要的經濟資源，也是人力促進的成果。所謂沙田，通常指沿海濱江地區因江河挾帶的泥沙衝擊而成的田地。珠江三角洲形成的沙田區域按形成時間的先後順序大致分為「老沙田」和「新沙田」。

「老沙田」位於珠江三角洲的上部，即江門、小欖、容奇、市橋、黃埔等地連線西北方的沙田。而「新沙田」位於番禺縣南部、順德縣東南部以及香山縣北部地區。在珠江三角洲沙田區域中，東海十六沙沙田區屬於「新沙田」，從明代才逐漸得以開墾，到了清代中葉，大部分「東海十六沙」沙洲才開墾成田〔註3〕。東海十六沙由於墾殖時間較短，而且還有不斷形成可供墾殖的新沙坦，因此蘊含豐富的經濟資源，是珠江三角洲地區最為富庶的沙田區域。西海十八沙的沙田區域由於從宋元時期不斷進行大力開墾，至清代基本墾殖完畢，而且墾殖形成的沙田區域沒有東海十六沙多。所以相比之下，西海十八沙沙田已無過多的經濟潛能。

「東海十六沙」是一個很概括的地理名詞，是十六處沙田的總稱。至於哪十六處沙田，順德縣和香山縣各有不同的說法。順德縣士紳龍廷槐認為「東海十六沙」包括了大浪綱、大南上、大南下、坡頭上、坡頭下、石軍、浮噓、大拗、牛角、吳婆、中沙、白鯉、北流、罟步、馬鞍、三角等沙。這十六處沙田下轄 13 處子沙。由於「東海十六沙」說法存在著不同，因此對東海十六沙的沙田區域的面積大小也存在不同的說法。龍廷槐認為「通共除新漲草白坦不算，只核成熟田畝，約得貳千壹百餘頃。〔註4〕」在東海十六沙的沙田區域中，順德縣是擁有最大區域的一縣。在佔有沙田區的順德縣沙田業主中，順德大良龍氏家族又是其中坐擁沙田區域最廣的沙田田主。龍氏家族族產所擁有的沙田中，所以大良龍氏家族是東海十六沙最為重要的沙田田主〔註5〕。

公室輯：《廣東歷代方志集成·廣州府部》第 17 冊，廣州：嶺南美術出版社，2007 年，第 68 頁。

〔註3〕 中山市地方志編纂委員會編：《中山市志》下冊，廣州：廣東人民出版社，1997年，第 725～726 頁。

〔註4〕 〔清〕龍廷槐：《擬照舊雇募守沙議》，載《敬學軒文集》卷 12，見國家清史編纂委員會：《清代詩文集彙編》第 452 冊，上海：上海古籍出版社，2010 年，第 520 頁。

〔註5〕 黃永豪：《土地開發與地方社會：晚清珠江三角洲沙田研究》，香港：文化創造出版社，2005 年，第 90 頁。

圖 5-1　順德縣各鎮分布圖〔註 6〕

圖 5-2　老沙田與新沙田區域的分界擬線圖〔註 7〕

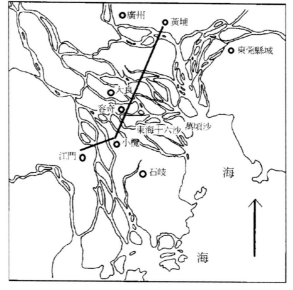

〔註 6〕何竹平輯錄：《順德歷代邑人尊孔文選》，香港：成匯印刷廠有限公司出版社，1990 年，第 11 頁。

〔註 7〕黃永豪：《土地開發與地方社會：晚清珠江三角洲沙田研究》，香港：文化創造出版社，2005 年，第 21 頁。

圖 5-3　東海十六沙及萬頃沙詳圖〔註8〕

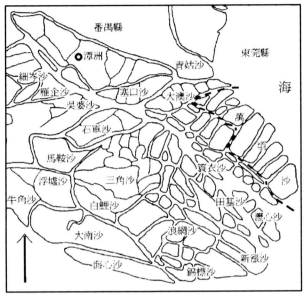

　　東海十六沙蘊含著豐富的經濟資源，經過開發的沙田能夠為其墾殖者所帶來的巨大經濟收益。另外，廣東地區能夠提供耕種的耕地面積較少，加之清代中期廣東地區人口膨脹，導致東海十六沙的經濟開發價值更加凸顯。值得注意的是，沙田的開發形式不同於傳統的荒地墾殖那樣只需與天氣、土壤、水源等自然條件發生聯繫就能完事，其開發形式更需借助相應的社會組織形成集體勞動才能完成〔註9〕。總而言之，沙田的開發和圍墾耗費極其巨大，關於這

〔註8〕　黃永豪：《土地開發與地方社會：晚清珠江三角洲沙田研究》，香港：文化創造出版社，2005 年，第 89 頁。

〔註9〕　修築堤圍工程是沙田開發工作中最為重要的一項內容，此種圍海工程極需大量人力和資金的投入。堤圍修築以後還需不斷投入資金和人力進行維護。所以作為防洪的堤圍修建所需要的資金還是人力，一般個體家庭是無法承擔的。對於古代鄉村來說，維護沙田的堤圍興建，很大一部分工作需要依靠世家大族進行。例如道光十一年（1831 年），大水沖毀了順德縣光華村的馬營圍、圍尾新圍，當地士紳林植芳等人承擔了圍壩的修補工作。道光十二年壬辰，馬奇村鄉紳陳成曾、陳東升等倡築永安圍。（《（咸豐）順德縣志》，卷 5，建置略二，堤築，頁三十四，見廣東省地方史志辦公室輯：《廣東歷代方志集成·廣州府部》第 17 冊，廣州：嶺南美術出版社，2007 年，第 115 頁。）而一些大型的堤圍修建則需要聯合數鄉才能進行，例如光緒二十四年順德縣紺村、禾渚五鄉對大都、潭村、登洲原有基圍進行增築。光緒二十年順德縣文海、石洲、瀧洲、大湧、裏水、羅坑聯合興築甘溪堡聯豐圍。（《（民國）順德縣志》，卷 4，建置三，堤築，頁二至三，見《中國方志叢書·第 4 號》，臺北：成文出版社，1966 年，第 59～60 頁。）

一點在龍廷槐和陳在謙的相關文集中皆有介紹〔註10〕。因此，單居寡戶的普通家庭並不具備開發沙田區域的能力，只有擁有眾多勞動力的大姓宗族才擁有開發沙田的能力。而且由於沙田區域經常產生激烈的搶奪，這也要求擁有開發沙田能力的墾殖者，同時也必須擁有護衛已開發沙田區域的能力。所以，沙田區域的開發者多數為勢族豪右，普通民眾無法染指，同時沙田區域引發的種種爭奪與糾紛一般發生在大姓宗族之間。

「占沙」與「搶割」即是大姓宗族搶奪控制沙田的一種極端手段與不法行為，成為東海十六沙的區域管理上一大惡劣問題。豪右世家侵吞憑藉地方勢力侵吞一些已納稅的沙田為己有，稱之為「占沙」；豪右世家雇募打手，強行收割他人沙田的經濟作物，稱之為「搶割」〔註11〕。另外，缺糧問題一直是清代廣東地區的一大痼疾。自乾嘉以來，廣東地區人口與耕地矛盾更為突出，廣東缺糧問題愈發嚴重。以往解決廣東人口的糧食問題通常需要從鄰省大量輸入糧食，然而其他省份同樣也遭遇了人口與耕地的矛盾問題，從而導致他省對廣東供糧的減少，所以加快珠江三角洲沙田區域的農業開發，已成為一件迫在眉睫的事情。清代官府鼓勵東海十六沙的區域開發政策，加之該區域蘊含了豐富的經濟開發價值，繼而引發了「沙匪」的覬覦和附近大族豪右的激烈爭奪。

嘉慶年間廣東天地會、三合會大為活躍。當地的匪徒以「打單」的形式勒索沙田富戶，否則，則以踐踏沙田稻苗的形式進行報復，因此順德縣擁有沙田的許多鄉村備受其擾〔註12〕。為了抵禦豪右世家的「占沙」、「搶割」，同時防禦盜匪侵擾等需要，一般擁有沙田產業的沙田業主皆有「護沙」組織所庇護，他們或自行組建，或聯合其他沙田業主組建，或加入其他勢力龐大的「護沙」組織。珠江三角洲地區沙田區域的「護沙」組織林立。此時的「護沙」組織形式只是以鄉村為單位，各個沙田區域的管理極為鬆散，各個「護沙」組織之間

〔註10〕《與瑚中丞（瑚圖禮）言粵東沙坦屯田利弊書》，載〔清〕龍廷槐：《敬學軒文集》，卷1，見國家清史編纂委員會：《清代詩文集彙編》第452冊，上海：上海古籍出版社，2010年，第425頁。〔清〕陳在謙：《與曾勉士論沙田書》，見《廣東文徵》第2冊第23卷，香港珠海書院出版委員會印行，1973年，第307頁。

〔註11〕《陳忠烈公中興政要策》「禁侵漁」，載《廣東文獻二集》卷3，轉載自譚棣華：《清代珠江三角洲的沙田》，廣州：廣東人民出版社，1993年，第241頁。〔清〕屈大均《廣東新語》上冊，北京：中華書局，1985年，第52頁。

〔註12〕《（民國）順德縣志》，卷23，前事，國朝，頁三至四，見《中國方志叢書·第4號》，臺北：成文出版社，1966年，第270頁。

互不統屬，都是各管各沙。處於這種管理形式下的「護沙」組織可以對付日常的一些小偷小盜，但如若遭遇大規模的盜匪劫掠，原本只有一個鄉族為單位進行管理的「護沙」組織則顯得有些力不從心。嘉慶初年珠江三角洲地區海盜的騷擾促成「護沙」組織的聯合與擴大。

第二節　社會動亂與順德縣團練組織

一、嘉慶華南海盜與容桂公約

　　康熙以來沙田區域各個沙田業主都有各自的「護沙」組織。嘉慶時期的廣東社會動亂進一步加劇，珠江三角洲地區「盜匪滋擾、耕多失業」，過去護沙組織所遵循的「各管各沙、無所統轄、不互照應」的辦法，已然無法應對愈來愈嚴重的動亂局面。嘉慶八年（1804）順德縣桂洲士紳胡鳴鸞看到了過去各「護沙」組織「各沙夫自恃用本求利，盜非吾責，袖手旁觀」的弊病，以「沙匪吳瘐喜、梁應大等糾黨數百擾害農苴」為由，於是聯合當地士紳，倡議建立統一管轄東海十六沙的容桂公約〔註13〕。容桂公約的主要職責就是緝捕盜匪，負責東海十六沙的防衛。為了方便緝捕地方盜匪，官府賦予了容桂公約緝捕、查拿盜匪的權力。「故辦匪以大鄉大族之巨匪為要，邇年節次攻辦。文武衙門皆責成該鄉紳秉公攻首緝拿解送。〔註14〕」為了緝捕盜匪的需要，容桂公約還設立了一定武裝組織。「桂洲進士胡鳴鸞約同城鄉業紳稟準邑候，在容奇圩頭設容桂公約，召募沙勇二百餘名，購置炮械，分配大小船艇十餘號赴沙巡防，每畝抽銀八分，以資辦公〔註15〕。」為了維持公約的運營，容桂公約還擁有一定的徵稅權，不僅擁有徵收沙田的捕費，而且還攬辦了牌規銀的徵收。此外，容桂公約還要向官府領取沙牌，向官府繳納一定的銀兩，並接受官府的管控〔註16〕。

〔註13〕《擬照舊雇募守沙議》，載〔清〕龍廷槐：《敬學軒文集》卷12，頁一至六，見國家清史編纂委員會：《清代詩文集彙編》，第452冊，上海：上海古籍出版社，2010年，第521～526頁。

〔註14〕《擬照舊雇募守沙議》，載〔清〕龍廷槐：《敬學軒文集》卷12，見國家清史編纂委員會：《清代詩文集彙編》，第452冊，上海：上海古籍出版社，2010年，第524頁。

〔註15〕《（民國）順德縣誌》，卷3，建置略二，團局公約，頁四，見《中國方志叢書·第4號》，臺北：成文出版社，1966年，第43頁。

〔註16〕《擬照舊雇募守沙議》，載〔清〕龍廷槐：《敬學軒文集》卷12，頁一至六，

　　嘉慶初年，華南海盜並對廣東沿海地區形成嚴重的擾亂。廣東海盜通過訂立《公立約單》形成聯盟，形成紅、黑、白、藍、黃、綠六大旗幫海盜集團〔註17〕。海盜不斷對廣東沿海及內河的民眾進行騷擾劫，朝廷雖出動巡艇進行追捕，但官兵緝捕不力，收效甚微〔註18〕。嘉慶年間海盜六幫的聯合促使海盜的力量變得異常強大，其中最為著名對珠三角地區影響最大的當屬張保仔、鄭一嫂所在的紅旗海盜幫〔註19〕。嘉慶九年（1804）海盜張保仔突入順德縣「東海十六沙」實施劫掠〔註20〕。為了應對海盜的進犯，順德縣士紳胡鳴鸞在各鄉「護沙」組織的基礎上建立起一個規模更為龐大的「護沙」組織——容桂公約。容桂公約制定的章程還被時任兩廣總督那彥成，作為籌措團練經費的樣板加以推廣。

　　　　查香邑各村香燈田畝約計六千餘頃，議照順德容桂兩鄉捐簽事
　　例，每田一畝每年捐錢八十文，主佃各出一半，分上下兩造交收。
　　四鄉禾稻成熟，多出巡船防護，俟盜匪平靜即行停止。〔註21〕

　　那彥成要求將容桂公約的《防盜章程十條》抄發至各州縣，各州縣按照自身情況因地制宜、稍加變通而施行，並將實行情況向當局報告。嘉慶十四年（1809），海盜張保仔再次深入內河劫掠村莊，洗劫鄉鎮，東莞、新會、南海、

見國家清史編纂委員會：《清代詩文集彙編》，第452冊，上海：上海古籍出版社，2010年，第523頁。

〔註17〕〔美〕穆黛安著，劉平譯：《華南海盜：1790～1810》，北京：中國社會科學出版社，1997年，第68～69頁。《（民國）順德縣志》，卷3，建置略二，團局公約，頁四，見《中國方志叢書·第4號》，臺北：成文出版社，1966年，第43頁。

〔註18〕程含章：《上百制軍籌辦海匪書》，載賀長齡主編：《皇朝經世文編》卷85，兵政、海防下，頁十三，見沈雲龍主編：《近代中國史料叢刊》第74輯，臺北：文海出版社，1973年，第3064頁。

〔註19〕劉平：《清中葉廣東海盜問題的探索》，《清史研究》1998年第1期。

〔註20〕《（咸豐）順德縣志》卷21，列傳，文傳，頁二十七至二十八，卷26，列傳六，國朝二，頁二十九，卷27，列傳七，國朝三，頁十六至十七，卷31，前事略，頁十八至二十，見廣東省地方史志辦公室輯：《廣東歷代方志集成·廣州府部》第17冊，廣州：嶺南美術出版社，2007年，第499、641、652～653、709～710頁。

〔註21〕〔清〕章佳容安輯：《那文毅公兩廣總督奏議》卷11，頁四十八，見沈雲龍主編《近代中國史料叢刊》第21輯，臺北：文海出版社，1973年，第1466～1467頁。《（咸豐）順德縣志》卷21，列傳，文傳，頁二十九，見廣東省地方史志辦公室輯：《廣東歷代方志集成·廣州府部》第17冊，廣州：嶺南美術出版社，2007年，第500頁。

番禺、順德、香山等沿海州縣備受侵擾，其中順德縣諸村被焚劫甚慘〔註22〕。

圖 5-4　嘉慶十四年（1810）海盜劫掠珠江三角洲內河地區圖〔註23〕

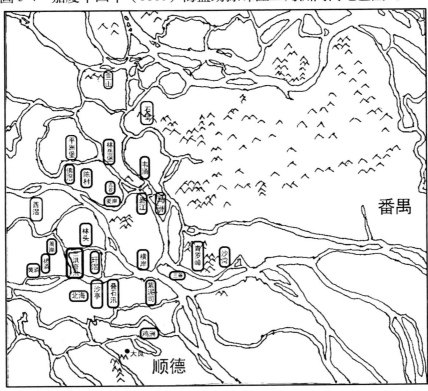

順德縣大良士紳龍廷槐主持民間聯防，組建團練，親赴四鄉募勇，並募集銀兩、購買武器、修築炮臺，加強東海十六沙的防守，促使容桂公約的武裝力量有了進一步的發展〔註24〕。可以說，嘉慶年間與海盜的鬥爭過程中，順德團

〔註22〕〔清〕章佳容安輯：《那文毅公兩廣總督奏議》卷11，頁四十八，見沈雲龍主
　　　　編《近代中國史料叢刊》第21輯，臺北：文海出版社，1973年，第1466～
　　　　1467頁。《（咸豐）順德縣志》卷21，列傳，文傳，頁二十九，見廣東省地方
　　　　史志辦公室輯：《廣東歷代方志集成・廣州府部》第17冊，廣州：嶺南美術出
　　　　版社，2007年，第500頁。
〔註23〕畫有圓圈的地方為海盜劫掠的地區，可見順德縣畫有圓圈的地區較多，順德
　　　　縣是被海盜劫掠較為嚴重的地區。（原圖來自於蕭國健、卜永堅：《袁永綸著
　　　　〈靖海氛記〉箋注專號》，《田野與文獻》2007年第46期，第28頁。）
〔註24〕〔清〕章佳容安輯：《那文毅公兩廣總督奏議》卷11，頁四十八，見沈雲龍主
　　　　編《近代中國史料叢刊》第21輯，臺北：文海出版社，1973年，第1466～
　　　　1467頁。《（咸豐）順德縣志》卷21，列傳，文傳，頁二十九，見廣東省地方
　　　　史志辦公室輯：《廣東歷代方志集成・廣州府部》第17冊，廣州：嶺南美術出
　　　　版社，2007年，第500頁。

練在龍廷槐主持下正式形成，並為其侄子龍元僖主持的順德團練總局奠定了基礎。龍廷槐對於順德縣團練有開創之功，其影響一直延續到清末。咸豐九年（1859），順德團練總局下轄的東海護沙局得以設立，同時接管容桂公約對東海十六沙的警備權。至此，容桂公約被宣告解散。

表 5-1　嘉慶十四年（1809）紅旗幫海盜劫掠順德縣情況表〔註25〕

時　　間	海盜頭目	劫掠順德縣的具體地點 （按劫掠先後順序排列）
七月初一日至十三日 （8.11～8.24）	郭婆帶	紫泥司、碧江、韋浦、林嶽、石壁、三善、三山、沙灣、疊石汛、黃浦
八月二十日至二十三日 （9.29～10.2）	張保仔	沙亭、林頭、玕滘、陳村、麥村、赤花
八月二十四日至二十五日 （10.3～10.4）	張保仔、郭婆帶分道焚掠	保：北海、佛滘、西滘 郭：三洪奇汛、黃湧、簡岸、槎湧
八月二十七日至二十九日 （10.6～10.8）	張保仔	紫泥司、沙亭、玕滘
九月十三日（10.21）	張保仔	與提督孫全謀率領的官軍戰於沙灣、青羅嶂
九月二十五日（11.2）	張保仔	退往香山縣大黃浦

二、洪兵起義與順德團練總局

咸豐四年（1854）廣東爆發了轟轟烈烈的洪兵大起義迅速波及到順德縣。7 月 13 日，余肇表、陳飛仙在順德縣龍山鄉發動起義。同月 29 日，逢簡鄉陳吉、梁桷在龍眼鄉發動起義，勢力比龍山鄉起義軍還大。此後順德縣潛在的三合會會眾紛紛響應，各路兵馬在大良縣城的外圍匯合，公推陳吉為起義軍首領，合力攻打縣城。經過 3 天的激戰，起義軍一舉佔領了順德縣城，拘捕了知縣馬映階，處死了綠營兵將官劉光裕、沈運昌等人。

在順德縣被佔領前的 4 月底，縣城士紳對於縣城的防禦甚是積極，曾在寶林寺開辦了防禦公所，組成民團。「惟人不知兵，軍火亦不足〔註26〕。」所

〔註25〕蕭國健、卜永堅：《袁永綸著〈靖海氛記〉箋注專號》，《田野與文獻》2007 年第 46 期，第 13～14 頁。

〔註26〕〔清〕龍葆誠：《鳳城識小錄》卷上「順德團練總局始末」，見廣東省立中山圖書館、佛山市順德區清暉園博物館：《順德歷代文獻選篇文叢（第一輯）》，廣州：世界圖書出版廣東有限公司，2020 年，第 2 頁。

以，陳吉等洪兵兵馬一到縣城，只有北關民團百十人出而迎敵。敵我雙方眾寡懸殊，各陸民團紛紛潰退。面對人多勢眾的敵人，守口的紅單船一聞賊至，即刻逃離。

　　貧苦的三合會會黨成員對城內富戶極為憎恨，在佔領順德縣城之後搶劫並焚燒當地的當鋪和抵押行。各鄉也被其他洪兵焚掠無虛日，其中以順德羊額、碧江為甚。洪兵在縣城內焚燒搶掠無算，唯獨對城內的士紳予以特別的優待，對城內士紳及其財產沒有過多的侵擾。一方面，洪兵首領陳吉眼光可能較為獨到。他看到如果與士紳階層為敵，迫使士紳加入反對起義軍的行列，那麼起義軍取得勝利將會面臨巨大的阻力。另一方面，陳吉不敢得罪士紳，也是對於像龍元僖、羅惇衍等順德士紳的忌憚。陳吉看到像龍元僖、羅惇衍等一類擔任官職的士紳不僅在民眾之中具有強大的號召力，在朝堂之上也具有一定的影響力。當時順德籍著名士紳龍元僖、羅惇衍二人，一個在澳門、一個遠在北京，如若他們回鄉，都能憑藉其強大的號召力，集結強大的軍事力量對付起義軍。所以陳吉為首的洪兵並沒有對他們做出不敬的舉動，相反以保護士紳家園為手段以及優厚的待遇，企圖拉攏順德籍士紳加入起義軍陣營。羅、龍二紳誓不與起義軍為伍，他們二人回鄉之後就立即組建地方團練，打擊起義軍，並對存留在縣城之中的餘黨進行清算。

　　士紳辦團首在募集足夠的團練經費。為此，龍元僖率先認捐白銀 10 萬兩，團練經費在龍元僖的努力籌集下很快達到 90 萬兩，基本滿足辦團的經費需求。然後他進一步招募團勇，購買槍械軍糧，定制大小快蟹巡船。

　　　　當是時，鄰氛未靖，所在設防，水則雇募紅單拖船，別造大快
　　船一十八號以扼海口，陸則招大瀝堡勇四百名以備圍捕，工程則城
　　垣、學宮、衙署、倉庫、監羈及海面松柵、炮臺，修之建之，購米
　　薪、備炮械，事瑣而冗，應接不暇。〔註27〕

　　當他督辦順德團練總局準備工作尚未完全就緒，珠江三角洲的天地會部眾分成三股，分別撤往廣西、湖南、江西等省份，洪兵也主動撤離順德縣城。咸豐五年（1855），龍元僖在順德碧檻海邊上的龍雲麓公祠掛起順德團練總局的招牌，「以緝辦賊匪為要務」，繼續清肅天地會餘黨，籌辦團費，並承擔起地方保衛責任。在龍元僖領導之下，復城後順德團練總局的許多善後工作都有條

〔註27〕《(民國)順德縣志》，卷 3，建置略二，團局公約，頁一至三，見《中國方志叢書‧第 4 號》，臺北：成文出版社，1966 年，第 42～43 頁。

不紊地開展起來。咸豐七年（1857），英法聯軍對華發動第二次鴉片戰爭，並侵佔廣州城。此危急關頭，順德籍士紳龍元僖等人在省城花縣地區建立領導廣東全省團練的廣東團練總局。隨著全省團練活動的展開，順德籍士紳的權勢也隨之擴張到全省範圍。龍元僖的個人權勢在全省士紳階層中舉足輕重。咸豐九年（1859），廣州的反入城鬥爭基本結束，廣東團練總局遷往順德縣，同治元年（1862）裁撤。

圖 5-5　順德團練總局布局圖〔註28〕

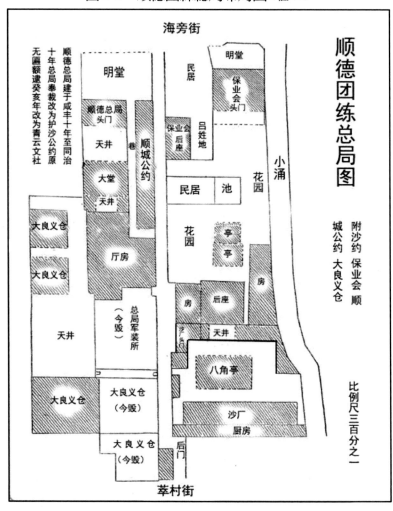

咸豐九年（1859），遷往順德縣的廣東團練總局與順德團練總局同處一

〔註28〕順德市地方志辦公室點校：《順德縣志》（清咸豐民國合訂本），廣州：中山大學出版社，1993年，第1359頁。

地，兩個機構的辦理者也都是龍元僖等順德籍士紳，名義上廣東團練總局應
該還是領導包括順德縣在內的全省團練活動，而順德團練總局則負責順德一
縣的軍事防務。而事實上，遷往順德縣的廣東團練總局已然完成了領導全省
團練抗擊英法聯軍的歷史使命。此時的廣東團練總局已形同虛設，相關文獻
沒有其團練活動的記載。而此時的順德團練總局的團練活動仍然較為活躍，
其活動範圍已超出順德一縣。同治十一年（1872）順德團練總局裁撤。管轄
東海十六沙沙田區域的東海護沙局仍舊得以保留，並改名護沙公約〔註29〕。

三、中法戰爭與順德團防總局

　　光緒九年（1883）中法戰爭爆發，中法軍隊在越南交戰正酣，廣東的防務
任務嚴峻。雖然中法戰爭的整個階段，法國始終沒有進攻廣東，但緊張的戰爭
局勢迫使廣東海防壓力倍增。構建有效的海防體系是中法戰爭期間廣東的當
務之急，而廣州府的防務又是廣東海防體系中的重中之重。時年74歲高齡的
龍元僖再次奉命主持順德縣防務工作，乃借大新青雲文社公款，借用雲麓龍公
祠堂創辦順德團防總局，並購置軍火，攔河築臺，加強防務。光緒十年七月
（1884.8），在籍太常寺卿龍元僖、翰林院侍讀學士李文田奉旨督辦廣州團防
事宜，設局省城仙湖街常平倉。不久龍元僖病，不克赴，廣州團防局務由李文
田主持〔註30〕。龍元僖光緒十年八月（1884.9）開辦順德團防總局，同年十月
去世，順德防務工作由龍家的龍躍衢（葆誠）和羅家的羅彤緝接管，直至光緒
十一年六月（1885.7）順德團防總局裁撤。

　　順德縣防務的前期工作主要是添置防禦炮臺和修築防止法國軍艦突入順
德內河的松柵。具體步驟是，首先「將太平臺外石閘大口置船壓石堵塞」；其
次「在竹洲岡上買地，築露臺一座，安放炮位」；再次「添運炮位，妥置神步
臺、太平臺，以防南路水口」；然後修建一座土臺和一道松柵；最後「在竹圍
臺外買地添築露臺安放炮位，以防西北水口」〔註31〕。同時派人分赴陳村石歧

〔註29〕順德市地方志辦公室點校：《順德縣志》（清咸豐民國合訂本），廣州：中山大
　　　　學出版社，1993年，第1359頁。
〔註30〕《（民國）順德縣志》，卷23，前事，頁十五，見《中國方志叢書‧第4號》，
　　　　臺北：成文出版社，1966年，第276頁。
〔註31〕〔清〕龍葆誠：《鳳城識小錄》卷上「順德團練總局始末」，見廣東省立中山圖
　　　　書館、佛山市順德區清暉園博物館：《順德歷代文獻選篇文叢（第一輯）》，廣
　　　　州：世界圖書出版廣東有限公司，2020年，第45頁。

買備洋藥、銅箱等對象，前後動用銀兩近萬。順德團防總局的後期工作主要是向中央與省局捐輸。

雖然中法戰爭期間法國並未真正入侵廣東，而且順德團防總局的成立只有不到一年時間，但此期間順德團防總局的建立對於順德縣團練的發展和順德籍士紳權勢的擴大具有標誌性意義。清末順德縣團練形成了總局—分局—公約的三級標準的團練組織建置形態。與此同時，清末順德縣團練形成了縣—堡—村—村級以下 4 級的社會管理體系。此二項亦標誌著清代順德縣團練進入成熟的發展階段。

四、清末盜匪問題與順德團練

在中法戰爭之後，廣東的治安秩序又面臨著嚴重的挑戰，主要表現為嚴重的盜匪問題〔註32〕。19 世紀末 20 世紀初的「廣東盜風之熾甲於他省。小則搶劫擄贖，大則糾黨置械，顯著密謀」，所以清末廣東社會可謂是亂象叢生〔註33〕。清末廣東盜風甲於他省，其中順德縣的「盜風之熾」又是「粵省之冠」〔註34〕。此外，如三點會等會匪遍布順德、恩平、開平、新寧、懷集等縣，其中以懷集縣最多，「聞所糾不下萬人」〔註35〕。清末的順德有「匪鄉」之稱，據稱有會匪 10 萬以上〔註36〕。「近聞順屬之羊額、倫教、黎村、容奇、桂洲等鄉鄉賊匪聚眾齊出劫掠，攔途劫搶，以致水路不通。復布匪黨聯結三點會，到處引人入會，威逼恫嚇。謂不入會則身家不保。聞順德之入會者已有四五千人。經營弁率勇千人圍捕，黎村鄉不論良歹，先行捉獲，以俟鄉紳

〔註32〕 何文平：《近代的「會」與「匪」》，《歷史教學》2006 年第 5 期，第 24 頁。

〔註33〕 《署兩廣總督岑春煊歷年辦理清鄉情形摺》（光緒三十二年五月二十八日宮中朱批奏摺），見中國第一歷史檔案館：《辛亥革命前十年民變檔案史料》下冊，北京：中華書局，1985 年，第 453 頁。

〔註34〕 《順德桂洲匪風之猖獗》（光緒三十三年十一月十一日），《香港華字日報》，1907 年 12 月 15 日。《順德盜賊甲天下》（宣統二年八月十日），《香港華字日報》，1910 年 9 月 13 日。《順德三合會匪之猖獗》（宣統二年八月二十五日），《香港華字日報》，1910 年 9 月 28 日。《順德真無一寸淨土》（宣統二年十一月二十六日），《香港華字日報》，1910 年 12 月 27 日。《李水提規劃全省緝捕辦法》（宣統三年一月十八日），《申報》，1911 年 2 月 16 日。

〔註35〕 《廣東三點會除分散於順德、恩平、開平外，以懷集為最多，糾眾不下萬人》（光緒三十年八月二十四日），《申報》，1904 年 10 月 3 日，見林忠佳、張添喜等：《〈申報〉廣東資料選輯 6（1902～1907）》，廣東省檔案館《申報》廣東資料選輯編輯組，1995 年，第 181 頁。

〔註36〕 《兵來草木無生氣》，《民生日報》1913 年 1 月 6 日。

攻保。惟賊匪聞風遠揚，未被緝獲。〔註37〕」

　　當時盤踞在順德一縣的就有如李茂、黃金仔等有名的匪幫，他們長期對順德附近的州縣進行劫掠〔註38〕。順德的「大天二」普遍建立起自己的堂號，名曰「龍順堂」〔註39〕。不少匪幫為了擴大勢力範圍和擴充人員的需要都紛紛加入類似三合會等反清的會黨活動中〔註40〕。因此廣東盜匪與會黨二者聯繫越來越緊密，而且會匪的活動愈加頻繁〔註41〕。而且會黨傳統的歃血會盟的儀式也被盜匪團夥所利用，成為匪幫首領團結籠絡手下的重要手段，這些儀式一直持續到民國時期〔註42〕。在清末民初時期，廣東革命黨人發動多次的武裝起義，所率領的民軍中包含了大量三合會黨和盜匪等人員〔註43〕。

　　面對清末廣東動亂不堪的局面，地方官府多次要求士紳創辦團練以應對動亂。光緒二十二年（1896）兩廣總督譚鍾麟督辦廣東全省團練，並在各地州縣陸續推行〔註44〕。光緒二十九年（1903），由於盜賊問題的嚴重，順德縣規復團練局，地點設置在明倫堂。此時的順德團防總局以左宗蕃為總辦，陳文蔚、梁榮祥、龍肇墀、劉鯤海、葉兆棉、伍學勤等為會辦〔註45〕。該局附設護沙公約，負責順德團練局費的籌集。順德團練經費由沙田抽稅獲得，按稅畝每畝每年抽銀一毫，隨糧帶收，定例總辦由邑人公舉，不由官委。光緒三十二年（1906）江尾五堡聯防公約訂立了詳細的團練章程，成為順德縣

〔註37〕　《順屬三點會之披猖》（光緒三十三年九月十七日），《香港華字日報》1907 年　10 月 23 日。

〔註38〕　葉少林：《辛亥、討龍兩役珠江三角洲西五縣大天二的活動》，見《廣東文史資料》第 16 輯，廣州：廣東人民出版社，1964 年，第 33 頁。

〔註39〕　廣東文史資料編輯部：《舊廣東匪盜實錄》，「綠林豪傑與『大天二』」廣州：廣州出版社，1997 年，第 1 頁。

〔註40〕　葉少林：《辛亥、討龍兩役珠江三角洲西五縣大天二的活動》，見《廣東文史資料》第 16 輯，廣州：廣東人民出版社，1964 年，第 40 頁。

〔註41〕　《署兩廣總督袁樹勳奏廣東會黨日眾現擬辦理情形片》（宣統二年五月初二日宮中朱批奏摺），見中國第一歷史檔案館：《辛亥革命前十年民變檔案史料》下冊，北京：中華書局，1985 年，第 478 頁。

〔註42〕　〔英〕貝思飛著、徐有威譯：《洋票與綁匪——外國人眼中的民國社會》，上海：上海古籍出版社，1998 年，第 388～391 頁。

〔註43〕　甘霖：《半個月民軍營長生涯》，《越風》第 20 期（1936 年），第 43 頁。《黃秋舫請孫中山勿編民軍書》，《香港華字日報》1920 年 12 月 10 日。

〔註44〕　《（民國）順德縣志》，卷 3，建置略二，團局公約，頁九至十一，見《中國方志叢書·第 4 號》，臺北：成文出版社，1966 年，第 46～47 頁。

〔註45〕　《（民國）順德縣志》，卷 23，前事，國朝，頁十五，見《中國方志叢書·第 4 號》，臺北：成文出版社，1966 年，第 276 頁。

各區團練的樣板。儘管順德各鄉相繼訂立詳細的團練章程，但從實際的團練效果來看，實在乏善可陳。從以下《香港華字日報》幾份報導的內容，我們可以看到宣統二年（1910）順德縣匪患非但沒有得到改善，甚至愈發嚴重〔註46〕。此時清政權的統治已是風雨飄搖、搖搖欲墜了。

第三節　順德縣團練組織與社會控制

一、順德籍士紳群體的聯合

表5-2　順德團練總局開局前夕原定的 12 名會辦局紳情況表〔註47〕

職名	姓　名	籍貫	出身	獲得功名的年份	備　　註
督辦	龍元僖	大良	庶吉士	咸豐二年（1852）	太常寺卿
會辦	羅家勤	大良	進士	道光三十年（1850）	刑部主事，大良南門羅氏族人。因出任羊城書院，沒有再入選咸豐五年的局紳。
會辦	林澤芳	光華	進士	道光二十五年（1845）	內閣中書。咸豐九年前去世，沒有入選咸豐九年團練總局局紳。
會辦	賴子猷	龍山	進士	道光三十年（1850）	內閣中書。子猷志願最大，嘗擬集重資，募壯丁數千加意訓練，俾自成一軍。如北方有警，則率以勤王，並在天津上海分設銀行，接濟薪糧，號召四方義旅為國家宣力，聞者壯之。時鄉內亦遭匪亂，子猷主約事頗尚嚴切，法紀肅然，奸宄震懾。

〔註46〕《欲安居紳耆亦須入會黨》（宣統二年八月十四日），《香港華字日報》，1910年 9 月 17 日。《順德三十六鄉會匪披猖之可慮》（宣統二年八月十四日），《香港華字日報》，1910 年 9 月 17 日。《順德真無一寸淨土》，《香港華字日報》（宣統二年十一月二十六日），1910 年 12 月 27 日。

〔註47〕〔日〕西川喜久子著，蘇林崗譯：《順德團練總局成立始末》，《國外中國近代史研究》第 23 輯，北京：中國社會科學出版社，1994 年，第 127～128 頁。由《（咸豐）順德縣志》卷 10 選舉表 1，卷 11 選舉表 2，《（民國）順德縣續志》卷 23 前事略，卷 17 列傳 2，卷 19 列傳 4，卷 8 選舉表 1（順德市地方志辦公室點校：《順德縣志》（清咸豐民國合訂本），廣州：中山大學出版社，1993 年，第 274、313～316、1250～1257 頁。）

會辦	何大璋	大良	舉人	道光十四年（1834）	咸豐軍興，奉大吏檄回粵購材木修戰艦，蔵事，補平原令。乙卯，隨龍太常元僖返里，收復邑城，設總局，辦團練，戊午，羅侍郎惇衍復與元僖奉特旨辦廣東團練，以大璋才奏留焉。是時諸務草創，籌餉募兵，造船購械日不暇給。大璋與在局諸人悉心籌劃，沉默寡言，慮事多中，眾皆歎為莫及。新青雲文社成立，湊合鉅款，所以謀合邑公益者，大璋與有力焉。
會辦	麥奮揚	勒樓	舉人	道光二十四年（1844）	
會辦	黎超民	昌教	舉人	道光二年（1822）	廣東乳源縣教諭。咸豐九年以前去世，沒有入選咸豐九年局紳。咸豐甲寅，邑城陷，超民方卸乳源任家居，乃潛詣省垣，與邑紳密圖恢復。乙卯，又隨李邑侯潤反縣治籌善後事，李倚之如左右手，以積勞卒。
會辦	吳梯	黎村	舉人	嘉慶六年（1801）	咸豐九年以前去世，沒有入選咸豐九年局紳。襄辦邑團練總局，秉正不阿，不以恩怨為攻保，有當繩以法者，啖以多金求為營脫，屹立不少動。
會辦	潘恂	沖鶴	舉人	咸豐元年（1851）	咸豐五年，復城，會辦團練，奏獎光錄寺署正銜。
會辦	馮冠賢	大良	舉人	道光二十六年（1846）	
會辦	吳昭良	大良	舉人	道光十七年（1837）	溯咸同間，昭良曾任邑局、沙局、順城局、青雲文社諸務，引年歸後，邑人仍延請勤辦，均清白自守，始終如一。
會辦	楊康	大良	舉人	道光十九年（1839）	時大良各地未設團局，康與潘鳴球、嚴逢安等創立東關保良攻匪會。咸豐乙卯，復邑城，勤辦團練，復偕里人創立東關公局。前後辦理邑局、沙局、東局多年，深孚眾望。
會辦	龍驤（葆誠）	大良	舉人	咸豐元年（1851）	咸同間，隨族叔元僖勤理各局事務，其時防夷防匪。辦捐辦團，日不暇給。元僖總其大綱，葆誠條其細目，鎮定周詳，三十年如一日。逮元僖捐館，葆誠亦閉門謝事矣。

表 5-3　咸豐五年（1855）順德團練總局增補的部分局紳信息〔註48〕

職名	姓　　名	籍貫	出身	獲得功名的年份	備註（履歷）
會辦	羅家劭	大良	進士	同治四年（1865）	道光五年舉人，入選咸豐五年會辦局紳時為舉人出身。同治四年進士，改庶吉士，散館授編修。咸豐五年同辦團練，旋任南雄州學正。
會辦	羅惇鵬	大良	貢生	咸豐十一年（1861）	湖北試用知府
會辦	袁秉彝	橫岸	舉人	道光十七年（1837）	
會辦	陳松	馬齊	舉人	道光二十三年（1843）	咸豐甲寅之變，會辦團練，拱衛城鄉，不辭勞瘁。又值羅惇衍、龍元僖、蘇廷槐奉詔督辦廣東團練，延為襄贊。敘勞加內閣中書。銜繼辦護沙局，沙所資以整頓。
會辦	黎熾遠	龍山	舉人	道光二十三年（1843）	咸豐寇亂，避地九江，鄉人擬募勇接應官軍，以乏款往謀之，熾遠為部署餉薪，事賴以集。入邑局後，緝解內匪防，剿外賊，均著成效。
會辦	何鍔	星槎	舉人	咸豐三年（1853）	中咸豐壬子舉人，在邑局以勤慎稱。」
襄辦	黃維琦	甘竹	不詳	不詳	黃維琦，廣東廣州府順德縣人，年三十三歲，現任西城兵馬正指揮。
襄辦	黎思勸	昌教	舉人	咸豐元年（1851）	黎超民之子
襄辦	龍景瀾	大良	貢生	不詳	
襄辦	羅家言	大良	舉人	同治九年（1870）	
襄辦	羅彤繪	大良	舉人	同治三年（1864）	自乙卯復城後，隨元僖辦團練，擒逆匪海盜以數百計，截獲大小賊艇以百數十計。又奉辦倉捐、沙捐、餉捐，溢坦升科暨城鄉約務，積任勞怨，媒孽叢生。同治壬申，節相瑞麟查辦會匪，案几罹架陷，幸彤繪先辦解會首有案，事得白。

〔註48〕增補的人員姓名是根據《（民國）順德縣志續志》卷18，列傳3，「賴子猷傳」的記載補充。（順德市地方志辦公室點校：《順德縣志》（清咸豐民國合訂本），廣州：中山大學出版社，1993年，第1260頁。）

				光緒甲申，海氛不靖，以元僖薦奉大府委，偕龍葆誠總辦順屬團防。適元僖猝逝，讒言孔多，督憲張之洞頗惑之，委道府詣查，款目卒皆清白。旋奉批獎順德縣辦團得法，通飭各州縣照章辦理。又奉旨允准保獎，疑謗始息。遂辭去沙約任務。
襄辦	羅子祺	大良	增生	不詳	
襄辦	潘念祖	沖鶴	貢生	咸豐二年（1852）	甲寅亂後，奉縣札召集鄉團辦理善後，閭里安堵。復延入邑團練局。廣東團練局贊襄方略，動中機宜。

表 5-4　咸豐五年（1855）順德團練總局會辦局紳的出身統計〔註49〕

地　區	出　身	人　數
大良	庶吉士（龍元僖）	1
	舉人（何大璋、馮冠賢、吳昭良、楊康、羅家劭、龍驤）	6
	副貢（羅惇鵬）	1
龍山	進士（賴大猷）	1
	舉人（黎熾遠）	1
光華	進士（林澤芳）	1
勒樓	舉人（麥奮揚）	1
橫岸	舉人（袁秉彝）	1
昌教	舉人（黎超民）	1
黎村	舉人（吳梯）	1
沖鶴	舉人（潘恂）	1
馬齊	舉人（陳松）	1
星槎	舉人（何鍔）	1
總數		18

　　從表 5-2 至 5-4，順德團練總局的局紳人數在開辦前後有一定的變動，即在開辦之前原定的 12 人調整至開辦之時的 18 人。從表 5-4 顯示的信息來看，

〔註49〕此表是根據黃永豪《土地開發與地方社會：晚清珠江三角洲沙田研究》（香港：文化創造出版社，2005 年）第 95 頁的表 9.1 順德團練總局人名分類表的信心進行重新整理。

在順德團練總局 18 位局紳中大良士紳居於多數，所以對於督辦順德團練總局的龍元僖來說，創辦順德團練總局的用意並不意味著把順德全縣有權勢的士紳全都網羅進來（與大良齊名的龍山堡望族溫氏和桂洲堡胡氏等大姓宗族，並沒有派出代表以局紳的身份加入順德團練總局的領導組織），而是進一步拉攏、團結大良縣城的士紳階層（順德團練總局會辦與襄辦局紳中以大良龍氏和羅氏家族居多），以鞏固大良龍氏家族在大良的領導地位。

除此之外，順德大良士紳的團練活動隨著第二次鴉片戰爭的爆發、廣東局勢的惡化而迅速超出順德一縣的範圍，波及全省，同時也標誌著順德籍士紳階層的崛起及其權勢在全省範圍內的擴張。咸豐七年（1857）英法聯軍攻佔廣州城，以龍元僖為代表的順德籍士紳在順德團練總局的基礎上創建了領導全省團練的廣東團練總局。咸豐八年（1858）順德士紳羅惇衍、龍元僖等人出於領導全省團練活動的需要，為了配合官府對佔領廣州城的英法聯軍施加壓力，他們將廣東團練總局設置在廣州城郊花縣。咸豐八年至九年順德團練總局配合廣東團練總局的一切團練活動。咸豐九年（1859）廣東團練總局遷往順德縣，同治二年（1863）裁撤。

順德籍士紳龍元僖參與到廣東團練總局的組建與團練活動中，廣東團練總局的團練活動範圍已遠遠超出順德一縣的範圍。這裡值得注意的一點是，廣東團練總局是領導廣東全省團練的領導機構，特別是在廣州城淪陷，廣東督撫被俘，廣東省出現權力真空的特殊背景之下，廣東團練總局已代行了一部分行政職權和外交事宜。因此統領廣東團練總局的三大紳成為廣東權力的中心，此時的羅惇衍、龍元僖和蘇廷槐三人可以說是廣東全省的最高行政長官。羅惇衍、龍元僖等順德籍士紳成為統領廣東全省團練的最高領導者，是有以下幾點因素：

第一，龍元僖等順德士紳在組建順德團練總局方面有豐富的實踐經驗，並且處理過同樣敵人佔領城市（咸豐四年洪兵佔領順德縣城）的棘手問題。

第二，龍元僖等順德士紳不僅在順德當地擁有強大的號召力，而且如羅惇衍、龍元僖等人同時也是京官（羅惇衍為在籍禮部侍郎、龍元僖為太常寺卿），他們作為士紳的代表能夠與官府產生一定的聯繫。

第三，順德團練總局在當時廣東眾多團練組織中勢力最為強大。沒有詳細的資料表明咸豐年間順德團練總局的軍事實力如何，但在上文的「募勇擊退海賊李快仔」一節的敘述中，咸豐六年（1856）順德團練總局一次協助官

府打擊海盜的軍事行動中就派遣出 3000 名勇丁，從中可以看出順德團練總局比其他團練組織的軍事實力更為雄厚〔註50〕。而且從順德士紳捐款的數額，再比較上文順德團練總局資產相關內容的敘述，可看出順德團練總局擁有雄厚的經濟實力。

第四，龍元僖等人之所以最終能夠成為領導廣東團練的領袖，最為關鍵的一點即獲得朝廷以及地方官府的信任。咸豐七年十二月（1857.12）黃宗漢在接任兩廣總督之時曾向咸豐皇帝推薦羅惇衍、龍元僖等人辦理廣東團練。對此，咸豐皇帝為了盡快解決廣州城危機，也曾向辦理廣東團練的羅惇衍、龍元僖、蘇廷魁三紳頒下密旨，此舉充分顯示了朝廷與地方官府對於龍元僖等人舉辦廣東團練的信任與支持〔註51〕。

由此，順德籍士紳憑藉廣東團練總局的創建和朝廷、地方官府的支持在廣東眾多士紳集團的競爭中脫穎而出，並順利站穩腳跟，成為影響廣東政局舉足輕重的一方勢力。

以龍元僖為代表的順德籍士紳一系列辦團活動所取得的成就，使得他們聲名鵲起，順德籍士紳成為在全省士紳階層中炙手可熱的一股強悍勢力。順德籍士紳成功且表現出色的辦團行動引發了一系列紳權擴張的表象。順德團練總局的設立使順德成為廣東當時最重要的軍事重鎮。咸豐九年（1859），遷往順德縣的廣東團練總局與順德團練總局同處一地，兩個機構的辦理者也都是龍元僖等順德籍士紳，名義上廣東團練總局應該還是領導包括順德縣在內的全省團練活動，而順德團練總局則負責順德一縣的軍事防務。然而事實上，咸豐九年以後的廣東團練總局則被順德團練總局所取代，關於咸豐九年至同治元年（1859～1862）廣東團練總局的相關團練活動，相關的文獻資料並沒有進行過多的記錄。相反，順德團練總局無論在軍事行動上還是經費籌集方面，其相關的活動已越出了順德一縣的範圍。龍葆誠記錄在《似園零拾》中指出「順局（順德團練總局）不止辦一邑之事」〔註52〕。如咸豐六年

〔註50〕咸豐七年（1857）英法聯軍佔領廣州城後，南海縣石井各鄉團練、南海九十六鄉團練、香山士紳林福盛、東莞孝廉何仁山、新安主事陳桂籍等士紳所組織的團練，加之花縣護衛各勇，其人數還不滿 8000 人。（〔清〕華廷傑：《觸藩始末》，見齊思和主編：《中國近代史資料叢刊・第二次鴉片戰爭》第 1 冊，上海：上海人民出版社，1979 年，第 193 頁。）

〔註51〕廣東省地方史志編委會辦公室、廣州市地方志編委會辦公室編：《清實錄廣東史料》第 5 冊，廣州：廣東省地圖出版社，1995 年，第 105 頁。

〔註52〕〔清〕龍葆誠：《鳳城識小錄》卷下，「似園零拾」，見廣東省立中山圖書館、

（1856）雇募紅單船、拖船，擊沉進犯香山縣的海賊李快仔；咸豐七年（1857）剿辦大嶼沙賊匪；同年，籌捐接濟崑公保、陳太守梧餉，挫敗西北江的洪兵，使其不至東下；咸豐九年（1859）派兵防堵陳金缸的洪兵起義軍對四會縣城的騷擾；同治元年（1862）緝捕了從江南秘密前來廣東的齋匪首領黃金滌〔註53〕。同治十一年（1872）順德團練總局裁撤，其資產歸新青雲文社管理，東海護沙局改名護沙公約〔註54〕。

二、「東海十六沙」的管控

創辦團練組織並維持其正常運行，保證其職能能夠得以執行，最為重要的是團練經費的籌集。一方面，團練組織的開辦與運作需要大量的資金進行維持，而另一方面，團練組織一般以「經費自籌」為原則，官方對於地方團練不予資金支持。在這種情況下，辦團士紳不得不自籌經費，甚至自掏腰包，並努力擴充團練的經濟來源，以取得團練組織的正常運轉。對於順德團練總局這類大型的團練組織，僅靠辦團士紳的個人捐輸是遠遠不足以維持其正常運作。而當時「東海十六沙」的沙田區域，不僅是順德縣的膏腴之地，而且也是珠江三角洲地區最為富庶的區域。因此，順德團練總局的辦團士紳必須對「東海十六沙」這塊肥碩之地實施掌控，以獲取這塊區域的經濟利益。如此，順德團練總局才能得到可靠、穩定的經濟來源，其組織才能正常運轉，其職能才能得到發揮。由此可見，「東海十六沙」對於順德團練總局來說十分重要，是其經濟命脈之所在。

佛山市順德區清暉園博物館：《順德歷代文獻選篇文叢（第一輯）》，廣州：世界圖書出版廣東有限公司，2020年，第48頁。

〔註53〕明代嘉靖年間，創始於北直隸密雲衛的無為教即羅教的部分信仰者，沿著運河水系將此教傳播到運河的最南端浙江省，形成了南方羅教的兩大派系。其中一派活躍在浙江處州一帶，蔓延兩浙，明清之際向贛、閩、蘇、皖擴張，波及鄂、湘、桂乃至臺灣諸省。清代雍正七年（1729年），部分信徒為躲避當局迫害，隨將羅教改名為一字教，又名「老官齋」，俗稱「齋教」。齋教名目眾多，諸如羅祖教、無為教、大乘教、三乘教、龍華教、糍粑教、金童教、觀音教、一字教等等。當局則往往統稱齋教或齋匪。其教成員多活躍在廣大的農村集鎮，以農民、小手工業者居多。太平天國時期，閩浙贛三省地區爆發了多起「齋匪」的群體暴動事件。（馬西沙：《中國民間宗教簡史》，上海：上海人民出版社，2005年，第184頁。）

〔註54〕順德市地方志辦公室點校：《順德縣志》（清咸豐民國合訂本），廣州：中山大學出版社，1993年，第980～981頁。

（一）東海護沙局的掌管

東海十六沙的沙田區域是順德縣全縣最為富庶的區域，由此這塊區域常常為海盜、「沙匪」所覬覦。為了避免洪兵對沙田區域的侵佔，保障順德縣的經濟命脈，順德籍士紳在創建順德團練總局之後，迅速對東海十六沙沙田區域實施接管。

廣東珠江三角洲沙田區域設立的護沙組織實際上就是維護沙田戶主經濟利益、保證佃戶繼續處於被統治地位的武裝組織。嘉道以來，沙田地區土地兼併更加嚴重，許多自耕農貧農破產，一些佃農、雇工，隨著人口急劇膨脹，佃種、傭工的機會更加困難，於是他們大批湧入會黨，希圖「免受欺凌，斂錢分用」，天地會、三合會大為活躍，東莞、香山、順德、新會等縣廣大沙田區域備受其擾〔註55〕。嘉道以來，珠江三角洲沙田地區「盜匪滋擾，耕多失業」。顯然過去那種「各管各沙，無所統轄，不相照應」的護沙辦法，已經無法應付愈來愈嚴重的局面，於是順德縣桂洲鄉胡鳴鸞等倡議建立容桂公約。公約設在順德容奇墟，各有巡船、扒船18隻，雇募丁壯208名，定時「駕船分赴各沙巡邏」〔註56〕。經費來自每畝抽銀八分，對此官為準行，這給予了地方鄉族地主以較大的權力。

在洪兵佔領順德縣城之前，掌管東海十六沙沙田區域的是容桂公約。咸豐四年（1854）廣東天地會起義，以陳吉為首的洪兵佔據順德縣城。此時由順德士紳掌管的容桂公約也處於失控的狀態，公約的巡邏船失散，而且主持公約的各鄉紳對公約事務基本放任不管。到了咸豐年間正值洪兵動亂，容桂公約的「護沙」活動基本上處於停止狀態。咸豐五年（1855）順德籍在京侍郎羅惇衍、在京太常龍元僖回鄉督辦團練，並借助辦團之際奏請設立護東海護沙局〔註57〕。咸豐五年（1855）順德縣城收復以後，容桂公約為看守東海十六沙而集結巡邏船9隻，船勇208名。但是相對於「護沙」活動，容桂公約

〔註55〕《兩廣總督蔣攸銛等奏嚴辦結盟拜會並酌議約束懲創章程摺》（嘉慶十七年五月二十六日批軍錄），見中國人民大學清史研究所，中國第一歷史檔案館編：《天地會》第6冊，北京：中國人民大學出版社，1986年，第501頁。

〔註56〕〔清〕龍葆誠：《鳳城識小錄》卷下，「護理東海十六沙緣起」，見廣東省立中山圖書館、佛山市順德區清暉園博物館：《順德歷代文獻選篇文叢（第一輯）》，廣州：世界圖書出版廣東有限公司，2020年，第40頁。

〔註57〕〔清〕龍葆誠：《鳳城識小錄》卷下，「護理東海十六沙局緣起」，見廣東省立中山圖書館、佛山市順德區清暉園博物館：《順德歷代文獻選篇文叢（第一輯）》，廣州：世界圖書出版廣東有限公司，2020年，第78頁。

顯然力所不能及，因此借用順德團練總局的船開赴東海十六沙進行「護沙」援助，並從增徵的緝捕費用作為船費上交給團練總局。這時順德團練總局開始介入東海十六沙的「護沙」活動。順德團練總局成立的四五年後，容桂公約經費日蹙，主持容桂公約的各業紳深恐局船一有裁減，不特沙田農業無以賴安，城鄉亦無以防衛，情願將容桂公約所管的沙務交由順德團練總局承辦。咸豐八年（1858），督辦廣東團練總局的順德士紳龍元僖向總督黃宗漢、巡撫柏貴提出由順德團練總局接管東海十六沙的管轄權的要求，並獲得批准。咸豐九年（1859），東海護沙局得以設立，同時接管容桂公約對東海十六沙的警備權（容桂公約被解散）。過去容桂公約只配備龍船 9 隻，龍艇 9 隻，船勇 208 名，「護沙」活動收歸東海護沙局統辦之後，現設大快船 5 號、扒船 15 號、龍艇 8 隻，船勇 683 名，聲威一振〔註58〕。

與容桂公約相比較，東海護沙局對於東海十六沙沙田區域的管理更能適應時代變化的社會需求，更為迎合順德士紳的發展利益，是順德士紳階層團結發展的重要見證。

第一，在容桂公約管理東海十六沙時期，形式上是「約辦」，但實際上是「攬辦」，士紳們互相競爭，哄抬牌規，致使向香山縣交納的牌規費多達一萬元以上，這結果顯然損害順德士紳的既得利益。東海護沙局成立以後，承辦護沙局的順德士紳定下規則，將原本每年向香山縣交納的牌規費降至 3,500 元，保護了順德士紳的既得利益。從中可以看出，東海護沙局充當了調整統一順德士紳相互利害關係的中介者。不過，順德士紳們之間利害關係得到調整，但是此舉顯然損害了香山縣官府，順德士紳與香山縣當局既得利益者的關係卻更加惡化了，由此引發了香山縣官府與順德士紳關於東海十六沙管理的多次爭訟。

第二，東海十六沙除了 16 個主要沙坦還有眾多子沙坦，這些子沙坦不可能全部歸容桂公約管理，當時各子沙的管理業主只能採取「自雇看守」的辦法，即委託各宗族、地主的自衛隊來保護餘下的沙坦。自東海護沙局成立之後，全部的子沙坦也歸入護沙局管轄範圍〔註59〕。這一來，船勇的規模擴

〔註58〕《（民國）順德縣誌》，卷3，建置二，「團局公約」，頁四，見《中國方志叢書·第 4 號》，臺北：成文出版社，1966 年，第 43 頁。〔清〕龍葆誠：《鳳城識小錄》卷下，「護理東海十六沙局緣起」，見廣東省立中山圖書館、佛山市順德區清暉園博物館：《順德歷代文獻選篇文叢（第一輯）》，廣州：世界圖書出版廣東有限公司，2020 年，第 40～42 頁。

〔註59〕《（民國）順德縣誌》，卷3，建置二，「團局公約」，頁四，見《中國方志叢書·第 4 號》，臺北：成文出版社，1966 年，第 43 頁。〔清〕龍葆誠：《鳳城識小

大了，按照容桂公約規定，巡船 18 隻、勇丁 200 名左右。但東海護沙局則增加到 28 隻大快船和近 700 名勇丁，隊伍已經相當龐大。

第三，護沙局不僅擴大了勢力範圍，相應也增加了經濟收入。過去容桂公約按照每畝只徵收捕費銀一錢（或 8 分），到了東海護沙局不僅將各地主、宗族、村落等所得收入或沙夫的收入乃至沙骨、鴨埠的收入統統歸入囊中，而且每畝徵收的捕費、沙骨、鴨埠等費用增加到 6 錢餘，比過去翻了 6 倍多。這一來沙局的經濟收入要比容桂公約增加不少。

第四，東海護沙局對於沙夫雇用更為規範，屬於官辦性質。容桂公約對於沙夫的管理採取的是「自行雇募」的原則，但東海護沙局成立以後，護沙局支配了所有的沙坦，沙夫的雇用由過去各宗族、地主自行雇募改為護沙局統一安排，具有明顯的官辦性質。

根據龍葆誠所著的《鳳城識小錄》對東海護沙局接管容桂公約一事的描述中，稱容桂公約下的沙田業主由於「經費日絀」，「情願」甚至「籲請」附入順德團練總局〔註 60〕。而實際上應當是順德團練總局為了復城之後善後工作需要支付大量費用而使經費捉襟見肘，於是盯上了容桂公約管理下的東海十六沙巨額沙田畝費的這塊「肥肉」，因而借官府之力將其侵奪。而實際上東海護沙局取代容桂公約之後出現了明顯的兩點變化，第一，為了獲取更多的經濟利益擴大原來容桂公約管理的沙田範圍，並且大幅度提高了每畝沙田抽銀的比例。第二，將原來容桂公約自營民辦的管理性質交由官府管理，變成一個強制性的徵稅組織。

如此一來，一項本屬民辦、自願、公益事業的容桂公約，已然發生本質性的改變，反成官辦、民累強制性徵稅組織的東海護沙局。龍元僖自言的「處事以防流弊為先」，他開設順德團練總局，創辦東海護沙局兼併容桂公約產生的種種「流弊」，不知是否有所預見〔註 61〕？不過在當時的環境之下，順德團練

　　　　錄》卷下，「護理東海十六沙局緣起」，見廣東省立中山圖書館、佛山市順德區清暉園博物館：《順德歷代文獻選篇文叢（第一輯）》，廣州：世界圖書出版廣東有限公司，2020 年，第 40～42 頁。

〔註 60〕〔清〕龍葆誠：《鳳城識小錄》卷下，「護理東海十六沙局緣起」，見廣東省立中山圖書館、佛山市順德區清暉園博物館：《順德歷代文獻選篇文叢（第一輯）》，廣州：世界圖書出版廣東有限公司，2020 年，第 40～42 頁。

〔註 61〕〔清〕龍葆誠：《鳳城識小錄》，「自序」，見廣東省立中山圖書館、佛山市順德區清暉園博物館：《順德歷代文獻選篇文叢（第一輯）》，廣州：世界圖書出版廣東有限公司，2020 年，第 3～4 頁。

總局乃至廣東團練總局的創辦乃勢所必行。如果未能完全對東海十六沙進行掌控，那麼順德團練總局和廣東團練總局的經費來源將是一大問題。而事實是，由於龍元僖等人對東海十六沙的完全掌控，順利地解決了順德團練總局的財政危機，並且還為廣東官府平定戰亂的一系列軍事活動提供可觀的經費支持。

　　順德團練總局成立後，其下的東海十六沙沙局控制了順德和香山兩縣「東海十六沙」的沙田區域，自然其中所得的經濟收益也歸沙局所有。龍元僖及其後人對東海十六沙沙局展開了嚴密的控制，因為沙田的經濟收益所得關乎順德團練總局的運行。從順德團練總局成立，到同治十一年（1872）裁撤，東海十六沙作為控制東海十六沙的沙田區域專門管理機構仍舊得以存在，並且一直歸龍氏家族管理，直至民國元年，沙局才被國民政府勒令裁撤。從咸豐到光緒年間，由於沙田區域巨大的經濟利益，其間各大小宗族包括順德縣士紳與香山縣等各地方勢力，都圍繞東海十六沙的控制權展開激烈的爭奪，但總的來說，東海十六沙大部分時間歸順德大良龍氏家族控制。東海十六沙從成立到裁撤的 50 多年內，東海十六沙的沙田區域由龍元僖及其龍氏家族後人牢牢控制。「自大良局設局後五十餘年，遞邅更代，無非龍、羅兩姓之人。其總辦操權者，無非龍元僖、羅惇衍之子孫。且全約人數，龍、羅兩姓多至八十餘名。〔註62〕」

　　而東海十六沙能為順德團練總局帶來多少經濟收益，相關資料沒有進行詳細的統計與記錄，只有《東海十六沙紀實》提供一些零星且大概的數額，東海十六沙及其子沙約有 46 萬餘畝，每年收入約有 27 萬兩。「除交回各鄉沙夫溢五、六萬畝，並業戶短報三、四萬畝外，所收之數二十一萬餘兩。今姑就該約所報之三千三百餘頃核算，為數亦當達拾玖萬兩以上。況溢沙經費彼所交回各鄉沙夫者，只原抽捕費每畝捌分，其餘捕費壹錢陸分及沙骨、鴨埠並不交回，則入數又增三萬餘兩。且溢沙田畝沙捐招收並不照解入數，又增一萬餘兩，則已達二十三、四萬兩矣。而伊等所支出之數，即任其造報，亦不過八萬餘兩，每歲最少之數，當溢十五、六萬兩。故總辦者任職數年，自成巨富。〔註63〕」

〔註62〕《東海十六沙紀實》，「沙紳之世襲」，轉錄於黃永豪：《土地開發與地方社會：晚清珠江三角洲沙田研究》，香港：文化創造出版社，2005 年，第 106 頁。

〔註63〕《東海十六沙紀實》，「沙紳之世襲」，轉錄於黃永豪：《土地開發與地方社會：晚清珠江三角洲沙田研究》，第 107 頁。

東海十六沙沙局總辦者龍元僖等人個人僅從沙田獲利多達 15、16 萬兩之多，這個數目雖然是《東海十六沙紀實》的推斷，但從中可看出東海十六沙的沙田經濟收益獲利巨大。龍元僖等人創辦的順德團練總局賴於東海十六沙的經濟收益而得以運行。

當然，東海十六沙沙局同時也管控著香山縣區域的沙田，所以沙局必須每年向香山縣府繳納一定的代理管理費用。這項費用主要分為兩項，一項是沙局每年總攬沙牌的鼻煙貢費 3,500 元，永不增減，並按每年兩季進行繳納。每年七月十五日繳納總數的一半，此時香山縣府必需添發沙牌交給沙局。到了每年的十一月十五日，沙局再次繳納剩下的鼻煙貢費。香山縣府不准再向沙局徵收其他費用，此外沙局每年送香山縣兵房筆墨費銀 100 兩〔註 64〕。東海十六沙之所以能夠如此強硬地與香山縣地方官府進行交涉，原因在於龍元僖等順德士紳在官府的影響力，而且順德士紳充分控制著東海十六沙，沒有其他對手存在。

（二）沙田區域的抽稅權

東海護沙局的收入主要是沙田的沙骨、鴨埠的租銀。沙骨和鴨埠的租銀徵收由沙夫承包，此外還徵收捕費，由各沙定出每沙租銀額，通過沙夫承包徵收，向東海護沙局進行繳納。東海十六沙有沙田及其子沙 46 萬餘畝，每沙以 30、40 畝或 40、50 畝為單位，將各沙所收捕費酌提 10% 至 20%，分別交還各鄉沙夫，謂之「溢沙」，溢沙數額有 5、6 萬畝之多。沙田區域的農民或佃戶若遭受損失，則從該「溢沙」單位的捕費中給予賠償，餘額全部給沙夫（農民、佃戶若被害，沙夫應將該單位的全部收入轉讓給被害者）。東海護沙局掌管東海十六沙及其子沙，即東海十六沙及其子沙的全部捕費歸沙局所得。4,600 餘頃的東海十六沙中有 200～300 頃是歸各族佔有的香燈埠——祭產，這一塊沙田除向護沙局繳納捕費之外，沙骨、鴨埠都由香山縣黃旗都各鄉來徵收。

東海護沙局相較於過去的容桂公約其管轄的區域更大，儘管只是一個護沙組織，但是對管轄下的沙戶業主具有一定的強制性。因為護沙組織的主辦人

〔註 64〕〔清〕龍葆誠：《鳳城識小錄》卷下，「護理東海十六沙局緣起」，見廣東省立中山圖書館、佛山市順德區清暉園博物館：《順德歷代文獻選篇文叢（第一輯）》，廣州：世界圖書出版廣東有限公司，2020 年，第 42 頁。

羅惇衍、龍元僖等早已「假業戶名義」，「照會邑候，諭知各沙主遵照辦理。倘有以自雇看守為詞，揹不赴沙局交捕費、領禾票者，定將該佃人解究」〔註65〕。有著官府的撐腰，於是強迫所有業戶參加，而制度更為健全統一。原來業主到香山縣領牌充當沙總者，至此也就一併取消。「所有沙骨、鴨埠當眾票投，涓滴歸公」。表面上看來十分公允，其實將所有沙田墾殖戶的利益變為一小撮人的私利。的確，對護沙公約來說，正像《鳳城識小錄》的作者龍葆誠所說的，「並無別項規費」，但對耕作沙田的佃戶來說卻並未因此得到絲毫好處。據民國《香山縣志》記載：

> 其始農民自辦沙骨，每畝不過抽穀八斤，捕費每畝不過八分，以後逐漸加增，沙骨抽穀加至十二斤八九兩，合時價銀三錢有奇，捕費加至二錢四分，另鴨埠一款，每畝抽銀七分有奇，合計每畝抽銀六錢餘。此外沙捐津貼、溢款溢平及借船費等項，合計全年應收二十餘萬兩。核該局歷歲支之款約八萬餘兩，收支冒濫，傾軋時聞，而沙面則百弊叢生。〔註66〕

反映這些所謂的護沙組織，只不過是鄉族地主控制沙田的一種機構，以便他們藉口抽剝營私。而所抽者，如沙骨捕費是由農佃輸出，「未抽業戶分毫」，可見一切都轉嫁到農民身上。

另外，護沙組織設立沙夫作為武裝力量，其目的有二，一是防止外人承佃沙田，二是防止佃農不交租穀。一個是對外的防禦作用，另一個是對內的威懾作用，其中以第一個更為重要。「順德士紳辦東海護沙時代，於早晚兩造，農民赴沙約繳納捕費之後，發給經守捕費印單，以憑沙船驗單放割，名曰禾票。〔註67〕」所謂的東海護沙正如上文所說的自咸豐五年（1855）開始，大良龍氏和大良羅氏通過設立的順德團練總局把持東海十六沙的護沙工作，其後此工作改由其所控制的東海十六沙沙局負責。凡沙田佃戶須事先到順德團練總局（或其後的東海護沙局）繳納費用，才能到田間耕種或收割。未經

〔註65〕〔清〕龍葆誠：《鳳城識小錄》卷下，「護理東海十六沙局緣起」，見廣東省立中山圖書館、佛山市順德區清暉園博物館：《順德歷代文獻選篇文叢（第一輯）》，第78頁。

〔註66〕《（民國）香山縣志》，卷16，紀事，頁五至六，見廣東省地方史志辦公室輯：《廣東歷代方志集成·廣州府部》第34冊，廣州：嶺南美術出版社，2007年，第512頁。

〔註67〕《業戶無欠租之慮》，見《東海十六沙紀實》，民國元年（1912年）廣東廣州香山公會鉛印本，廣東省立中山圖書館藏。

控制沙夫的士紳同意，其他士紳或宗族組織是無法染指東海十六沙沙田，更不可能開墾新沙田，因為他們沒有禾票。遇到其他私自圍墾或在控制區域內佃種的，沙夫一律將其視為盜匪，進行武力驅逐，甚至可以進行拘押，擅用私刑。例如光緒三十四年（1908），香山橫檔鄉因爭充約紳，譚、蔣兩姓構訟。沙紳龍伯鸞糾率沙勇到鄉，將蔣姓紳耆數人拘拿，誣指為匪，解赴順德縣監押〔註68〕。

第二項是防止佃農不交租穀。東海沙田的「業戶恐農民欠租，當自行發出兩聯票，一交沙夫，一俟將租妥收，交農民持向沙夫對驗放割，謂之合票。〔註69〕」合票後，佃農才可以收割禾稻。如果佃農不交租而私自收割，沙夫便可以用武力對付。綜合而論，沙夫是沙田地主的武裝力量。並且沙夫與地方大族關係密切。自康熙年間，東海十六沙的沙夫便由地方大族牢牢控制。控制著沙夫意味著可以為宗族帶來巨額的經濟收益，例如向沙區收取保護費。

> 東海沙所已成村落者，凡數十沙。自該約（順德團練總局）將沙所霸管後，故縱沙勇擾害農民，非聘請該約一沙紳以負保護之名，斷無安寧之日。各沙農民不堪其擾，為保護生命財產計，不得不釀金事之。名曰沙正，實與盜賊之行水無異。計大南沙沙正歲八百金，浮墟沙如之。中角沙沙正歲七百金，罟步沙如之。餘外各沙或三、二百金，或百數十金。〔註70〕

士紳建立起來的團練組織其目的指出是維護區域的穩定，防備外來侵擾，這樣便為包括士紳、佃戶在內所在區域民眾提供可靠的保障。類似士紳建立起來的護沙組織其目的也是如此。但是這種擁有武裝力量護沙組織最實質性目的在於維護士紳大族等沙田大戶的經濟利益，並強迫管轄之下的佃戶繼續接受剝削統治的一種手段。並隨著團練組織的擴大，所需的團練經費的增加，這一切費用又最終轉嫁到底層勞動人民的身上。於是，團練成為地方擁有名望與權勢的士紳或地主等社會上級階層控制基層社會、約束宗族組織內部的工具。

〔註68〕　《拿人之私押》、《非刑之擅用》，見《東海十六沙紀實》，民國元年（1912年）廣東廣州香山公會鉛印本，廣東省立中山圖書館藏。

〔註69〕　《拿人之私押》、《非刑之擅用》，見《東海十六沙紀實》，民國元年（1912年）廣東廣州香山公會鉛印本，廣東省立中山圖書館藏。

〔註70〕　《沙紳之貪橫》，見《東海十六沙紀實》，民國元年（1912年）廣東廣州香山公會鉛印本，廣東省立中山圖書館藏。

隨著這一進程的進一步加深，部分備受壓迫的窮苦百姓變得憤憤不平，在矛盾累積到一定程度之後，便奮起反叛成為社會動亂的不安定因素。

護沙組織不僅成為士紳、鄉族剝削控制沙田佃戶的武裝工具，而且也成為士紳抵制官府賦稅徵繳的強有力依仗。17、18 世紀朝廷與地方官府為墾殖荒地，達到提高賦稅徵收的目的，默許了士紳集團以及所在鄉族對附近沙田區域的開發。士紳集團和鄉族組織有權雇傭「沙夫」對沙田進行開發，並設立「沙所」對「沙夫」進行管理，但必須由官府批准且接受地保監督。

圖 5-6　沙田的開發模式與官府的監管〔註71〕

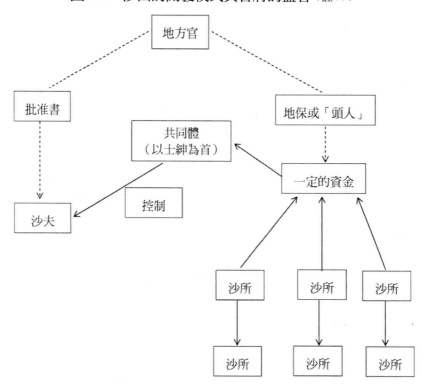

社會動亂導致團練組織的建立，原本由士紳集團掌控沙田區域的賦稅徵集隨即成為籌集團練經費的主要來源，「沙所」也成為籌集團練經費的財政組織。由此，士紳將宗族沙田所得到的賦稅地租輸送到團練局，團練局就此成為掌控沙田區域賦稅徵收的管理機構。另外，士紳為了籌集足額的團練經費還開發一種新的稅源──「釐金」：對商品徵收過往稅。以咸豐年間順德

〔註71〕〔美〕魏斐德著，王小荷譯：《大門口的陌生人：1939～1861 年間華南的社會動亂》，北京：中國社會科學出版社，1988 年，第 176 頁。

團練總局為例，其管轄下的東海護沙局掌控著東海十六沙的賦稅徵收，大良公局下屬的每一個局都擔負著經管資金以及雇用練勇、賑濟、重建、鄉學等職責。每一局下都有相應的公約組織向所在的團練局提供所需的費用。而各公約組織則在縣城周圍和主要的商業市鎮設立稅卡以獲得所需資金。

圖 5-7　團練局對東海沙田賦稅的壟斷〔註72〕

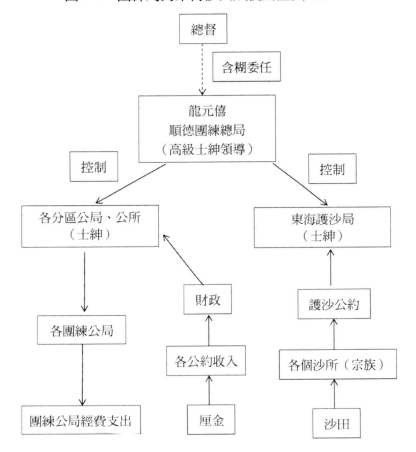

三、順德公約的推廣與遍設

　　公約組織是清代廣東社會基層士紳權力組織的一種，並且「公約」一詞還是為清代順德縣所特有〔註73〕。順德縣公約的設置，最早可上溯到清代中期。

〔註72〕〔美〕魏斐德著，王小荷譯：《大門口的陌生人：1939～1861 年間華南的社會動亂》，北京：中國社會科學出版社，1988 年，第 177 頁。

〔註73〕順德市地方志辦公室點校：《順德縣志》（清咸豐民國合訂本），廣州：中山大學出版社，1993 年，第 650 頁。

乾隆年間，順德縣已創立了勒樓公約〔註74〕。同治十年（1871），順德大良士紳龍元僖撰寫的碑記中提到：「大良百十年來惟南關有公約，而東關及城內皆缺如也。〔註75〕」從同治十年（1871）往前推一百年，可知南關公約也是成立於乾隆年間。即使在順德，乾隆年間公約組織也沒有普遍設立。直至嘉慶五年（1800），順德知縣沈權衡下令在各鄉建立公約。

> 使鄉各擇適中地建宇舍曰公約。煙村若干戶以上，設一人長之曰保正，先選於縉紳，而後及老有德望者，以其姓字呈官，附以結狀，訪查果不謬，則木鐫某鄉某族戳記給之，得執以入約司鄉事。
> 〔註76〕

到了光緒年間，處於廣東社會基層的類似順德公約的團練組織都訂立了相關的團練章程。光緒三十二年（1906）江尾五堡聯防公約訂立了詳細的團練章程，成為順德縣各區團練的樣板。

> 守禦之法，其目四：曰齊應號、嚴堵截、斷歸路、搜竄匪。
> 靖內之法，其目六：曰絕窩藏、嚴驅逐、懲勾引、防截搶、辦打單、禁銷贓。
> 緝捕之法，其目四：曰懲拘捕、報匪蹤、防暗渡、懸賞格。
> 賞賚之法，其目四：曰賞獲匪、賞獲贓、賞起擄、賞眼線。
> 醫恤之法，其目四：曰恤斃命、理受傷、恤廢疾、恤焚毀。
> 懲罰之法，其目三：曰懲坐視、懲故縱、懲包庇。
> 聯保之法，其目二：曰保良民、保防械。
> 撥款之法，其目二：曰協款、抽各鄉稅畝私款，責匪鄉花紅。
> 綱舉目張，各堡切實奉行，地方賴安。陳邑候申輔善之，擬頒各區仿傚焉〔註77〕。

江尾五堡聯防公約訂立的團練章程其內容共有八大項目，從其大綱條目

〔註74〕《（民國）順德縣志》，卷3，建置二，「團局公約」，頁八，收錄於《中國方志叢書‧第4號》，臺北：成文出版社，1966年，第45頁。

〔註75〕《（民國）順德縣志》，卷3，建置二，「團局公約」，頁八，收錄於《中國方志叢書‧第4號》，第44頁。

〔註76〕《（咸豐）順德縣志》卷21，列傳，文傳，頁二十五至二十六，收錄於廣東省地方史志辦公室輯：《廣東歷代方志集成‧廣州府部》第17冊，廣州：嶺南美術出版社，2007年，第498頁。

〔註77〕《（民國）順德縣志》，卷3，建置二，「團局公約」，頁十一，見《中國方志叢書‧第4號》，臺北：成文出版社，1966年，第46頁。

的分類看，其職責不至於稽查捕盜一項，包括了賞恤、保民、籌款等眾多其他社會管理功能。而且江尾五堡聯防公約還負有一定的徵稅權限，其經費經由圩市商稅、田畝賦稅等強制性攤派手段進行徵集，以及通過對殷紳富戶的勸捐和鄉族蒸嘗進行籌集。江尾五堡聯防公約設置在順德縣雲步堡上村鄉鶴峰書院，早在咸豐五年（1855）由堡紳歐陽炳、歐陽信、胡廷鏞等創立。光緒十年（1884）中法戰爭爆發，廣東防務緊張，江尾五堡聯防公約再次成立。光緒三十二年（1906）賊氛益熾，堡紳歐陽鼎訂立團練章程，聯防互保。

　　由上可見，公約組織已然是由士紳階層主導深入地方社會基層的管理組織，從嘉慶到光緒經過長時間的發展，清末順德公約組織已然遍布全縣，且已非嘉慶時期專責捕匪的軍事管理組織，而此時廣東社會基層的團練組織，更趨向於一個兼具多種職能的綜合性地方權力管理機構〔註78〕。士紳階層在官方授權下，藉以建立了由自己主導社會基層管理組織，為清末的地方自治提供了準備。光緒二十八年（1902）廣東番禺縣團練局規定：「一切事宜概歸現設各局，會同各鄉紳耆妥善辦理」〔註79〕。如順德縣相同，咸同兵燹以後的番禺縣亦遍設公約、公局等團練組織，如南洲局、彬社局、岡尾局、石樓局、赤山局、仁讓局、石橋局、蘿西局、鰲山局、韋湧局、古壩局、龍灣局、沙亭局、沙圩等鄉十三約公所及沙滘總局、鹿步總局、升平局、安和局、鳳凰局等等〔註80〕。

　　由上述可知，諸如順德公約組織等一些的清代廣東團練組織，能夠得以在基層社會遍設主要是得到官府的授權與推行。官方此舉目的在於將地方武裝力量進行分散，另外亦可通過對地方權力地有效分割，令其互相牽制，形成相對的權力制衡。更為重要的是，官方利用團練組織的遍設，對基層社會治安形成網格化的布控，有效地彌補了綠營和巡檢司的監控盲點與監察的不足。

〔註78〕類似的觀點有：張研在其《清代中後期中國基層社會組織的縱橫依賴與相互聯繫》（《清史研究》，2000年第2期，第80頁）一文中提出「清中期以後，官方建立的基層行政組織以保甲為主，向綜合性職能發展——既負責治安防衛，又督催錢糧賦役，還參與地方司法，負責鄉約月講，辦理賑濟事宜。」

〔註79〕《廣東番禺縣錢明府所定團練章程》（光緒二十八年十一月二十四日），《申報》，1902年12月23日。

〔註80〕《（民國）番禺縣續志》，卷5，建制，公建，頁二十五至二十六，見《中國方志叢書·第49號》，臺北：成文出版社，1966年，第105～106頁。

四、多層級管理體系的建立

團練組織除了遍設基層社會，還逐漸形成一套多層級的社會管理體系。值得注意的是，這種多層級的管理體系是在縣級以下展開的。並且這種多層級的管理體系對清末廣東部分地區（如順德縣）的行政劃分產生影響。這裡以光緒年間順德團防總局為例，對這種多層級社會管理體系進行解釋說明。

清代順德縣在行政區劃上形成了都—堡—村三級的社會管理體系，共有 3 都 40 堡 294 村〔註81〕。清末光緒年間順德縣劃分十區，當時為了應對中法戰爭期間的廣東的軍事防衛，便於聯防辦團，遂以河道地勢為參照，劃界不再以都、堡為限，而是變通舊制，實行以區統村的行政建置。現今第一區統轄 334 村；第二區統轄 11 村；第三區統轄 21 村；第四區統轄 19 村；第五區統轄 36 村；第六區統轄 31 村；第七區統轄 6 村；第八區統轄 34 村；第九區統轄 22 村；第十區統轄 4 村。順德縣的村落經過拆分、合併，共計有 218 村。光緒年間順德縣村落相較以前在數量上少了 76 個〔註82〕。而原來都的行政建置保持不變，至於某村原屬某都，可檢閱舊志知之，不必詳謀都〔註83〕。至此，光緒年間順德縣廢去原先「堡」一級的行政建置，代之以「區」，形成了都—區—村的三級行政區劃。

順德縣原來行政劃分上有 40 堡，後被劃分成 10 區，因此「區」一級所轄的範圍明顯比「堡」大。清末順德團練形成了總局—分局—公約的標準三級的組織建置。順德團防總局作為縣一級的團練總局，其管轄下的 10 個團練分局對應著順德縣的 10 區。然而分局以下的公約組織，其管轄的範圍大小不一。既存在管轄範圍囊括幾個大村的跨村級別公約組織，亦存在一個村落設立幾個公約組織的情況。為了對順德縣公約組織的管轄範圍進行更為準確的分析，這裡不得不重新引入「堡」一級的行政區劃作為參考。

〔註81〕 《（咸豐）順德縣志》，卷 3，輿地略，疆域，頁三至十一，見廣東省地方史志辦公室輯：《廣東歷代方志集成·廣州府部》第 17 冊，廣州：嶺南美術出版社，2007 年，第 58～62 頁。

〔註82〕 《（咸豐）順德縣志》，卷 3，輿地略，疆域，頁三至十一，見廣東省地方史志辦公室輯：《廣東歷代方志集成·廣州府部》第 17 冊，廣州：嶺南美術出版社，2007 年，第 58～62 頁。《（民國）順德縣志》，卷 1，輿地略，分區緣起，頁五至六，卷 3，建置二，「團局公約」，頁五至十一，見《中國方志叢書·第 4 號》，臺北：成文出版社，1966 年，第 10、44～47 頁。

〔註83〕 《（民國）順德縣志》，卷 1，輿地，頁五，見《中國方志叢書·第 4 號》，臺北：成文出版社，1966 年，第 10 頁。

由此，若將各區團練分局管轄下的公約組織管轄範圍與堡一村傳統行政建置進行匹配對應，則可以劃分成堡一級、村一級以及村級以下 3 種等級和跨堡公約、一堡公約、跨村公約、一村一約、一村多約 5 種類型的團練組織。其分布情況和數量見下表 5-5。

表 5-5　清末順德團練組織的等級模式及其與之對應的公約組織名稱
〔註 84〕

縣一級團練機構		順德團防總局
堡一級團練機構（包括分約在內的公約數量）	跨堡公約（4）	羊額六鄉均安局、平葛兩堡聯安局、新良十四鄉聯防公約、江尾五堡聯防公約
	一堡公約（26）	大良公局（堡內分四約）、古樓公約、倫教公約、石肯公約、水藤公約、勒樓公約、龍江公約、龍山公約、甘竹堡公約、黃連公約、鷺洲公約、沖鶴公約、逢簡公約（分南鄉北鄉二公約）、馬齊公約、昌教公約、容奇公約（堡內五約）、桂洲公約（堡內分兩約）
村一級團練機構	跨村公約（9）	大洲五鄉和濟局、仙湧九鄉公約、紺村五鄉公約、西滘三鄉公約、水藤五鄉公約、龍山五埠聯防局、馬岡四社團保局、石龍岡村（村內分東西兩公約，與石湧堡十三鄉聯團）
	一村一約（26）	鰲山公約、靖安公約、舊寨公約、烏洲公約、仕版公約、霞石公約、季華公約、槎湧公約、圩滘公約、石洲公約、大羅村公約、沙滘公約、新隆公約、大晚公約、黃麻湧公約、龍眼公約、稔海公約、上湧公約、眾湧公約、番村公約、漕岡公約、裕湧公約、西華公約、吉祐公約、杏壇公約、同安局
村級以下的團練機構	一村多約（22）	大洲鄉的東西兩約、羊額的（水口鋪局、西社鋪局、南華鋪局，後增設東寧局）、碧江鄉的（達德公約、鳳鳴公約、彭義公約、南平公約）、林頭的南北兩公約、北滘的南北兩公約、譚義的東西兩約、塘利的南北兩公約、江村的南北兩公約、東馬寧的南北兩公約

嘉慶年間，順德知縣沈權衡在順德縣境內大力推行公約組織〔註 85〕。經過官府的大力推廣，直至光緒年間公約已經成為順德縣典型的團練組織形式，

〔註84〕《（咸豐）順德縣志》，卷 3，輿地略，疆域，頁三至十一，見廣東省地方史志辦公室輯：《廣東歷代方志集成·廣州府部》第 17 冊，廣州：嶺南美術出版社，2007 年，第 58～62 頁。《（民國）順德縣志》，卷 1，輿地略，分區緣起，頁五至六，卷 3，建置二，「團局公約」，頁五至十一，見《中國方志叢書·第 4 號》，臺北：成文出版社，1966 年，第 10、44～47 頁。

〔註85〕《（咸豐）順德縣志》，卷 21，列傳，文傳，頁二十五至二十六，見廣東省地方史志辦公室輯：《廣東歷代方志集成·廣州府部》第 17 冊，第 498 頁。

並且根據管轄範圍的大小呈現出多種不同類型。

順德縣堡級的團練建置分為兩種類型，一種是跨堡公約，如羊額六鄉均安局、平葛兩堡聯安局等，另一種是單堡公約，如大良公局、古樓公約、倫教公約等。但不管是管轄一區的團練分局，還是跨堡公約、單堡公約，團練分局和堡級團練組織都屬於組織規模中「大團」的範疇。

順德縣村級團練建置也分為兩類，一類是跨村公約，如大洲五鄉和濟局、仙湧九鄉公約、紺村五鄉公約等，還有一類就是一村一約的團練建置，如鰲山公約、靖安公約等。其中順德縣有些自然村地域狹小、人口較少，屬於小村，這樣的村落出於防務需要，要與其他較小的村落合辦團練，所以才出現「跨村公約」。「跨村公約」基本上是由較小的自然村落合辦而成，所以規模上與大村獨辦的「一村一約」相差無幾。此外順德縣還存在村級以下的團練建置，即一個村落設置幾個公約，稱之為「一村多約」，例如大洲鄉的東西兩約等。出現「一村多約」的現象可能由於一個村落中倡辦團練的士紳無法取得統一意見，進而分頭倡辦團練，也有可能是村落分布過於零散，倡辦多個團練組織更加便於管理，也有可能是村落之間各宗族存在矛盾，也有可能是村落之間各區域掌握財富的不同等等各方面因素導致產生。村級和村以下的團練建置屬於「小團」。

由上表可知在團練類型的數量上，順德團防總局管轄的公約組織主要以一堡公約和一村一公約的形式為主，村級以下的公約數量也不在少數。跨堡公約和跨村公約的數量相對較少，主要在於不同村落之間可能存在不同的利益而難以統一協調。相反，公約組織存在跨堡和跨村聯合的情況也正說明聯合的村落存在共同的利益訴求，而有展開共同聯防的需要。一堡公約和一村一公約數量居多說明在共同防務的問題上，普遍以一個自然村落為載體進行聯合。當然，一村之內各姓宗族出於不同利益訴求也會選擇分開建立由自己管理的公約，所以才存在村級以下的公約組織數量不少的情況。

至此，清末順德縣團練形成了縣—堡—村—村級以下 4 級的社會管理體系。

當然，事實上清代廣東其他地區的行政區劃並不與順德縣區劃相同，其團練組織也並不一定如同順德團練一樣形成縣—堡—村—村級以下 4 級的社會管理體系。但三級標準型建置形態的團練組織，一般皆呈現出多層級的社會管理體系，例如咸同時期的佛山團防局。

　　咸豐四年（1854），南海縣佛山堡（佛山鎮）為應對洪兵起義建立了堡—村兩級管理體制的佛山團防局。佛山堡管轄共有 30 個村落，與其他地區不同的是，佛山堡之下的村落稱为「鋪」〔註86〕。「鋪」之下各有更館、閘樓，其更夫、閘夫共計 300 餘名，工食出自各鋪，各鋪均設更練〔註87〕。所以咸豐四年建立的佛山團防局雖然並不具備順德團防總局那樣 4 個等級的管理體系，但也是典型的「一堡一局」的堡級團練機構，形成堡—鋪兩級社會管理體系。

　　由上可見，動亂之際，士紳借由辦團之機不僅使團練組織遍設地方基層，而且還建立了一整套由士紳主導的社會管理體系。此時的地方團練組織儼然已是基層社會中的「準官府機關」〔註88〕。可以認為，咸豐以後的廣東團練組織，其性質已然由原來的民間武裝組織轉變為基層社會管理機構。

五、團練組織的職能與功用

　　如前章所述，清代廣東團練組織普遍具有靖亂平叛和社會管理等職能。而針對清代順德團練而言，則其經濟職能異常突出，這亦是清代廣東順德團練的一大特色。

（一）保護並控制地方稅源

　　順德團練組織保護並控制地方部分稅源，負責徵糧收稅，且須協助官府催徵。為了避免洪兵對沙田區域的侵佔，保障順德縣的經濟命脈，順德籍士紳在創建順德團練總局之後，迅速對東海十六沙沙田區域實施接管。咸豐八年（1858），順德團練總局成立後，其下的東海護沙局控制了順德和香山兩縣「東海十六沙」的沙田區域，自然其中所得的經濟收益也歸沙局所有〔註89〕。因為東海十六沙沙田區域的經濟收益關乎順德團練總局的運行，龍元僖及其後人對東海十六沙沙田區域展開嚴密的控制。從順德團練總局成立，到同治十一年（1872）裁撤，而東海護沙局作為控制東海十六沙的沙田區域專門管

〔註86〕　《（同治）廣東圖說》，卷 1，南海，頁二十三，見《中國方志叢書・第 106 號》，臺北：成文出版社，1967 年影印本，第 31 頁。

〔註87〕　《（民國）佛山忠義鄉志》，卷 3，建置，內政，頁五，見《中國地方志集成・鄉鎮志輯》第 30 冊，上海：上海書店出版社，1992 年，第 351 頁。

〔註88〕　〔日〕西川喜久子著，蘇林崗譯：《順德團練總局成立始末》，《國外中國近代史研究》第 23 輯，北京：中國社會科學出版社，1994 年，第 162 頁。

〔註89〕　《（民國）順德縣志》，卷 3，建置二，「團局公約」，頁四，見《中國方志叢書・第 4 號》，臺北：成文出版社，1966 年，第 43 頁。

理機構仍舊得以存在。

　　順德團練總局除了控制東海十六沙沙田區域，還向管轄區域的關卡、市場等區域進行徵稅。士紳為了籌集足額的團練經費還開發一種新的稅源——「釐金」：對商品徵收過往稅。大良公局是順德團練總局屬下的分局，位於順德大良縣城。以大良縣城的大良公局為例，大良公局通常以籌集團練經費為名義，向縣城內各商店以及通過關卡的商人進行徵收。另外大良公局為保證釐金的順利徵收，每個關卡配備了數十名勇丁進行駐守。從順德大良縣城的地形上看，大良縣城西面靠山，只有東、南、北三個城門，沒有西城門，所以只有南北和東面臨河設有關卡。（圖4-8）。洪兵起義之後，順德大良縣城先後成立東關、北關及城內的聯合公約，與原來的南關公約組成大良公局，各關配備勇丁把守要塞，各關士紳分御統轄〔註90〕。

　　大良公局的經費由縣城內四關商店分擔，為每年的「徵收銀」；又從「附郭基田」240頃（每畝銀8分）中徵收，以充勇糧。同治十年，停抽商店鄉用，而附郭田畝仍照抽收，後改為每畝5毫〔註91〕。同時，大良公局統轄的四關公約，每關公約之下都設置有各自的關卡。每年四關勇糧需銀五千兩，其中南關勇丁六十名，東、北兩關各四十名，分駐各卡。三關各設管帶一名，惟城內局勇八名無管帶。勇糧每名每月三元，管帶月薪各銀六兩，由大良局發給。

　　咸豐九年（1859），廣東團練總局向南海、順德、香山、三水四縣的絲綢市場徵稅。相關方案是：組建「絲墟聯防局」，向四縣絲綢市場的經紀徵稅，並購買十一艘武備精良的船隻用於連接各絲綢市場的水道巡邏〔註92〕。最後這個方案得到官方的批准。廣東團練總局由此控制了四縣絲綢市場這一大稅源，為其團練經費籌集提供充足資金支持。

（二）籌款能力與捐輸活動

1. 籌款能力

　　自咸豐五年（1855）順德團練總局成立以來，龍元僖等順德籍士紳每年

〔註90〕　《（民國）順德縣志》，卷3，建置二，「團局公約」，頁五，見《中國方志叢書·第4號》，臺北：成文出版社，1966年，第44頁。

〔註91〕　《（民國）順德縣志》，卷3，建置二，「團局公約」，頁五，見《中國方志叢書·第4號》，臺北：成文出版社，1966年，第44頁。

〔註92〕　〔清〕龍葆誠：《鳳城識小錄》，卷下「絲墟聯防局始末」，見廣東省立中山圖書館、佛山市順德區清暉園博物館：《順德歷代文獻選篇文叢（第一輯）》，廣州：世界圖書出版廣東有限公司，2020年，第40頁。

都為募集各種經費而忙碌。順德團練總局所捐輸項目名目眾多，不僅有順德縣內的捐輸，也有廣東省地方政府的捐輸行動。可以說，順德團練總局是廣東省地方政府的籌款機構。順德團練總局作為地方團練機構，其強大的籌款功能也是廣東其他團練組織所罕見，可能也是清代其他地區的團練機構所未能具備的。由於有源源不斷的經費支持才使順德團練總局相關的團練活動得以維持運轉。朝廷與地方官府正是看中了龍元僖傑出的籌款能力，所以才讓龍元僖等順德籍士紳成為廣東團練總局的組建與領導者。龍元僖等順德籍士紳出色的籌款能力是順德團練總局得以維持運轉的關鍵性因素。

反觀同時期其他州縣的團練組織，如新會縣的岡州公局，在咸豐末年岡州公局的局紳何琯等人以「經費無著」為由稟請知縣裁撤公局〔註93〕。然而新會知縣聶爾康卻批覆以「逆匪潛窺之際，正宜加意嚴防，豈可因局費維艱，遂思裁撤，轉置地方於不顧」，拒絕了岡州公局局紳的請求。可見經費的獲取對於團練公局的正常運轉以及團練活動的開展具有何等的重要意義，岡州公局面臨的窘境也正是廣東許多州縣團練組織所面臨的。對於像岡州公局這樣團練組織，倡辦的局紳既無法籌集到足夠的經費，地方官府又不施與適當的經濟援助，所以面臨裁撤便是這類團練的最終結局。新會知縣駁回岡州公局局紳裁撤公局的請求後，何琯等局紳仍以「瘡痍蒿目，地方宜以時休息」為由再次呼請撤局，雖經過知縣的再三慰留，但局紳「書凡七八上」執意撤局，最終地方官府無奈於同治元年（1862）同意岡州公局撤局〔註94〕。

在邀請到足夠多的士紳加入順德團練總局之後，龍元僖開始為團練局的經費忙碌。首先龍元僖自掏腰包立即捐出白銀十萬兩「以為之倡」。隨即龍元僖召開縉紳代表大會，宣告政府的督辦團練計劃，並迅速取得了順德縉紳們的積極響應。「邑局開後，各殷富創鉅痛深，且見太常倡題鉅款，是以群情踴躍〔註95〕。」龍元僖入局的順德士紳們進行勸捐開局的團練費用，共得到士紳們的捐輸97萬兩，其中75萬兩被押送往廣州作為政府的費用，剩下的22萬兩

〔註93〕 江門市中級人民法院、江門法院僑鄉法律文化叢書編委會：《岡州公牘‧再牘》（注釋版），南昌：江西人民出版社，2016年，第60～61頁。

〔註94〕 〔清〕彭君谷修，鍾應元等撰：《（同治）新會縣志續》（第二冊），卷10，事略，頁七，清同治九年（1870）新會縣學衙刻本，會城大新街英隆印務局。

〔註95〕 〔清〕龍葆誠：《鳳城識小錄》卷上，「順德團練總局始末」，見廣東省立中山圖書館、佛山市順德區清暉園博物館：《順德歷代文獻選篇文叢（第一輯）》，廣州：世界圖書出版廣東有限公司，2020年，第6頁。

作為順德團練總局的啟動經費。

　　儘管順德團練總局通過設置東海十六沙局控制了東海十六沙的沙田區域所有經濟收益，但在經費支出上仍舊捉襟見肘。龍元僖為了維持順德團練總局的持續運轉和應付向官局和朝廷要求的大筆捐輸事項，從咸豐九年到同治九年（1859～1870）不斷為順德團練總局添置田產，增加順德團練總局的經濟收入。

表 5-6　咸豐九年至同治九年（1859～1870）順德團練總局田產〔註 96〕

沙　名	田　名	畝　數	備註（專項公產）
浪網沙	易家圍田	10 頃 11 畝 4 分 9 釐	
浪網沙	豐稔圍田	4 頃	
海心沙北側	草白坦（後築成福祿壽圍）	4 頃	
咸標沙	天吉圍田	9 頃	
三江沙	竹笪圍田	4 頃 90 畝	
蓮塘灣	圍田	2 頃 2 畝 8 分	
大魚奧沙	義興圍田	2 頃 82 畝 7 分 3 釐	
大魚奧沙	和豐圍田	11 頃	
浪網沙	草白坦	3 頃 39 畝 2 分 5 釐	
瀝東龜沙	圍田	2 頃 31 畝 1 分 6 釐	
六洲大沙尾	圍田	1 頃 78 畝 6 分 5 釐	防颱經費〔註 97〕專項公產（13 頃 19 畝 7 分 6 釐）
漲屏門	圍田	2 頃 81 畝 1 分 1 釐	
魚奄仔沙	圍田	3 頃 60 畝	
太平臺下石壩沙	無主官荒	5 頃餘	
咸標沙	圍田	1 頃	文武印金〔註 98〕公產（7 頃 84 畝 4 分 7 釐）
咸標沙	圍田	1 頃 99 畝 5 分	

〔註 96〕資料來自於《（民國）順德縣志》，卷 2，建置二，文社，頁三十四至三十八，見《中國方志叢書‧第 4 號》，臺北：成文出版社，1966 年，第 38～40 頁。黃永豪：《土地開發與地方社會：晚清珠江三角洲沙田研究》，香港：文化創造出版社，2005 年，第 120 頁。

〔註 97〕所謂的「防颱經費」，即為防守炮臺的經費。

〔註 98〕所謂的「文武印金」是指文武生員進入縣學讀書時，需要向任縣學教官繳納一筆用於印刷考試用卷的費用（也稱印卷金）。其數額不拘，視新生員經濟情況酌量而定。

抱沙	草白坦（後築成美秀圍田 60 畝，後又築成新圍 2 頃 5 畝）	3 頃 34 畝 9 分 7 釐	
橫石沙	田	1 頃 50 畝	
海心沙	二美圍田	4 頃	公車贐金〔註99〕公產
總數		84 頃 91 畝 6 分 6 釐	

　　順德團練總局的收入主要由東海十六沙及其子沙所得的捕費、沙骨租銀、團練總局 84 頃多的田畝公產的租銀，以及上節順德士紳的捐輸留支部分構成。從上表 4-6 咸豐九年至同治九年（1859～1870）順德團練總局的田產表中可以看到，團練總局所有 84 頃多田產中有部分田產是作為「防颱經費」、「文武印金」、「公車贐金」專項公產資金，其中 13 頃多為「防颱經費公產」，約 8 頃為「文武印金公產」，有 4 頃為「公車贐金公產」。

2. 捐輸活動

　　太平天國運動以來，清政府軍務倥傯，為解決巨額的軍費開支，時常要求南方富裕省份為其捐納，其中自然包括廣東省。由於咸豐時期順德團練總局控制了廣東最為富庶的東海十六沙沙田區域，因此朝廷與廣東當局屢次要求順德團練總局向其捐納，且其數目非小。《順德團練總局碑記》的一段文字材料反映了自咸豐五年順德團練總局設局以後的屢次捐輸。順德團練總局除了要應付團練局日常的運營費用（諸供張署用及官薪、幕修、船價、役食、囚糧）以及收復縣城之後的捕匪費用之外，還要承擔朝廷與廣東當局頻繁的催捐事項。從咸豐五年順德團練總局的設立到同治三年洪兵起義的結束（1855～1864），朝廷和廣東當局幾乎每年要求順德團練總局上繳一筆數額不菲的捐納，包括了軍餉、京倉米本等費用在內捐餉已有 200 多萬兩〔註100〕。順德團練總局的捐輸事項繁多且數額巨大，有力地支撐了地方官府平定戰亂和其他行政職能的正常運轉。

〔註99〕所謂的「公車贐金」是指舉人進京會試受驗時饋贈的旅費，但是這一專項費用只有文舉人享有，不發給武舉人。除旅費以外，為辦理會試受驗手續，還有給縣衙、藩署、禮房奉獻的規費，「所索頗巨」，而這筆費用也要進京趕考的舉人自己來負擔。因此古代每一個進京趕考的舉人都會背負上沉重的債務。

〔註100〕〔清〕龍元僖：《順德團練總局碑記略（同治九年）》，見何兆明：《順德碑刻集》，廣州：廣東人民出版社，2012 年，第 208～209 頁。

表 5-7　咸豐四至七年(1854～1857)廣東軍需收支的會計分類表〔註101〕

收　入	數量（兩）	支　出	數量（兩）
收入的「常規」來源		核准的一般費用（這一類包括了正規軍餉和軍糧）	1,244,706
地稅	670,060	薪餉和救濟	
為第二次鴉片戰爭分配給廣東的關稅	191,200	省衙門職員和糧臺人員、海關人員薪水	15,486
鹽課	20,000	給予官軍獎賞	156,264
廣西省收入中撥出的軍費	73,000	給予南海團練的獎賞	1,300
廣州府庫各雜款	47,527	給予陣亡者撫恤金和救濟金	59,139
兵餉、軍糧等項額外盈餘	25,115	小計	232,189
其他省份提供的軍需（火藥、子彈、木材）費用	25,115	軍火	
廣西省梟司轉來款項	1,507	槍支	124,403
廣東省藩司轉來款項	70,000	大炮	93,802
小計	1,123,524	火藥	122,082
收入的「非常規」來源和地方來源		修建炮位和炮臺	22,726
為財政不足向商人借款	294,502	修造船隻的工棚建造費	6,814
地方官及紳士為第二次鴉片戰爭之集款	121,297	船隻（水手、造船工、租金、修建費）	2,530,219
地方官、紳士及其他人之自願捐款	603,645	小計	2,900,046
沒收、充公的地方財產及罰金所得	167,131	糧食與供應品	
香山為第二次鴉片戰爭捐獻	15,380	水手口糧	155,929
惠州為第二次鴉片戰爭捐獻	14,837	油、煤和乾糧	63,375
廣州新城區（商業區）1855 年 5 月捐獻	256	其他未說明的特別軍需品	2,118
順德捐獻		小計	221,422
公局	191,500	運　輸	

〔註101〕表中所有數字均據廣州總督衙門軍費帳簿。該簿為英軍佔領廣州所得，現藏於倫敦公共檔案館，編號為 FO682／228／2，原題：「軍需收入各款月報價底」，日期自咸豐四年五月至七年二月。（〔美〕魏斐德著，王小荷譯：《大門口的陌生人：1839～1861 年間華南的社會動亂》，北京：中國社會科學出版社，1988 年，第 223 頁。）

隨意自願捐獻	381,182	從江南調軍隊費用	316
為第二次鴉片戰爭捐獻	96,000	向湖北調送一艘外國炮船費用	2,041
小計	1,885,730	各項運輸雜費	3,200
省當局在廣州城西各關卡所收釐金總數	1,829,038	小計	5,557
		付商人借款利息	9,407
收入總計	4,838,292	支出總計	4,613,327

　　如表 5-7 所示，順德捐獻的一項中公局捐獻 191,500 兩，隨意自願捐獻有 381,182 兩，為第二次鴉片戰爭捐獻的有 96,000 兩，順德地區自 1854 至 1857 年捐獻的資金總達 668,682 兩〔註 102〕。從廣東軍需收入一欄中，常規收入占 23%，非常規收入占 40%，釐金占 37%。在非常規的和來自地方捐獻的收入中，順德一縣負擔了近 35%的份額。也就是說，順德一縣單獨提供了課以廣東省戰時與戰後的所需費用的 14%。而且還不包括順德復城以後某些被充公沒收的特別財產，例如「咸豐四年，紅賊陷城。……內收罰款逆產變價及沽變倉穀價項共銀 76,200 兩〔註 103〕」，所以順德一縣為廣東省提供的財政支持應該遠高於 14%。在廣東財政支持上，順德一縣佔據了非常重要的一部分，而在順德一縣的捐輸當中，順德團練總局及其順德士紳的捐輸又是佔據絕大一部分比例，所以可以看出在捐輸事務上順德團練總局對於清代廣東財政的重要意義。

表 5-8　咸豐八年（1858）以後順德團練總局的捐輸事項表〔註 104〕

捐贈項目	時　間	事　件	捐輸款項數量（兩）
籌借軍餉			
籌借「西北江年餉」	咸豐八年（1858）	咸豐八年，西江流域的陳開、李文茂等人的勢力日益壯大，他們以廣西潯州府為中心建立起大成國。陳金釭奉命	順德團練總局擁有東海十六沙及其子沙 46 萬餘畝，按每畝 5 分

〔註102〕〔美〕魏斐德著，王小荷譯：《大門口的陌生人：1839～1861 年間華南的社會動亂》，北京：中國社會科學出版社，1988 年，第 224 頁。
〔註103〕〔清〕龍葆誠：《鳳城識小錄》卷上「順德團練總局始末」，見廣東省文史研究館、中山大學歷史系合編：《廣東洪兵起義史料》（中冊），廣州：廣東人民出版社，1996 年，第 874 頁。
〔註104〕〔日〕西川喜久子著，蘇林崗譯：《順德團練總局成立始末》，《國外中國近代史研究》第 23 輯，北京：中國社會科學出版社，1994 年，第 154 頁。

		管轄懷集、賀州、封川等十餘縣，稱之為南興王。北江方面有何六等人進行相關的起義活動。為此，兩廣總督黃宗漢決定籌借「西北江軍餉」，命香山、順德兩縣從每畝沙田徵收銀，順德團練總局便從東海沙田當年的晚造與翌年的早造按每畝五分分別徵收。	錢，當年晚造和翌年早造兩次徵收，則大約有 46000 兩捐贈款項。
籌借「高州軍餉」	同治元年（1862）	咸豐十一年，陳金缸率天地會起義，佔領信宜縣（廣東省高州府），兩廣邊境地帶與廣東南部的十餘個州縣均為他們所控制。因此，軍需局以籌借「高州餉」為由，從每畝沙田徵收銀一錢，由主佃折半交納，從當年晚造與次年的早造中分別徵收。	這次籌借的方式跟咸豐八年籌借「西北江年餉」一樣，都從東海沙田每畝徵銀一錢，分當年晚造和翌年早造兩次交納，此次捐獻款項也大約為 46,000 兩。
徵收「高州、廣海軍餉」	同治二年（1863）	兩廣總督、巡撫黃贊湯（同治二年六月離任，郭嵩燾繼任巡撫）上奏：「因高州之『股匪』及因廣海之『客匪』進行活動，緊迫需供軍餉。」對此上奏，諭旨命「派大紳協力捐務」。	此次捐派由各州、縣分攤，捐務總額高達 70 萬兩，其中順德縣要承擔 65,000 兩。
籌借「東江軍餉」	同治四年（1865）	同治四年三月，因太平天國軍隊在鎮平（廣東省嘉應州）等地活動，巡撫郭嵩燾以軍費缺乏為由邀請龍元僖到省城，企圖依靠龍來籌借資金。龍元僖主張借款，因為連年捐輸至今無計可施，只能借款解決。同治五年五月，適逢各縣交押的營業許可證更換新證，於是決定以交納的執照費相抵。首先讓每店預納銀 150 兩，不足部分由順德團練總局墊付。墊付部分的利息從執照費中扣除，歸還團練總局。	在順德縣，應交納執照費的商店有 81 家，應納照費 48,000 兩。
籌借「東北江軍餉」	同治四年七月（1865）	太平天國佔據鎮平，向興長等地蔓延之勢甚盛，故急需軍餉。巡撫郭嵩燾命從沙田按每畝銀 4 錢徵收。	龍元僖主張用借款辦法解決軍餉來源，首先由順德團練總局墊支 4 萬兩上交，規定從當年晚造與明年早造的徵收中償還。
			小計：245000 兩
籌借「京倉米銀兩」	咸豐十一年（1861）	咸豐十一年春天，京師米不足，形勢極為嚴峻，上諭廣東調劑米 60 萬並押送京師。收到上諭後，巡撫與羅、龍、蘇	順德縣的分攤份額為 34000 兩。對於順德縣擁有「村田」、沙田的

		三人及司道（藩司、糧道）協商，決定對廣東省內各州縣按照地丁銀額分攤。	人來說，等於每畝課銀 5 分。
同治二年（1863）		兩廣總督在收到「解送俸米購入資金四十萬兩」上諭後，決定將先前預定的從早造中徵收「高州軍餉」，改為籌借京倉米捐，然後再從晚造中籌借「高州軍餉」。後來，新任郭嵩燾上奏停止米捐，晚造的米捐也免於徵收。	晚造籌借「高州軍餉」款項為 23000 兩。
			小計：57000 兩

　　如表 5-8 所示，從咸豐八年到同治四年（1858～1865）的 8 年裏，由順德團練總局籌借的捐輸款項就有 7 次，給省裏和朝廷籌集經費銀兩多達 30.2 萬兩。如上文所述，當時順德縣向省局捐輸銀兩也不過近 67 萬兩（668,682 兩），而光順德團練總局捐輸的銀兩就達 30.2 萬兩，可見捐輸銀兩數額巨大。順德士紳雄厚的經濟實力在當時朝廷和地方官府是有目共睹，並且順德團練總局數次籌借捐款也充分體現出龍元僖出色的籌款能力，所以龍元僖等人被委任為廣東團練總局應當有這一方面的原因。咸豐八年（1858）朝廷在《天津條約》簽訂以後，仍然由龍元僖等人保留廣東團練總局，以協助官府打擊西北江的洪兵起義軍。順德團練總局在協助官府的職能上，最重要的就是財政上的支持，即與官府在捐輸方面通力合作。龍元僖等人統攝順德團練總局，他們利用順德團練總局進一步控制東海十六沙，由此進一步鞏固順德士紳階層的權勢。此外，清政府通過順德團練總局的捐輸渠道，以捐餉的名義不斷吞吸團練總局捐輸得來的各項資金，以救捉襟見肘的財政。因此，咸同時期的順德團練總局在某種意義上就是廣東省政府的「籌款機構」。

　　咸同年間，順德縣是珠江三角洲地區少數擁有巨大財富和雄厚經濟實力的城鎮，其財富來源不止於其當地士紳所掌控「東海十六沙」沙田區域所帶來的經濟收入。當時順德蠶絲業在對外貿易中獲得巨大成功，同樣為順德縣帶來巨額利潤。為此，廣東團練總局辦團士紳龍元僖決定擴大順德蠶絲業的經營規模，建立順德、南海、三水、香山「四邑絲圩聯防局」〔註105〕。而辦團的部分經費亦有來自於蠶絲業業戶的捐款與抽釐。而對於清統治者和地方官府對於地方管理與統治而言，面對這麼一個擁有巨大財富和經濟實力的城鎮，對該

〔註105〕順德市地方志辦公室點校：《順德縣志》（清咸豐民國合訂本），廣州：中山大學出版社，1993 年，第 1038 頁。

地區的安全事務及其形成的地方武裝軍事力量則會予以格外關注〔註106〕。其未能言明之原因無非有二：一是擔心該地區落入敵手，其經濟資源成為資敵反叛的基礎；二是擔心該地區會形成地方武裝自治。因此，官方無論是為了籌措經費的軍事鬥爭需要，還是出於調用各地區的各項資源，以實現資源上戰略平衡的目的，勢必要對順德縣豐富的經濟資源做出最大限度的提取與利用，而勒令該地區捐款就是其中一個重要手段。

（三）其他的社會管理職能

咸同年間，順德團練總局除了向廣東當局一次次的捐輸之外，還協助當地官府完成諸多戰亂以後的善後工作，有效地穩定了當地的社會秩序。

嘉慶五年（1800）順德知縣沈權衡對公約組織進行推廣，並賦予了公約組織「保良攻匪」的司法審判職能〔註107〕。因此類似順德公約等位於基層社會的團練組織，一般都有權對被誣告的良民進行保結，對匪徒進行舉報、緝拿的職能，並且允許處理命案以外的小型民事糾紛案件。「保良攻匪」戳記是官府賦予團紳辦團權利的象徵，亦是允許團練組織對不法肇事者緝捕查拿的權力憑證〔註108〕。「保良攻匪」戳記被剝奪，意味著這種稽查與緝捕權力的喪失。例如咸豐十年（1860）大良公局收繳了其管轄下的四門公約（南關、北關、東關、城內各公約）的戳記，惟北關公約獨自留用〔註109〕。

咸豐五年（1855），順德團練總局對洪兵起義軍撤退之後存留在大良縣城的三合會餘黨展開清理，光「就地正法」的賊匪就有 13,000 名，還有許多從犯則被押往省城〔註110〕。總督葉名琛勒令各州縣團練局將各縣搜捕得到的

〔註106〕〔美〕羅威廉著，魯西奇、羅杜芳譯：《漢口：一個中國城市的衝突和社區（1796～1895）》，北京：中國人民大學出版社，2016 年，第 325 頁。

〔註107〕《（咸豐）順德縣志》卷 21，列傳，文傳，頁二十五至二十六，見廣東省地方史志辦公室輯：《廣東歷代方志集成·廣州府部》第 17 冊，廣州：嶺南美術出版社，2007 年，第 498 頁。《議覆葉紹本條陳捕盜事宜疏》（道光二十年七月初七日，1840 年 8 月 4 日），見《林則徐全集》編輯委員會編：《林則徐全集》第 3 冊，奏摺卷，福州：海峽文藝出版社，2002 年，第 1555 頁。

〔註108〕〔清〕黃恩彤：《粵東省例新纂》（共八卷）卷 5，頁三十八，清道光二十六年（1846 年）藩署刊本，中山大學圖書館館藏。

〔註109〕〔清〕龍葆誠：《鳳城識小錄》卷上，「順德團練總局始末」，見廣東省立中山圖書館、佛山市順德區清暉園博物館：《順德歷代文獻選篇文叢（第一輯）》，廣州：世界圖書出版廣東有限公司，2020 年，第 15 頁。

〔註110〕〔清〕龍葆誠：《鳳城識小錄》卷上，「順德團練總局始末」，見廣東省立中山圖書館、佛山市順德區清暉園博物館：《順德歷代文獻選篇文叢（第一輯）》，

會匪送往廣州審訊，而這些亂黨最終都是被處死。據相關國內檔案及史料記錄，最後被殺的人數約有 10 萬以上〔註111〕。關於被處死的人數，各家說法不一，不可否認的是此次被殺的人相當的多，以致對當時的會黨活動產生一定的震懾作用。道咸年間盛極一時的廣東會黨活動，在很長一段時期內處於偃旗息鼓的狀態。

咸豐五年（1855）收復縣城之後，順德團練總局幫助地方州縣修復城牆、衙署、火藥庫等。咸豐六年（1856），因為洪兵起義引發的動亂導致米價昂貴，順德團練總局便替知縣李潤把平常倉的倉穀糴進來，穀錢由它支付，並且購入一定數量的儲備用米〔註112〕。咸豐七年（1857），團練局替知縣開倉放穀，並制定平糴（買糧）章程，實行平糴價格，以安定民心。因為洪兵陷城導致損失大量倉穀（失去倉穀 45,081 石 5 斗 2 合 4 勺 8 抄，折合銀兩 49,589 兩 6 千 5 分 2 釐 7 毫 2 絲 8 忽），所以順德團練總局為此買穀填倉墊付了近 9 萬兩（89331 兩 6 錢 4 分 8 釐）〔註113〕。咸豐九年（1859）與同治五年（1866），順德團練總局又再一次為順德縣購入稻穀以補充倉穀（10321 石，連雜費共支銀 42,752 兩 1 錢 3 釐）〔註114〕。同治六年（1867），順德團練總局還興建了永濟義倉。

過去，順德縣有新滘、太平兩炮臺，歷來歸順德左營城守營管轄。但是這

廣州：世界圖書出版廣東有限公司，2020 年，第 6 頁。

〔註111〕廣東省文史研究館、中山大學歷史系編《廣東洪兵起義史料》上冊，「讞局收到審辦並現押各犯清數」，廣州：廣東人民出版社，1992 年，第 292～298 頁。〔清〕容閎著、徐鳳石，惲鐵憔譯：《西學東漸記》，長沙：湖南人民出版社，1981 年，第 30 頁。簡又文：《太平天國全史》中冊，香港：簡氏猛進書屋，1962 年，第 862 頁。徐續：《嶺南古今錄》，廣州：廣東人民出版社，1992 年，第 245 頁。〔美〕衛三畏：《中國總論》，見廣東省文史研究館、中山大學歷史系編《廣東洪兵起義史料》下冊，廣州：廣東人民出版社，1996 年，第 1843 頁。〔英〕約翰·斯嘉茲：《旅華十二年》，見廣東省文史研究館、中山大學歷史系編《廣東洪兵起義史料》下冊，廣州：廣東人民出版社，1996 年，第 1858 頁。

〔註112〕〔清〕龍葆誠：《鳳城識小錄》卷上，「順德團練總局始末」，見廣東省立中山圖書館、佛山市順德區清暉園博物館：《順德歷代文獻選篇文叢（第一輯）》，廣州：世界圖書出版廣東有限公司，2020 年，第 7～8、15～16 頁。

〔註113〕〔清〕龍葆誠：《鳳城識小錄》卷上，「順德團練總局始末」，見廣東省立中山圖書館、佛山市順德區清暉園博物館：《順德歷代文獻選篇文叢（第一輯）》，第 7～8、15～16 頁。

〔註114〕〔清〕龍葆誠：《鳳城識小錄》卷上，「順德團練總局始末」，見廣東省立中山圖書館、佛山市順德區清暉園博物館：《順德歷代文獻選篇文叢（第一輯）》，第 7～8、15～16 頁。

兩座炮臺皆毀於洪兵起義鬥爭中，於是咸豐七年（1857），順德團練總局從倉穀購入金中撥出一萬兩，不僅重修了這兩座炮臺，而且還增建了兩座炮臺（縣城南北各一座，分別稱為行圍臺與神步臺），並購買了洋槍、土炮，派兵勇駐防。過去防守新滘、太平兩炮臺的官兵很少，他們的口糧也沒有保證，只得由順德團練總局發給口糧、津貼。順德團練總局為順德縣城的這四座炮臺專設「防颱經費」名目，所需銀兩相當於公產 13 頃。咸豐十一年（1861），順德團練總局還向在戰火中受損的貢院及學府提供修理經費。

　　同治六年（1867），在順德縣城南面流淌的碧鑑河已有 30 年之久沒有疏通，順德團練總局前後投資 5.5 萬餘兩進行疏濬。另外，團練總局出動人力將從河裏撈上來的淤泥堆積在田埂上，光緒三年（1877）又把田埂變成石路。

　　東海護沙局的沙田看守，不僅要擔任防盜和防匪的警戒任務，而且還要攔河造田，以及及時填補因「挖殼」（挖掘牡蠣殼）而崩塌的沙坦等。咸豐九年（1859）順德縣城南面的碧鑑河下游，在位於出海口的太平臺下邊的海底發現已形成沙坦。碧鑑河的幹流就是太平臺下與海相通的浪流，這一出水口若被淤塞，危害極大。順德團練總局曾以此為由向知縣李潤報告，要求將下河心的沙坦交由護沙局進行統一管理，以防他人冒承築坦導致出水口淤堵，危害到城內百姓。同時總局接受了知縣發給的印照，決定將這一沙坦——太平臺下石壩沙五餘頃沙田交給新青雲文社管理，其租銀作為防颱經費〔註 115〕。此後，同治三年（1864），桂洲某紳在華東沙的坦腳（沙洲底的淺灘）築起了石壩。

　　上述以咸豐五年（1854）順德縣復城之後，順德團練總局的辦團士紳協助官府履行了一定社會管理職能，包括修復損毀建築、捐建炮臺、平糶陳穀、買穀填倉、興建義倉、疏通河道、勒令禁止鄉民挖殼爭界等事項。對於地方的許多公共事務，地方官無暇亦無法細緻到位地一一進行管理。因此，在此些事情上，官府更樂意「授權」士紳去辦理，以顯出官民相得的和諧場景。

　　順德團練總局的成立對於朝廷、廣東地方官府、順德縣地方勢力等多方面尤其重要的意義。首先，順德縣的地方動亂為順德縣士紳的管理活動創造了機遇；而順德團練總局的出現為順德士紳管理順德當地事務提供了活動的政治舞臺。其次，順德團練總局的出現對內調和了順德士紳之間關於東海十六沙田

〔註 115〕　〔清〕龍葆誠：《鳳城識小錄》卷上，「順德團練總局始末」，見廣東省立中山圖書館、佛山市順德區清暉園博物館：《順德歷代文獻選篇文叢（第一輯）》，廣州：世界圖書出版廣東有限公司，2020 年，第 7～8、15～16 頁。

的經濟利益爭端，迫使順德士紳為了抵抗外來鬥爭（洪兵起義和英法聯軍）而團結一致，一定程度上緩和順德縣各大姓宗族和村落的利益衝突與矛盾。再次，順德團練總局對外則是順德士紳、宗族、村落的利益代表，在省一級的官府機構中是順德縣地方勢力的利益「發言者」。最後，順德團練總局的成立加強了順德士紳與地方官府之間的聯動。在晚清廣東的地方動亂中，地方官府借助順德團練總局以及順德縣士紳的地方權勢穩固了順德一縣的地方統治，保住了廣東省重要的經濟命脈。雖然順德團練總局屢次出錢出力為官府辦事，看似都是些吃力不討好的工作，而事實上順德士紳卻是通過籌集款項、幫助官府管理當地行政事務等方式進一步抬升順德士紳的社會地位，達到士紳權勢擴張的目的。

小　結

　　本章以清代廣東順德縣團練為考察對象，重點分析順德縣團練與當地社會動亂的對應關係，以及順德團練組織在於當地社會的職能作用。由此得出以下幾點認知。

　　第一，順德縣團練活動與社會動亂的對應關係。

表 5-9　順德縣團練活動的發展過程

時　間	康熙以後	嘉　慶	咸豐至同治		光　緒	光緒至宣統
社會動亂	沙田區域亂象叢生	海盜擾亂	洪兵起義	第二次鴉片戰爭	中法戰爭	盜匪、會黨橫行
團練組織	「護沙」組織	容桂公約（1804～1859）	順德團練總局（1855～1872）	廣東團練總局（1857～1862）	順德團防總局（1884～1885）	順德團練（1903～1911）
團練規模	鄉村宗族個體	鄉村之間聯合	縣級	省級	縣級	少有創辦
發展階段	萌芽階段	雛形階段	發展階段	巔峰狀態	成熟階段	衰敗階段

　　從以上表 5-9 可知，從嘉慶到宣統的百餘年間，順德縣團練活動經歷了萌芽、雛形、發展、成熟、衰敗五個階段。其中的「發展階段」中因順德籍士紳創設了廣東團練總局，領導全省團練組織，而使順德團練達到巔峰狀態。

　　各個時期的順德縣團練活動與當地的社會動亂呈現出一定的對應關係。

最初東海十六沙沙田區域的亂象叢生，沙田區域的業戶頻繁遭到「沙匪」的劫掠，大姓豪族的「占沙」、「搶割」等侵奪沙田不法行為異常嚴重。面對此亂象，沙田業戶開始組建「護沙」組織，形成對各自沙田區域的管理。嘉慶時期，海盜頻繁對沙田區域進行騷擾，侵入內河的海盜甚至登岸劫掠附近的村莊。為打擊騷擾沙田區的沙匪和侵入內河的海盜，順德縣士紳設立了公約一類的團練組織，其中以順德容桂公約為典型代表。嘉慶十年至十五年（1805～1810），在官府的勸諭與極力推動下，民間的團練組織得以興辦並得到進一步的推廣。

咸豐四年（1854），廣東洪兵起義爆發，洪兵攻陷順德縣城大良，危急之中，順德縣官府、士紳迅速組織並建立起順德團練總局以應對這場動亂。順德團練總局成立後，洪兵撤出縣城大良，龍元僖等順德士紳開展一系列的善後工作。隨即不久，咸豐七年（1857）第二次鴉片戰爭爆發，廣東全省瞬間處於極度危急當中。經朝廷授意，由羅惇衍、龍元僖等順德士紳組織建立起的廣東團練總局承擔了領導全省團練、抵抗外國侵略者的重任。廣東團練總局的創辦代表著清代廣東團練發展的巔峰，同時也給龍元僖個人以及所代表的順德士紳帶來無以復加的榮光和社會地位。第二次鴉片戰爭結束以後，廣東團練總局遷往順德縣城，與存在的順德團練總局「合二為一」。而事實上，咸豐九年（1859）以後，順德團練總局取代了廣東團練總局的位置，繼續發揮它應有的職責。咸同年間的順德團練總局是順德團練的發展階段，而咸豐八年（1858）由順德士紳組織領導創辦的廣東團練總局可以視為順德團練發展的巔峰。此階段的順德團練受到官方的認可與重視，其組織性質由原來的民辦組織到呈現出官辦的特色，其組織職能由原來的民間武裝組織轉變為管理基層社會的「準官府機關」〔註116〕。

光緒八年（1882）驟然而至的中法戰爭影響著廣東的社會秩序，廣東當局急忙展開一系列的防務工作，順德團防總局由此得以創辦。此次的順德團防總局依舊由龍元僖創辦設立（設立時間為光緒十年）。光緒十一年（1885）龍元僖仙逝，順德防務工作由其侄兒龍葆誠接手，與羅彤繽共同主持。光緒二十九年（1903）重新創辦的順德縣團練局面對順德縣盜匪猖獗和革命黨的反清鬥爭已然無力回天。這時，清王朝對於地方控制十分微弱，官府無力對地方形成有

〔註116〕〔日〕西川喜久子著，蘇林崗譯：《順德團練總局成立始末》，《國外中國近代
　　　　史研究》第 23 輯，北京：中國社會科學出版社，1994 年，第 162 頁。

力的管控。清末隨著科舉的廢除，士紳階層逐漸分化，並且逐漸失去昔日基層社會的號召力，無力與日益壯大的盜匪勢力形成對抗。清末的順德縣成為廣東有名的「匪鄉」，順德縣陷入一種亂象叢生、動盪不安的無序狀態，已然是末世之景象。清末廣東社會的盜匪問題所造成的惡劣影響一直持續到民國時期。

對此，從嘉慶到宣統的百餘年間，順德縣歷經了一種「由亂而治、治而復亂」的社會發展形態。從上文的敘述我們可以得出，影響順德縣社會穩定主要有兩大因素，一為來自外部的外國侵略者，二為從內部產生的盜匪、會黨以及其他反清勢力。總體上主要以內部的擾亂為主。雖然促使廣東團練發展至最高形態（省一級團練的廣東團練總局）的是外國侵略者，但對順德社會產生實質性威脅的卻是來源於社會底層的內部動亂，例如嘉慶年間的華南海盜，咸豐四年天地會洪兵攻陷順德縣城大良，對順德團練產生摧毀性作用的清末盜匪與會黨。清末盜匪問題的治理是廣東社會動亂中最為棘手的。清末的盜匪問題是全國性，不止於順德一縣，亦不止於廣東一省，所以該問題絕非順德一縣的團練組織所能夠處理與解決的。

第二，士紳權勢的擴張與團練組織職能的拓展

社會動亂的加劇和團練組織的組建需要士紳階層的參與與支持，而作為順德縣大良縣城名門望族的龍氏家族對於護衛鄉里、報效國家有著義不容辭的責任。嘉慶年間廣東海盜擾亂順德，大良龍氏家族、順德籍士紳龍廷槐帶領鄉族、組建地方團練，與侵入內河的海盜集團殊死搏鬥，最終成功將海盜擊退。咸豐年間在洪兵佔據順德縣城的危急時刻，大良龍氏家族、龍廷槐侄兒龍元僖聯合順德縣城當地眾位鄉紳建立起縣一級的順德團練總局，成為官府擊退並清除當地洪兵的重要依仗。從順德團練總局到廣東團練總局的建立，龍元僖的團練行動不僅成功護衛桑梓，而且為當時廣東社會秩序的穩定做出極為重要的貢獻。順德籍士紳在羅惇衍和龍元僖等被任命為「團練大臣」之後，在全省範圍中迅速崛起。

士紳權勢的擴張與團練局職能的拓展是相伴的。從洪兵起義到英法聯軍攻佔廣州城，咸豐年間廣東地方局勢十分嚴峻，清王朝在廣東的政權統治岌岌可危。隨著動亂的加劇與升級，從順德團練總局到廣東團練總局，團練局的職能迅速從順德一縣擴展至廣東全省範圍。廣東團練總局的建立，其職權包括調動順德縣團練在內的全省團練組織，在軍事上與英法聯軍展開周旋。順德籍士紳的權勢在規模上，隨著廣東團練總局職能在全省範圍的覆蓋，得

以在廣東全省範圍迅速擴張。同時，隨著團練活動不斷地深入展開，順德籍士紳在順德一縣的眾多行政事務上擁有了越來越多的話語權，順德團練總局甚至擁有「準官府機關」的稱號。從容桂公約到順德團練總局，順德團練組織的性質已悄然發生改變，即原本由民間自發組建的地方武裝管理組織，逐步轉變為具有官辦色彩的行政管理組織。順德團練總局對內是一個順德縣地方社會行政的管理組織，而對外則是朝廷的廣東地方當局的「籌款機構」。因而，順德團練總局在職能上具有兩大作用，一是通過軍事威懾從而維護順德一縣社會秩序的穩定，另一是通過捐輸為朝廷和廣東當局提供經濟支持。

因為官與紳有著平定社會動亂、穩定社會秩序的共同目的，所以雙方在應對社會動亂的問題上，通過興辦團練展開通力合作。官府不僅在開展團練活動上需要士紳來領導與支持，而且團練的經費以及相應的動員工作皆由地方士紳自行決斷。明顯可見，朝廷與地方官府在地方社會管理上愈來愈倚重士紳群體，即不僅仰賴士紳領導的團練來平定「動亂」，而且在地方具體事務的管理上也不得不依賴士紳。以咸同年間的順德團練總局為例，從咸豐五年到同治四年（1855～1865）順德團練總局向朝廷和廣東當局捐輸數額多達 200 多萬兩〔註117〕。另外在管理糧倉、造橋修路、修復被戰火毀壞的城牆與衙署、疏通河道等等的社會事務上官府則更加需要士紳的主持與推動。

地方團練的創辦使得士紳階層在社會活動中完成了由幕後走向臺前的角色轉換。此時的士紳階層憑藉一系列的團練活動，成功擺脫了保甲制度帶來的等級壓制，完成了社會管理活動的自主，成為基層社會的主要管理者。由此在一定程度上形成「紳權擴張」的局面，而形成所謂的「紳權擴張」，實質上是官府將地方部分的社會管理權讓渡給士紳，借士紳之「手」更為高效地控制並管理地方社會，而非「紳權」對「官權」的侵奪。反觀每遇大型社會動亂，官方總能一紙詔書或一道飭令召喚地方團練，使散落各地的團練組織迅速聚集起來，從這一點至少說明了兩個事實：第一，地方團練以及其中的紳權正在官方有意引導下逐步制度化和常態化；第二，由官方扶植起來的「紳權」對於朝廷與地方官府所代表的「官權」有天然的依附性〔註118〕。

〔註117〕〔清〕龍元僖：《順德團練總局碑記略（同治九年）》，見何兆明：《順德碑刻集》，廣州：廣東人民出版社，2012 年，第 208～209 頁。

〔註118〕楊國強：《論晚清中國的紳士、紳權和國家權力》，《華東師範大學學報（哲學社會科學版）》，2011 年第 1 期，第 98 頁。

結　語

　　清代團練已經成為一個歷史名詞，而團練活動及其團練組織作為歷史上曾經存在的一種社會現象和社會組織，我們對之該怎樣認識與評判呢？本文對清代廣東團練活動及其組織的設立、職能的發揮等方面進行全方位的考察，形成以下幾點認識。

　　第一，清代廣東團練活動與社會動亂的對應關係，體現出團練活動「應亂而起、亂止輒撤」的特點。

　　自清嘉慶以後廣東地區歷經嘉慶九年至十五年（1804～1810）華南海盜的擾亂、道光二十年至二十二年（1840～1842）的鴉片戰爭、咸豐四年至同治三年（1854～1864）的洪兵起義、咸豐六年至十年（1856～1860）的第二次鴉片戰爭、光緒九年至十一年（1883～1885）的中法戰爭、光緒二十四年（1898）以後廣東盜匪會黨問題等六次大型社會動亂，由此引發五次大規模的團練活動，其時間段分別為 1805～1810、1839～1849、1854～1862、1884～1885、1898～1911 年。

　　從清代廣東地區大型社會動亂與大規模團練活動兩者起始與結束的時間節點可以發現，五次大規模團練活動隨著六次大型社會動亂的興起而開始，亦隨著社會動亂的結束而終止，體現出團練活動「應亂而起、亂止輒撤」的特點。其間亦存在三次短時間、小規模的團練活動，即嘉慶七年至八年（1802～1803）、道光三十年至咸豐二年（1850～1852）、光緒二十四至二十五年（1898～1899）。總之，廣東省的社會動亂是清代廣東團練活動興起的前提。

　　由清代廣東團練的興辦情況來看清代的團練活動，其共性是社會動亂是團練活動興起的一個重要前提，團練活動的規模視動亂的大小而定，大規模的

社會動亂促發大規模的團練活動，小規模的社會動亂促發小規模的團練活動。但清代廣東團練又有著與他省不同的相應特點。在中國近代史上，外國列強發動過五次大規模的侵華戰爭（兩次鴉片戰爭、甲午戰爭、中法戰爭、八國聯軍侵華），其中有三次與廣東密切相關。相較於清代其他省區，廣東團練反抗外來侵略規模之大、次數之多，使反侵略鬥爭成為清代廣東團練的特色。並且自嘉慶以後廣東地區內亂外患接連不斷，促使團練活動屢屢興辦。因此，相較於他省團練活動，清代廣東團練活動的發展過程較為連貫。

第二，清代廣東團練活動的興辦成為官、紳、民應對社會動亂的共同選擇，形成一種「由下而上、自上而下、上下聯動」的辦團模式。

其一是來自紳民辦團的動力。面對社會動亂嚴重威脅到地方紳民的生命及其財產安全，而清政府又無力維護社會安定，保護民眾的生命財產安全，所以對於地方紳民來說，即使沒有國家和地方政府的允許，他們亦會自行組建地方武裝以護衛桑梓，保衛自己的生命財產安全。而且，作為讀書人的士紳也有一定的忠君保國思想，於國家危難之時挺身而出。士紳階層也想通過一系列的團練活動，改變他們現有的尷尬政治處境，實現政治作為和提升他們的社會地位。清代嘉慶以後，廣東紳民應對歷次社會動亂，組建地方團練抵抗外侮內擾，在穩定社會秩序方面有著較好的表現。

其二是清政府對紳民辦團的策略調整。清中期以後，社會動亂此起彼伏，嚴重威脅著清王朝的統治。清政府與地方官員在面臨國家經制兵衰敗、無力平亂且無兵可調的困局中，改變了原有單方面倚靠國家軍隊平亂的傳統模式，與紳民展開聯合，形成應對大型社會動亂的「戰線聯盟」。官府對於地方興辦團練，對地方形成自主武裝力量的行為利弊進行反覆權衡：一方面在軍事上不得不與紳民展開聯合，憑藉地方團練共同平亂；另一方面則是對團練活動所促成的地方武裝力量的擴展，和憑藉團練活動而壯大的地方勢力表示擔憂。儘管如此，對於國家統治者來說，盡快平息社會動亂則是更為迫切的需求。清政府最終選擇放寬了對民間武裝限制和對士紳適當的讓權等妥協措施，勸諭各地紳民組建團練，協助官府平亂。官方對於民間辦團態度的轉變，集中體現在嘉慶年間治理海盜的戰略調整上。嘉慶九年（1804），清政府意識不到華南海盜武裝力量的強大，並對廣東水師、綠營等官方緝捕力量有著盲目自信，自認為單憑官方力量足以解決華南海盜問題。直至嘉慶九年六月（1804.7），廣東提督孫全謀率領廣東水師出洋巡緝遭遇嚴重失利，官方才逐

漸意識到單憑官方力量無力遏制華南海盜勢力及其活動。故而官府與廣東地方紳民展開聯合，勸諭地方興辦團練，使廣東紳民共同參與到對海盜的軍事鬥爭中來。嘉慶十年（1805），兩廣總督那彥成諭令廣東沿海興辦團練，各地團練組織在地方政府的倡諭下形成聯合，促成了大規模團練活動的開展，也正是有了官方的主導，使得原本散亂的地方民間武裝有了統一聯動的可能。此後，官紳民聯合興辦團練成為廣東當局應對大型社會動亂的共同選擇，形成一種「由下而上、自上而下、上下聯動」的辦團模式。

其三是清政府加強對地方武裝的有效監管與直接掌控。從這種「由下而上、自上而下、上下聯動」辦團模式可以看出，清代廣東團練活動先由民間社會以防範為目的，自覺、自發組織而形成的，再經官方的允許和介入而進一步擴大，形成大規模的社會組織行動。還有一點需要指出的就是，清政府想借由應對大型社會動亂之機，對散佈民間武裝力量的資源進行整合與變相控制，然後再將經過整合的團練組織通過官方的有意引導，加之部分強制性的措施，納入到國家的統治軌道中，以達到政府對於地方武裝的有效監管與直接掌控，這亦是國家一個重要的政治目的。

第三，清代廣東團練組織實現了從鄉兵組織向具有軍事武裝的社會管理機構的形式轉變，其職能由原來單一的軍事功能拓展為兼具軍事武裝、社會管理的雙重功能，並起到了一定的維護地方秩序、保護民眾生命財產安全的作用。

清嘉慶華南海盜活躍時期，廣東部分地區的團練組織形式開始由鄉兵組織形式向具有軍事武裝的社會管理機構轉變。其中最為典型的代表是順德縣「護沙」組織到容桂公約的建立。嘉慶之前的很長一段時期，順德縣沙田區域業主為了其他外來勢力對自家沙田的侵擾，紛紛設立護沙組織。嘉慶九年（1804），海盜張保仔突入順德縣「東海十六沙」實施劫掠。為了應對海盜的進犯，順德縣士紳胡鳴鸞在各鄉「護沙」組織的基礎上建立起一個規模更為龐大的「護沙」組織──容桂公約。公約制度被當地知縣沈權衡作為一種基層社會管理制度進行推廣。所以此時的容桂公約已不再作為一種鄉兵組織形式存在，而是具有軍事武裝的社會管理機構。其職能從原有的單一的軍事功能拓展為兼具軍事武裝和社會管理雙重功能。

清代廣東團練的發展體現出從民間武裝組織到武裝、社會管理兩種職能兼而有之的機構，逐步實現了行政化的轉變過程。然而並非所有清代團練組織

的發展都是趨向行政化。例如湖南、安徽、江西等省份的部分團練則呈現軍事化的發展走向：湖南地區從湘鄉縣團練到湘勇，再到湘軍，呈現出湖南團練軍事化的發展趨向；太平天國運動時期，安徽地區李鴻章在廬州團練的基礎上創建淮軍；江西地區劉於潯在聯合南昌縣中洲局及附近地區團練基礎上創建江軍，就是軍事化的發展走向。

清代廣東團練組織既有「靖亂平叛」的軍事功能，又有「社會管理」的行政職能，在不同時期各有側重。社會動亂時，其軍事職能更為彰顯；社會承平時，其社會管理職能則更為突出。在當時社會秩序混亂的形勢下，兩種職能在協助官府平息動亂的重要性作用自不待說，就是對於實現基層社會管理、維護地方秩序穩定以及保護民眾的生命財產安全等方面發揮出不小的作用。比如社會治安管理，受理詞訟、調解民間糾紛，催繳米糧、協助官府徵稅，整飭民風民俗，實施社會救濟等等，發揮的作用是不小的。

第四，清政府對團練既依賴，又提防；既鼓勵興辦，又嚴加控制；廣東團練只是清政府管理基層社會的「工具」。

清代廣東團練的情況說明，清政府一方面要應對地方動亂產生的威脅，要求迅速平定動亂，穩定社會秩序；另一方面清政府則要對於作為地方武裝勢力、并從動亂之中生成且日益壯大的團練組織嚴加提防，借由約束團練規模進而對「膨脹」的紳權進行壓制，從而保障官方的政治安全。每遇大型社會動亂，官方雖然勸諭並支持地方辦團，但所謂的「地方辦團」則必須在官方主導與監管之下進行，只允許存在官辦團練或「官督紳辦」的團練組織，嚴禁自主辦團；對於那些未經官府允許自主辦團的，視為非法，一律勒令解散並對其嚴懲。

清代團練職能的獲得及其體現無不與官方意志密切相連：團練得官府倡諭得以遍立，成為協助官方平叛的武力工具；同時由於官方對於戰後社會管理及穩定社會秩序之需要，官方通過適度「讓權」，使得士紳階層借由團練組織取得基層社會管理權。究其本質，團練就是清政府的統治工具，無論是軍事職能還是社會管理職能的體現，團練組織就是清政府借由士紳之手管控基層社會的「工具」。此「工具」品質優劣的評判標準在於使用者本身。團練在於一些別有用心的劣紳手裏，便是其擴充權勢，擾亂社會秩序和挑戰官府權威的強力倚仗。而在於忠君愛國的正紳手中，則是協助官府平叛靖亂、維護社會秩序穩定的有力工具。官方的態度就是打擊劣紳，扶持正紳，以鞏固政權統治。官

方對於代為管理基層社會的「工具」——團練組織擁有「捨」與「取」的權力。「取」則取其團練組織有利於鞏固政權統治的一面，其集中體現在官方對團練組織職能的利用上。例如戰亂發生之時，官方強調團練的軍事打擊功能；戰亂發生之後，則強調團練的社會管理能力。財政短絀時，官方更為重視順德團練總局的捐輸功能。當官方發覺這個「工具」並不能發揮出預期的功效時，必然會對這個「工具」進行重新改造或更替。例如在清末盜匪問題的治理上，官方發現團練治盜無法取得良好效果，便在制度設計上開始著手，對團練組織予以改造或更替。因此，官方有了「寓團練於保甲之中」的提議，和推行巡警以圖取代團練。這則是「捨」的一面。

清中晚期以後，動亂頻繁，士紳通過系列的辦團活動完成了對基層社會的實際掌控，成為基層社會事務的實際管理者。士紳創設的團練組織成為基層社會的主要管理機構。在基層社會管理上，官與紳似乎達成某種默契，即基層社會管理上的「代理」制，官府主管縣級以上的行政事務，而縣級以下諸多社會事務則交由士紳群體及其團練組織「代管」。官方實施社會控制是通過「適度的讓權」的方式進行的，而這種「適度讓權」是「紳權擴張」的重要前提。因此，所謂的「紳權擴張」是在官方允許的範圍之中進行的，並不足以對官府權威構成挑戰。在這種「代理制」的權力關係中，官方對於士紳群體及其團練組織擁有絕對優勢，體現出古代中國「皇權至上」的傳統社會結構及其管理原則。

綜上所述，清代廣東團練組織在於官府的社會控制上發揮出應有的作用。儘管清末廣東社會出現了嚴重失序，但究其原因並不是團練組織本身的問題，而是官府的社會控制出現的問題，其治理清末廣東盜匪問題的種種失策就是最好例證。儘管存在部分的劣紳辦團現象，但清代廣東團練組織在於維護社會秩序方面整體上仍是發揮出正面、積極的作用。另外，清代廣東團練組織對地方管理制度產生直接影響。例如光緒末年，廣東諸多地方將原有的團練組織改編為巡警，開創了現代警察制度的先河，成為地方自治的基石。

清代廣東團練組織的長期存在，以及團練活動的不斷舉辦，反映了清中期以後廣東地方社會動盪不安的社會現實。同時，由於廣東特殊的地理位置，決定了清代廣東社會不僅存有內亂，還有嚴重的外患問題。清代廣東團練打擊對象的多樣性，亦反映出廣東社會矛盾的複雜性。清代廣東各地方團練活動的多元化與複雜化，團練組織形式及名稱因地域不同而雜然並存，也充分顯示出廣東各區域社會狀況的複雜性。

　　清代團練規模確為歷代最大、活動最為頻繁、時間最為持久、意義最為深遠，由是成為清代社會發展的一種獨特現象，呈現歷史發展的階段性特點。換言之，一個安定的社會，自然不具團練充分發展及存在的要件，故而團練之於清代，不僅是個歷史名詞，更說明了清中期以後動盪不安的社會亂象。當然，清代團練與地方社會只是清代團練研究的一個研究課題，本文僅就清代廣東一省的團練情況對廣東社會的變化展開探究。清代團練研究還存在諸多可供探究的課題，存在極為廣闊的研究空間，有待眾多學者的共同探索。筆者作此文，希借清代廣東一域之團練以觀清代團練，試圖以小見大，冀能拋磚引玉而已。

參考文獻

一、典籍、資料彙編

1. 〔清〕賀長齡主編：《皇朝經世文編》，沈龍雲主編《近代中國史料叢刊》第 74 輯，臺北：文海出版社，1966 年。

2. 〔清〕黃恩彤：《粵東省例新纂》（共八卷），清道光二十六年（1846 年）藩署刊本，中山大學圖書館館藏。

3. 〔清〕黃六鴻：《福惠全書》，清光緒十九年文昌會館刻本。

4. 〔清〕賈楨等纂：《籌辦夷務始末（咸豐朝）》，北京：中華書局，1979 年。

5. 〔清〕劉錦藻撰：《清朝續文獻通考》，《十通第十種·清朝續文獻通考》（萬有文庫本），上海：商務印書館，1936 年。

6. 〔清〕盧坤、鄧廷楨主編，王宏斌等校點：《廣東海防匯覽》，石家莊：河北人民出版社，2009 年。

7. 〔清〕盛康輯：《皇朝經世文續編》，《近代中國史料叢刊》第 85 輯，臺北：文海出版社，1966 年。

8. 〔清〕石香村居士：《戡靖教匪述編》，故宮博物院編《欽定新疆識略·戡靖教匪述編·江南北大營紀事本末·西寧軍務紀略·東方兵事紀略》（故宮珍本叢刊第 58 冊合訂本），海口：海南出版社，2000 年。

9. 〔清〕文慶等纂：《籌辦夷務始末（道光朝）》，北京：中華書局，1964 年。

10. 〔清〕徐棟：《保甲書》，《續修四庫全書》第 859 冊，上海：上海古籍出版社，2002 年。

11. 〔清〕許乃釗輯：《鄉守輯要合抄》（共十卷），清咸豐三年（1853 年）武英殿刊本。

12. 〔清〕張廷玉敕撰：《清朝文獻通考》，王雲五總編《十通第九種‧清朝文獻通考》（萬有文庫本），上海：商務出版社，1935 年。

13. 〔清〕朱枟：《粵東成案初編》，清道光十二年刻本。

14. 〔日〕佐佐木正哉編：《鴉片戰爭後的中英抗爭資料篇》，近代中國研究委員會，1964 年。

15. 廣東省立中山圖書館、中山大學圖書館編：《清代稿鈔本》，廣州：廣東人民出版社，2007 年。

16. 《清實錄》，北京：中華書局，1986 年。

17. 《湛江人民抗法史料選編（1898～1899）》，北京：中國科學文化出版社，2004 年。

18. 戴逸、李文海主編：《清通鑒》，太原：山西人民出版社，2000 年。

19. 方梓喬：《方耀年譜》，汕頭：汕頭大學出版社，2019 年。

20. 廣東省立中山圖書館、佛山市順德區清暉園博物館：《順德歷代文獻選篇文叢（第一輯）》，廣州：世界圖書出版廣東有限公司，2020 年。

21. 廣東省文史研究館、中山大學歷史系編《廣東洪兵起義史料》，廣州：廣東人民出版社，1992 年。

22. 廣東省文史研究館：《三元里人民抗英鬥爭史料》，北京：中華書局，1978 年。

23. 廣東省文史研究館譯：《鴉片戰爭史料選譯》，北京：中華書局，1983 年。

24. 廣東文史資料編輯部：《舊廣東匪盜實錄》，廣州：廣州出版社，1997 年。

25. 何兆明：《順德碑刻集》，廣州：廣東人民出版社，2012 年。

26. 茂名市政協文史資料研究委員會編：《凌十八起義史料集》，廣州：廣東人民出版社，1991 年。

27. 邵循正主編：《中國近代史資料叢刊‧中法戰爭》，上海：上海人民出版社，1957 年。

28. 王彥威、王亮輯編，李育民、劉利民、李傳斌、伍成泉點校整理：《清季外交史料》，長沙：湖南師範大學出版社，2015 年。

29. 張榮錚點校：《大清律例》，天津：天津古籍出版社，1993 年。

30. 趙爾巽等著：《清史稿》，北京：中華書局，1977 年。

31. 中國史學會主編:《中國近代史資料叢刊・第二次鴉片戰爭》,上海:上海人民出版社,1979 年。

32. 中國史學會主編:《中國近代史資料叢刊・鴉片戰爭》,上海:上海人民出版社,1957 年。

33. 朱壽朋等著:《光緒東華錄》,北京:中華書局,1958 年。

二、檔案史料

1. 故宮博物院明清檔案部:《清末籌備立憲檔案史料》,北京:中華書局,1979 年。

2. 劉芳輯,章文欽校:《葡萄牙東波塔檔案館藏清代澳門中文檔案彙編》,澳門基金會出版,1999 年。

3. 劉志偉、陳玉環主編:《葉名琛檔案——清代兩廣總督衙門殘牘》,廣州:廣東人民出版社,2013 年。

4. 舒國雄:《明清兩朝深圳檔案文獻演繹》,廣州:花城出版社,2000 年。

5. 中國第一歷史檔案館:《嘉慶道光兩朝上諭檔》,桂林:廣西師範大學出版社,2000 年。

6. 中國第一歷史檔案館:《清政府鎮壓太平天國檔案史料》,北京:社會科學文獻出版社,1992 年。

7. 中國第一歷史檔案館:《辛亥革命前十年民變檔案史料》,北京:中華書局,1985 年。

8. 中國第一歷史檔案館:《鴉片戰爭檔案史料》,天津:天津古籍出版社,1992 年。

9. 中國第一歷史檔案館編:《光緒宣統兩朝上諭檔》,桂林:廣西師範大學出版社,1996 年。

10. 中國第一歷史檔案館編:《咸豐同治兩朝上諭檔》,桂林:廣西師範大學出版社,1998 年。

11. 中國第一歷史檔案館藏:《清代官員履歷檔案全編》,上海:華東師範大學出版社,1997 年。

12. 中國人民大學清史研究所、中國第一歷史檔案館編:《天地會》,北京:中國人民大學出版社,1987 年。

13. 中國社會科學院近代史研究所近代史資料編輯室編:《太平天國文獻史料集》,北京:中國社會科學出版社,1982 年。

三、地方志與工具書

1. 《（道光）廣東通志》，《續修四庫全書》第 669～675 冊，史部‧地理類，上海：上海古籍出版社，2002 年。

2. 《（道光）廉州府志》，廣東省地方史志辦公室輯《廣東歷代方志集成‧廉州府部》第 3 冊，廣州：嶺南美術出版社，2007 年。

3. 《（道光）欽州志》，《廣東歷代方志集成‧廉州府部》第 5 冊，廣州：嶺南美術出版社，2007 年。

4. 《（道光）瓊州府志》，《中國方志叢書‧第 47 號》，臺北：成文出版社，1967 年影印本。

5. 《（光緒）惠州府志》，《中國地方志集成‧廣東府縣志輯》第 15 冊，上海：上海書店出版社，2003 年。

6. 《（光緒）清遠縣志》，《中國方志叢書‧第 54 號》，臺北：成文出版社，1974 年。

7. 《（光緒）四會縣志》，《中國方志叢書‧第 58 號》，臺北：成文出版社，1974 年。

8. 《（光緒）香山縣志》，《廣東歷代方志集成‧廣州府部》第 36 冊，廣州：嶺南美術出版社，2007 年。

9. 《（光緒）新寧縣志》，臺北：臺灣學生書局，1968 年。

10. 《（民國）赤溪縣志》，《中國方志叢書‧第 56 號》，臺北：成文出版社，1974 年。

11. 《（民國）東莞縣志》，《廣東歷代方志集成‧廣州府部》第 24 冊，廣州：嶺南美術出版社，2007 年。

12. 《（民國）恩平縣志》，《中國方志叢書‧第 184 號》，臺北：成文出版社，1974 年。

13. 《（民國）佛山忠義鄉志》，《中國地方志集成‧鄉鎮志輯》第 30 冊，上海：上海書店出版社，1992 年。

14. 《（民國）富順縣志》，中國國家圖書館特色資源（方志叢書），四川，第 70 冊。

15. 《（民國）合浦縣志》，《廣東歷代方志集成‧廉州府部》第 6 冊，廣州：嶺南美術出版社，2007 年。

16. 《（民國）花縣志》，《廣東歷代方志集成‧廣州府部》第 47 冊，廣州：嶺

南美術出版社，2007 年。

17. 《（民國）開平縣志》，《中國方志叢書·第 6 號》，臺北：成文出版社，1974
年。

18. 《（民國）樂昌縣志》，《中國方志叢書·第 184 號》，臺北：成文出版社，
1967 年影印本。

19. 《（民國）順德縣志》，《中國方志叢書·第 4 號》，臺北：成文出版社，1966
年。

20. 《（民國）西寧縣志》，《中國地方志集成·廣東府縣志輯》第 51 冊，上海：
上海書店出版社，2003 年。

21. 《（民國）香山縣志》，《廣東歷代方志集成·廣州府部》第 34 冊，廣州：
嶺南美術出版社，2007 年。

22. 《（民國）陽江縣志》，《中國地方志集成·廣東府縣志輯》第 40 冊，上海：
上海書店出版社，2003 年。

23. 《（民國）英德縣續志》，《中國地方志集成·廣東府縣志輯》第 12 冊，上
海：上海書店出版社，2003 年。

24. 《（乾隆）揭陽縣志》，中國國家圖書館特色資源（方志叢書）廣東，第 133
冊。

25. 《（乾隆）順德縣志》，《廣東歷代方志集成·廣州府部》第 16 冊，廣州：
嶺南美術出版社，2007 年。

26. 《（同治）番禺縣志》，《廣東歷代方志集成·廣州府部》第 20 冊，廣州：
嶺南美術出版社，2007 年。

27. 《（同治）廣東圖說》，《中國方志叢書·第 106 號》，臺北：成文出版社，
1967 年影印本。

28. 《（同治）南海縣志》，《廣東歷代方志集成·廣州府部》第 11 冊，廣州：
嶺南美術出版社，2007 年。

29. 《（同治）韶州府志》，《中國方志叢書·第 2 號》，臺北：成文出版社，1966
年。

30. 《（同治）新會縣志續》，清同治九年（1870）新會縣學衙刻本，會城大新
街英隆印務局。

31. 《（咸豐）順德縣志》，《廣東歷代方志集成·廣州府部》第 17 冊，廣州：
嶺南美術出版社，2007 年。

32.《（宣統）南海縣志》,《廣東歷代方志集成‧廣州府部》第 14 冊,廣州：
嶺南美術出版社,2007 年。

33.《茶山鄉志》,《中國地方志集成‧鄉鎮志專輯》第 32 冊,上海：上海書店
出版社,2003 年。

34. 廣東省地方史志編纂委員會：《廣東省志‧軍事志》,廣州：廣東人民出
版社,1999 年。

35. 饒宗頤：《潮州志》,汕頭：潮州修志館,1949 年。

36. 順德市地方志辦公室點校：《順德縣志》（清咸豐、民國合訂本）,廣州：
中山大學出版社,1993 年。

37. 中山市大湧鎮志編纂委員會編：《中山市大湧鎮志》,廣州：廣東人民出
版社,2017 年。

38. 中山市地方志編纂委員會編：《中山市志》,廣州：廣東人民出版社,1997
年。

39.《廣東歷史地圖集》編輯委員會：《廣東歷史地圖集》,廣州：廣東省地圖
出版社,1995 年。

四、奏議、日記、筆記、文集等

1.〔清〕王延熙、王樹敏：《皇朝道咸同光奏議》,《近代中國史料叢刊》第 34
輯,臺北：文海出版社,1969 年。

2. 羅振玉輯,張小也、蘇亦工點校：《皇清奏議》,南京：鳳凰出版社,2018
年。

3. 王雲五主編：《道咸同光四朝奏議》,臺北：臺灣商務印書館,1970 年。

4. 中國第一歷史檔案館：《光緒朝朱批奏摺》,北京：中華書局,1995 年。

5.〔清〕曾國藩：《曾文正公奏稿》,《清代詩文集彙編》,第 642 冊,上海：
上海古籍出版社,2010 年。

6.〔清〕曾國荃：《曾忠襄公奏議》,《近代中國史料叢刊》第 44 輯,臺北：
文海出版社,1966 年。

7.〔清〕郭嵩燾著,楊堅點校：《郭嵩燾奏稿》,長沙：嶽麓書社,1983 年。

8.〔清〕何嗣焜編：《張靖達公（樹聲）奏議》,《近代中國史料叢刊》第 23
輯,臺北：文海出版社,1973 年。

9.〔清〕毛承霖編：《毛尚書（鴻賓）奏稿》,《近代中國史料叢刊》第 61 輯,

臺北：文海出版社，1973 年。

10.〔清〕毛佩之：《變法自強奏議彙編》，《近代中國史料叢刊》第 48 輯，臺北：文海出版社，1973 年。

11.〔清〕毛佩之：《變法自強奏議彙編》，《近代中國史料叢刊》第 48 輯，臺北：文海出版社，1973 年。

12.〔清〕譚鍾麟：《譚文勤公（鍾麟）奏稿》，《近代中國史料叢刊》第 33 輯，臺北：文海出版社，1973 年。

13.〔清〕王先謙編：《郭侍郎（嵩燾）奏疏》，《近代中國史料叢刊》第 16 輯，臺北：文海出版社，1973 年。

14.〔清〕章佳容安輯：《那文毅公兩廣總督奏議》，《近代中國史料叢刊》第 21 輯，臺北：文海出版社，1973 年。

15. 陳錫祺：《林則徐奏稿‧公牘‧日記補編》，廣州：中山大學出版社，1985 年。

16.〔清〕杜鳳治：《望鳧行館宦粵日記》（手抄本），廣東省立中山圖書館、中山大學圖書館編《清代稿鈔本》，第 10～19 冊，廣州：廣東人民出版社，2007 年。

17.〔清〕杜鳳治著，邱捷點校：《杜鳳治日記》，廣東人民出版社，2021 年。

18.〔英〕赫德著，傅曾仁、劉壯翀等譯：《步入中國清廷仕途——赫德日記（1854～1863）》，北京：中國海關出版社，2003 年。

19.〔清〕梁廷枏撰，邵循正點校：《夷氛聞記》，北京：中華書局，1959 年。

20.〔清〕方濬師：《嶺西公牘匯存》，《近代中國史料叢刊》第 27 輯，臺北：文海出版社，1973 年。

21.〔清〕方濬頤：《二知軒文存》，《近代中國史料叢刊》第 49 輯，臺北：文海出版社，1973 年。

22.〔清〕郭嵩燾撰，梁小進主編：《郭嵩燾全集》，長沙：嶽麓書社，2012 年。

23.〔清〕賀長齡：《耐庵奏議存稿》，《近代中國史料叢刊》第 36 輯，臺北：文海出版社，1966 年。

24.〔清〕康有為：《康南海文集》，《近代中國史料叢刊》第 79 編，臺北：文海出版社，1966 年。

25.〔清〕李蕊著，李維琦等校點：《兵鏡類編》，長沙：嶽麓書社，2007 年。

26.〔清〕龍廷槐：《敬學軒文集》，《清代詩文集彙編》，第 452 冊，上海：上海古籍出版社，2010 年。

27.〔清〕彭玉麟著，梁紹輝等整理：《彭玉麟集》，長沙：嶽麓書社，2003 年。

28.〔清〕全祖望：《鮚埼亭集》，上海：商務印書館，1942 年。

29.〔清〕孫玉庭：《延釐堂集》，《清代詩文集彙編》，第 438 冊，上海：上海古籍出版社，2010 年。

30.〔清〕王詩正、羅正均編：《王壯武公遺集》，《近代中國史料叢刊》第 25 輯，臺灣：文海出版社，1966 年。

31.〔清〕王樹枬編：《張文襄公（之洞）全集》，《近代中國史料叢刊》第 49 輯，臺北：文海出版社，1970 年。

32.〔清〕袁永綸：《靖海氛記》（上下兩卷），香港海事博物館藏清道光十年碧蘿山房刊本。

33.〔清〕張自烈：《芑山文集》，國家清史編纂委員會《清代詩文集彙編》，第 2 冊，上海：上海古籍出版社，2010 年。

34.〔清〕朱孫詒：《團練事宜》，《近代中國史料叢刊三編》第 55 輯，臺北：文海出版社，1990 年。

35.《林則徐全集》編輯委員會：《林則徐全集》，福州：海峽文藝出版社，2002 年。

36. 顧廷龍、戴逸主編：《李鴻章全集》，合肥：安徽教育出版社、安徽出版集團，2008 年。

37. 苑書義、孫華峰、李秉新主編：《張之洞全集》，石家莊：河北人民出版社，1998 年。

五、報　刊

1.《（光緒）嶺東日報》

2.《博聞報》

3.《廣東時報》

4.《廣州總商會報》

5.《嶺海報》

6.《民生日報》

7.《申報》

8.《時報》

9. 《述報》

10. 《香港華字日報》

六、著　作

1. 陳鈺祥：《海氛揚波：清代環東亞海域上的海盜》，廈門：廈門大學出版社，2018 年。

2. 崔岷：《山東團匪：咸同年間的團練之亂與地方主義》，北京：中央民族大學出版社，2018 年。

3. 戴玄之：《中國秘密宗教與秘密會社》，臺北：臺灣商務印書館，1990 年。

4. 費孝通：《費孝通選集》，天津：天津人民出版社，1988 年。

5. 費孝通：《皇權與紳權》，北京：生活‧讀書‧新知三聯書店，2013 年。

6. 費孝通：《中國士紳》，北京：生活‧讀書‧新知三聯書店，2009 年。

7. 豐吉：《李鴻章與淮軍》，瀋陽：遼寧人民出版社，2008 年。

8. 傅角今、劉嵐蓀：《湖南之團防》，《近代中國史料叢刊三編》，第 75 輯，臺北：文海出版社，1995 年。

9. 廣州市經濟研究院、廣州市地方志編纂委員會辦公室編：《廣州近代經濟史》，廣州：廣東人民出版社，1998 年。

10. 廣州市天河區博物館編，江鐵軍主編：《嶺海鎮臣劉永福》，廣州：暨南大學出版社，2018 年。

11. 何文平：《變亂中的地方權勢：清末民初廣東的盜匪問題與社會秩序》，桂林：廣西師範大學出版社，2011 年。

12. 賀躍夫：《晚清士紳與近代社會變遷——兼與日本士族比較》，廣州：廣東人民出版社，1994 年。

13. 胡恒：《皇權不下縣？清代縣轄政區與基層社會治理》，北京：北京師範大學出版社，2015 年。

14. 黃繼焯、張國雄：《開平碉樓與村落研究》，北京：中國華僑出版社，2006 年。

15. 黃永豪：《土地開發與地方社會：晚清珠江三角洲沙田研究》，香港：文化創造出版社，2005 年。

16. 軍事科學院《中國近代戰爭史》編寫組：《中國近代戰爭史》，北京：軍事科學出版社，1984 年。

17. 科大衛著，卜永堅譯：《皇帝和祖宗：華南的國家與宗族》，南京：江蘇人民出版社，2010年。

18. 雷遠高主編：《中國近代反侵略戰爭史》，北京：解放軍出版社，1988年。

19. 李平亮：《近代政治變革與江西鄉村社會變遷》，北京：中國社會科學出版社，2021年。

20. 林世明：《清代鄉團之研究》，臺北：臺灣東華書局，1993年。

21. 劉晨：《太平天國社會史》，北京：中國國社會科學出版社，2019年。

22. 劉鐵銘：《湘軍與湘鄉》，長沙：嶽麓書社，2006年。

23. 龍宇純、孫同勛：《撚亂之研究》，臺北：國立臺灣大學出版委員會，1979年。

24. 陸寶千：《論晚清兩廣的天地會政權》，臺灣：中央研究院近代史研究所，1985年。

25. 羅爾綱：《綠營兵志》，北京：中華書局，1984年。

26. 羅爾綱：《湘軍兵志》，北京：中華書局，1984年。

27. 羅爾綱：《湘軍新志》，《近代中國史料叢刊續編》第95輯，臺北：文海出版社，1980年。

28. 呂思勉：《呂思勉讀史箚記》，上海：上海古籍出版社，1982年。

29. 彭澤益：《十九世紀後半期的中國財政與經濟》，北京：中國人民大學出版社，2009年。

30. 秦寶琦：《清前期天地會研究》，北京：中國人民大學出版社，1988年。

31. 瞿同祖著，范忠信等譯：《清代地方政府》，北京：法律出版社，2003年。

32. 譚棣華：《清代珠江三角洲的沙田》，廣州：廣東人民出版社，1993年。

33. 田玄：《淮軍》，太原：山西人民出版社，1999年。

34. 萬幼楠：《客家社會與文化研究（下）——贛南圍屋研究》，哈爾濱：黑龍江人民出版社，2006年。

35. 王崇敏：《南海海洋文化研究》，北京：海洋出版社，2016年。

36. 王爾敏：《淮軍志》，桂林：廣西師範大學出版社，2008年。

37. 王先明：《近代紳士——一個封建階層的歷史命運》，天津：天津人民出版社，1997年。

38. 王一娜：《清代廣府鄉村基層建置與基層權力組織——以方志的記述為中心》，廣州：南方日報出版社，2015年。

39. 魏光奇：《官治與自治：20世紀上半期的中國縣治》，北京：商務印書館，2004年。

40. 翁飛：《李鴻章與淮軍的創建》，合肥：黃山書社，2012年。

41. 聞鈞天：《中國保甲制度》，上海：上海書店出版社，1992年。

42. 蕭國健：《清初遷海前後香港之社會變遷》，臺北：臺灣商務印書館，1986年。

43. 蕭一山：《清代通史》（上中下卷），北京：中華書局，1986年。

44. 蕭一山：《清史大綱》，上海：上海古籍出版社，2014年。

45. 謝建美：《近代中國「和平」幻想的破滅》，湘潭：湘潭大學出版社，2016年。

46. 楊國安：《國家權力與民間秩序：多元視野下的明清兩湖鄉村社會史研究》，武漢：武漢大學出版社，2012年。

47. 楊金森、范中義：《中國海防史》，北京：海洋出版社，2005年。

48. 尤育號：《因地制宜：晚清溫州士紳社會研究》，上海：上海三聯書店，2019年。

49. 張國驥：《清嘉慶道光時期政治危機研究》，長沙：嶽麓書社，2012年。

50. 張研、牛貫傑：《19世紀中期中國雙重統治格局的演變》，北京：中國人民大學出版社，2002年。

51. 張仲禮：《中國紳士：關於其在19世紀中國社會中作用的研究》，上海：上海社會科學院出版社，1991年。

52. 章開沅、馬敏、朱英主編：《中國近代史上的官、紳商學》，武漢：湖北人民出版社，2000年。

53. 趙東亮：《明清佛山地方治理研究》，廣州：南方出版社，2017年。

54. 周慶智：《官治與民治：中國基層社會秩序的重構》，北京：社會科學文獻出版社，2019年。

55. 朱來常：《淮軍始末》，合肥：黃山書社，1984年。

56.〔清〕王闓運著：《湘軍志》，長沙：嶽麓書社，1983年。

57.〔清〕夏燮著，高鴻志點校：《中西紀事》，長沙：嶽麓書社，1988年。

58.〔澳〕黃宇和：《兩廣總督葉名琛》，北京：中華書局，1984年。

59.〔法〕白吉爾著，張富強、許世芬譯：《中國資產階級的黃金時代（1911～1937年）》，上海：上海人民出版社，1994年。

60.〔美〕鮑威爾（R.L.Powell）著，陳澤憲、陳霞飛譯：《中國軍事力量的興起（1895～1912年）》，北京：中國社會科學出版社，1979年。

61.〔美〕古德諾（Goodnow，F.J.）著，王元、楊百朋譯：《政治與行政》，北京：華夏出版社，1987年。

62.〔美〕孔飛力著，謝亮生等譯：《中華帝國晚期的叛亂及其敵人——1796～1864年的軍事化與社會結構》，北京：中國社會科學出版社，1990年。

63.〔美〕穆黛安著，劉平譯：《華南海盜：1790～1810》，北京：中國社會科學出版社，1997年。

64.〔美〕施堅雅主編，葉光庭等譯：《中華帝國晚期的城市》，北京：中華書局，2000年。

65.〔美〕衛三畏著，陳俱譯：《中國總論》，上海：上海古籍出版社，2014年。

66.〔美〕魏斐德著，王小荷譯：《大門口的陌生人：1939～1861年間華南的社會動亂》，北京：中國社會科學出版社，1988年。

67.〔美〕蕭公權著，張皓、張昇譯：《中國鄉村：19世紀的帝國控制》，北京：九州出版社，2017年。

68.〔英〕貝思飛著、徐有威譯：《洋票與綁匪——外國人眼中的民國社會》，上海：上海古籍出版社，1998年。

69.〔英〕斯坦利·萊恩-普爾、費雷德里克·維克多·狄更斯著，金瑩譯：《巴夏禮在中國》，上海：中西書局第，2011年。

七、論　文

1. 曹國祉：《論太平天國革命時期團練組織及其反動性》，《史學月刊》，1964年第11期。

2. 陳芳：《晚清地方軍事化的典型個案：劉長佑之研究》，《蘭州學刊》，2008年第3期。

3. 陳貴宗：《義和拳·民團·義和團》，《史學集刊》，1982年第1期。

4. 陳磊、陳偉：《晚清團練的興起與中央集權的衰落》，《甘肅農業》，2005年第11期。

5. 陳賢波：《百齡與嘉慶十四年（1809）廣東籌辦海盜方略》，《華南師範大學學報（社會科學版）》，2017年第4期。

6. 程歡:《義和團起源研究的回顧與隨想》,蘇位智、劉天路主編《義和團研究一百年》,濟南:齊魯書社,2000 年,第 74～100 頁。

7. 池子華:《對苗沛霖集團與太平天國、捻軍關係的考察》,《近代史研究》,1989 年第 1 期。

8. 崔岷:《「靖亂適所以致亂」:成同之際山東的團練之亂》,《近代史研究》,2011 年第 3 期。

9. 崔岷:《「抗糧」與「斂費」:成同之際山東田賦銳減的團練因素》,《山東師範大學學報(人文社會科學版)》,2012 年第 4 期。

10. 崔岷:《從禦匪到救時:道咸之際清廷團練動員的興起》,《社會科學研究》,2020 年第 5 期。

11. 崔岷:《紳士的分裂:咸同之際山東鄉紳劉德培的抗官之路》,《安徽史學》,2018 年第 5 期。

12. 崔岷:《統合官、紳的困境:「團練大臣」與地方官員的衝突(1853～1860)》,《寧夏社會科學》,2017 年第 5 期。

13. 崔岷:《晚清「團練大臣」研究的省思》,《安徽史學》,2017 年第 5 期。

14. 崔岷:《咸豐初年清廷委任「團練大臣」考》,《歷史研究》,2014 年第 6 期。

15. 崔岷:《咸同之際「督辦團練大臣」與地方官員的「事權」之爭》,《歷史研究》,2018 年第 2 期。

16. 崔岷:《倚重與警惕:1843 年的團練「防夷」之議與清廷決策》,《史學月刊》,2018 年第 11 期。

17. 崔岷:《游移於官、紳之間:清廷團練辦理模式的演變(1799～1861)》,《史學月刊》,2019 年第 7 期。

18. 丁旭光:《中法戰爭期間民眾動向》,《廣東社會科學》,1990 年第 3 期。

19. 董蔡時:《試論李鴻章創建淮軍及其初步發展》,《安徽史學》,1986 年第 1 期。

20. 杜德鳳:《太平天國時期的凌十八起義》,《江西師範大學學報(哲學社會科學版)》,1987 年第 4 期。

21. 方英:《太平天國安徽士紳的分化與地方社會》,《安徽史學》,2012 年第 5 期。

22. 方志欽:《凌十八起義散論》,《廣東史志》,1990 年第 4 期。

23. 馮士缽：《義和拳·義和團·「扶清滅洋」》，《歷史教學》，1980 年第 7 期。

24. 馮士缽：《義和團源流雜議》，《史學月刊》，1986 年第 3 期。

25. 傅德元：《直隸近代社會與義和團運動的興起》，《河北大學學報》，1989 年第 2 期。

26. 傅德元：《直隸山東義和團運動的比較研究》，《河北學刊》，1992 年第 5 期。

27. 傅衣凌：《太平天國時代團練抗官問題引論——太平天國時代社會變亂史研究》，傅衣凌主編《明清社會經濟史論文集》卷五，人民出版社，1982 年，第 443～452 頁。

28. 傅衣凌：《中國傳統社會：多元的結構》，《中國社會經濟史研究》，1988 年第 3 期。

29. 高壽仙：《「官不下縣」還是「權不下縣」？——對基層治理中「皇權不下縣」的一點思考》，《史學理論研究》，2020 年第 5 期。

30. 何若鈞：《團練的階級屬性和它在近代反侵略鬥爭中的地位》，《華南師院學報》，1979 年第 1 期。

31. 何文平：《被輿論化的歷史：「粵東盜甲天下」說與近代廣東匪患》，《中山大學學報（社會科學版）》，2005 年第 1 期。

32. 何文平：《清末地方軍事化中的國家與社會——以廣東團練為例》，《學術研究》，2009 年第 9 期。

33. 何文平：《清末廣東巡警制的創建與官、紳關係》，《中山大學學報（社會科學版）》，2006 年第 5 期。

34. 何文平：《民國初年廣東的盜匪與地方社會——一種「非法」武力權勢的形成》，《學術研究》，2011 年第 5 期。

35. 何圳泳：《「一時之功」與「長久之計」：「堅壁清野」治盜方略的解析——以嘉慶十年（1805）兩廣總督那彥成的海盜治理為例》，《汕頭大學學報（人文社會科學版）》，2019 年第 8 期。

36. 賀躍夫：《第二次鴉片戰爭時期廣東團練抗夷考述》，中山大學歷史系編《中山大學史學集刊》第 1 輯，廣州：廣東人民出版社，1992 年，第 189～203 頁。

37. 賀躍夫：《晚清縣以下基層行政官署與鄉村社會控制》，《中山大學學報（社會科學版）》，1995 年第 4 期。

38. 侯斌：《試論義和團的組織及其源流》，《山東大學文科論文集刊》，1980 年第 1 期。

39. 侯虎虎：《試論鴉片戰爭中的漢奸問題》，《唐都學刊》，2001 年第 1 期。

40. 侯俊丹：《俠氣與民情：19 世紀中葉地方軍事化演變中的社會轉型》，《社會》，2014 年第 3 期。

41. 胡衛平：《湘軍源流記》，《湖南人文科技學院學報》，2011 年第 4 期。

42. 黃細嘉：《近代的團練和團練制度》，《歷史教學》，1997 年第 10 期。

43. 黃宗智：《集權的簡約治理——中國以準官員和糾紛解決為主的半正式基層行政》，黃宗智主編《經驗與理論：中國社會、經濟與法律的實踐歷史研究》，北京：中國人民大學出版社，2007 年，第 414～438 頁。

44. 賈熟村：《對苗沛霖及其集團的考察》，《安徽史學》，1987 年第 1 期。

45. 賈熟村：《苗沛霖及其集團的敗亡》，《安徽史學》，1988 年第 3 期。

46. 賈熟村：《苗沛霖與清朝官、紳的勾結與對抗》，《安徽史學》，1987 年第 2 期。

47. 賈熟村：《清政府倡辦團練的得失》，茅家琦主編《太平天國史研究》第一集，南京：南京大學出版社，1985 年，第 95～109 頁。

48. 賈熟村：《太平天國時期的常州地區》，《江南大學學報》，2010 年第 3 期。

49. 賈熟村：《太平天國時期的蕩口鎮》，《廣西師範大學學報》，2007 年第 5 期。

50. 賈熟村：《太平天國時期的周莊鎮》，《廣西師範大學學報》，2002 年第 1 期。

51. 金鐘博：《明清時代鄉村組織與保甲制之關係》，《中國社會經濟史研究》，2002 年第 2 期。

52. 久玉林：《中國近代軍閥政治探源》，《學習與探索》，1992 年第 1 期。

53. 賴澤冰：《方耀與中法戰爭時期的廣州府海防——以〈照軒公牘拾遺〉為中心》，《中國國家博物館館刊》，2017 年第 12 期。

54. 黎新：《雲南回民起義時期的團練》，高發元主編《杜文秀起義論集》，昆明：雲南大學出版社，1993 年，第 71～84 頁。

55. 李達三、方爾莊：《直隸團練的鉗制與太平天國北伐的失敗》，北京太平天國歷史研究會編《太平天國學刊》第三輯，北京：中華書局，1987 年，第 142～150 頁。

56. 李光明：《近代雲南團練與基層社會控制變遷》，《文山學院學報》，2016
年第 2 期。

57. 李光正、張革暐：《試論石達開回師廣西反團練鬥爭》，《河池師專學報》，
1995 年第 3 期。

58. 李洪錫：《甲午戰爭時期延邊「越墾韓民」團練及其反對日本奸細的鬥爭》，
《延邊大學學報》，2002 年第 1 期。

59. 李良品、譚傑容：《論清末團練制度下鄉村社會與國家關係──以酉陽直
隸州為例》，《長江師範學院學報》，2012 年第 5 期。

60. 李平亮：《晚清地方軍事化與基層社會的重組──以南昌地區為中心的考
察》，《中國社會經濟史研究》，2004 年第 3 期。

61. 李平亮：《晚清至民國時期的鄉村聯盟與地方政治──以南昌地區為中
心》，《江西社會科學》，2012 年第 8 期。

62. 梁碧蘭：《太平天國時期的廣西團練》，廣東廣西太平天國研究會編：《太
平天國史論文集》，廣東人民出版社、廣西人民出版社，1983 年，第 685
～707 頁。

63. 梁勇、周興豔：《晚清公局與地方權力結構──以重慶為例》，《社會科學
研究》，2010 年第 6 期。

64. 梁勇：《清代中期的團練與鄉村社會──以巴縣為例》，《中國農史》，2010
年第 1 期。

65. 梁勇：《團正與鄉村社會權力結構──以清中期的巴縣為例》，《中國農
史》，2011 年第 2 期。

66. 劉平：《清中葉廣東海盜問題的探索》，《清史研究》，1998 年第 1 期。

67. 劉鐵銘：《湘軍發祥的社會土壤》，《廣西社會科學》，2006 年第 1 期。

68. 劉鐵銘：《湘勇團練與湘軍的崛起》，《湖南人文科技學院學報》，2007 年
第 5 期。

69. 劉小林：《太平天國革命時期廣西團練組織問題研究》：《廣西師範大學學
報》，1985 年第 4 期。

70. 劉小林：《太平天國時期廣西團練縱橫關係談》，《廣西師範大學學報》，
1988 年第 3 期。

71. 劉彥波：《從「守望相助」到「吏治應以團練為先」──由團練組織的發
展演變看國家政權與基層社會的互動關係》，《武漢理工大學學報（社會

科學版)》，2006 年第 4 期。

72. 劉佐泉：《凌十八起義與客家》，《中國近代史》，1993 年第 7 期。

73. 陸寶千：《論晚清兩廣的天地會政權》，臺灣中央研究院近代史研究所專刊第 33 種，1985 年，第 233〜286 頁。

74. 呂堅：《試論凌十八起義與金田起義》，《史學集刊》，1992 年第 4 期。

75. 毛立平：《十九世紀中期安徽基層社會的宗族勢力——以捻軍、淮軍為中心》，《清史研究》，2001 年第 4 期。

76. 米振波：《論咸豐朝團練的成分、來源、編制及團與練的區別》，《南開史學》，1985 年第 2 期。

77. 倪英才：《號軍入川與桐梓團練》，《貴州師範大學學報》，1990 年第 3 期。

78. 牛貫傑：《從「守望相助」到「吏治應以團練為先」——由團練組織的發展演變看國家政權與基層社會的互動關係》，《中國農史》，2004 年第 1 期。

79. 歐安年：《「凌十八起義」之歷史回顧與反思》，《廣東史志》，1990 年第 1 期。

80. 歐陽躍鋒：《「義和拳」更名「義和團」探析》，《歷史教學》，1990 年第 9 期。

81. 戚俊傑：《從甲午間舉辦登州團練看王懿榮的愛國精神》，《大連近代史研究》，第 15 卷，2018 年。

82. 譙珊：《晚清官、紳政治與帝國崩解——以重慶團練與地方權力結構為視角》，《中華文化論壇》，2019 年第 1 期。

83. 邱捷：《清末文獻中的廣東「紳商」》，《歷史研究》，2001 年第 2 期。

84. 邱捷：《清末香山的鄉約、公局——以〈香山旬報〉的資料為中心》，《中山大學學報（社會科學版）》，2010 年第 3 期。

85. 邱捷：《晚清廣東的「公局」——士紳控制鄉村基層社會的權力機構》，《中山大學學報（社會科學版）》，2005 年第 4 期。

86. 邱捷：《知縣與地方士紳的合作與衝突——以同治年間的廣東省廣寧縣為例》，《近代史研究》，2006 年第 1 期。

87. 邱遠猷：《太平天國與晚清的「就地正法」之制》，《近代史研究》，1998 年第 2 期。

88. 饒任坤：《信宜凌十八起義》，《廣西民族學院學報》，1983 年第 3 期。

89. 史書各：《乾嘉頹勢與團練之萌芽》，《和田師範專科學校學報》，2011 年第 6 期。

90. 宋桂英：《清代團練問題研究述評》，《文史哲》，2003 年第 5 期。

91. 宋桂英：《太平天國運動時期山東紳士舉辦團練的原因探析》，《青島農業大學學報》，2007 年第 4 期。

92. 宋亞平：《太平天國時期的湖南團練》，王承仁主編《太平天國研究論文集》，武漢：武漢大學出版社，1994 年，第 395～413 頁。

93. 孫兵：《清咸同年間山東州縣團練抗糧抗官活動與官府應對──兼與「團練勢力極度膨脹」說商榷》，《理論月刊》，2018 年，第 12 期。

94. 孫明：《局紳的生涯與人生意態──以清末四川團練局紳為重點》，《北京大學學報（哲學社會科學版）》，2018 年第 1 期。

95. 唐燕：《太平天國時期的湖北團練》，王承仁主編《太平天國研究論文集》，武漢：武漢大學出版社，1994 年，第 383～395 頁。

96. 陶傳德、池子華：《苗沛霖團練事件》，《安徽師大學報》，1994 年第 2 期。

97. 汪林茂：《論湘軍與團練的關係》，《杭州大學學報》，1986 年第 2 期。

98. 王爾敏：《清代勇營制度》，《臺灣近代史研究所集刊》，1973 年第 4 期。

99. 王繼平：《論湘軍興起的社會土壤》，《史學月刊》，1992 年第 3 期。

100. 王繼平：《太平天國時期的湖南鄉村社會》，《求索》，2016 年第 3 期。

101. 王明前：《鴉片戰爭前後中國沿海的地方軍事化與紳權伸張（1839～1849 年）》，《浙江師範大學學報》，2013 年第 5 期。

102. 王少普：《論曾國藩的軍事思想》，《軍事歷史研究》，1986 年年刊。

103. 王先明、常書紅：《晚清保甲制的歷史演變與鄉村權力結構──國家與社會在鄉村社會控制中的關係變化》，《史學月刊》，2000 年第 5 期。

104. 王先明：《晚清士紳基層社會地位的歷史變動》，《歷史研究》，1996 年第 1 期。

105. 王一娜：《晚清珠三角地區公約、公局的緣起及初期演變》，《廣東社會科學》，2011 年第 6 期。

106. 溫鐵軍：《半個世紀的農村制度變遷》，《戰略與管理》，1999 年第 6 期。

107. 翁飛：《試論淮軍的創建》，《安徽史學》，1988 年第 1 期。

108. 吳競、萬心剛：《太平軍在無錫地區與團練鬥爭》，《蘇州大學學報》1998 年第 1 期。

109. 吳競：《太平軍殲滅吳縣香山團練日期考》，《江蘇師院學報》，1981 年第 2 期。

110. 吳擎華、柯莉娜：《從苗沛霖團練看 19 世紀中期皖北基層社會統治結構的變化》，《湖北師範學院學報》，2010 年第 5 期。

111. 夏林根：《近代團練問題研究》，《江西社會科學》，1982 年第 2 期。

112. 謝俊美：《苗沛霖團練事件》，《學術界》，1994 年第 1 期。

113. 徐乃為：《張謇總辦通海團練參與甲午戰爭》，《歷史教學問題》，2015 年第 3 期。

114. 徐祖瀾：《鄉紳之治與國家權力——以明清時期中國鄉村社會為背景》，《法學家》，2010 年第 6 期。

115. 許存健：《清代咸豐年間廣東捐輸收支研究》，《中國經濟史研究》，2020 年第 5 期。

116. 許楓葉：《清末地方軍事化中的國家與社會——以「團練」言說為中心的考察》，《西南民族大學學報》（人文社會科學版），2017 年第 3 期。

117. 楊國安：《「天高皇帝遠」？古代基層社會如何治理》，《人民論壇》，2020 年第 3 期。

118. 楊念群：《論十九世紀嶺南鄉約的軍事化——中英衝突的一個區域性結果》，《清史研究》，1993 年第 3 期。

119. 楊學涯、王萬里：《淺析太平天國北伐時期直隸中南部的地主團練》，黎仁凱主編《太平天國北伐史論文集》，河北人民出版社，1986 年，第 243～251 頁。

120. 楊奕青：《咸豐初年的湘鄉縣團練及其對湘軍崛起的影響》，《求索》，1987 年第 1 期。

121. 尹福庭：《關於湘軍的產生與曾國藩辦團練的關係》，《歷史教學》，1981 年第 8 期。

122. 張超：《第二次鴉片戰爭期間廣東團練總局的創設及活動》，《五邑大學學報》，2014 年第 3 期。

123. 張國剛：《唐代團結兵問題探析》，《歷史研究》，1996 年第 4 期。

124. 張國驥：《論清嘉道時期的社會危機》，《湘潭大學學報（哲學社會科學版）》，2005 年第 3 期。

125. 張國驥：《論清嘉慶道光時期的制度性腐敗》，《湖南師範大學社會科學

報》，2009 年第 3 期。

126. 張國驥：《清嘉道時期的吏治危機》，《湖南師範大學社會科學報》，2004
     年第 2 期。

127. 張國驥：《清乾嘉時期的人才危機》，《湖南大學學報（社會科學版）》，2005
     年第 3 期。

128. 張海林：《第二次鴉片戰爭中清政府「輯民攘夷」政策述論》，《蘇州大學
     學報》，1990 年第 2 期。

129. 張敏良：《道光朝廣東團練運動興起的原因及影響》（《承德師專學報》，
     1992 年第 2 期。

130. 張山：《太平天國時期貴州團練問題初探》，《廣西民族研究》，1988 年第
     3 期。

131. 張習琴：《清代貴州團練與地方政治》，《貴州文史叢刊》，2016 年第 4 期。

132. 張新光：《質疑「皇權不下縣」：基於宏觀的長時段的動態歷史考證》，《華
     東理工大學學報（社會科學版）》，2007 年第 1 期。

133. 張研、牛貫傑：《試論團練大臣與雙重統治格局》，《安徽史學》，2004 年
     第 4 期。

134. 張研：《清代縣以下行政區劃》，《安徽史學》，2009 年第 1 期。

135. 張研：《清代中後期中國基層社會組織的縱橫依賴與相互聯繫》，《清史研
     究》，2000 年第 2 期。

136. 張中訓：《大漢德主劉德培反清始末（1860～1863）》，《東吳歷史學報》，
     2001 年第 7 期。

137. 趙宏章：《貴州咸同大起義與貴州地方團練勢力的形成》，《貴州師範大學
     學報》，1995 年第 1 期。

138. 鄭大華：《試論湘軍崛起於湖南的社會原因》，《學術論壇》，1988 年第 4
     期。

139. 鄭大華：《太平天國時期的湖南團練》，《湖南師範大學學報》，1986 年第
     4 期。

140. 鄭海麟：《鴉片戰爭時期廣東以社學為中心的抗英鬥爭》，《深圳大學學報
     （人文社會科學版）》，1990 年第 3 期。

141. 鄭小春：《地方志所見太平天國時期的徽州團練》，《廣州大學學報》，2011
     年第 3 期。

142. 鄭小春《太平天國時期的徽州團練》,《安徽史學》,2010 年第 3 期。

143. 鄭亦芳:《清代團練的組織與功能——湖南、兩江、兩廣地區之比較研究》,中華文化復興運動推行委員會主編《中國近現代史論集》第 28 編,33 集,臺北商務印書館,1986 年,第 294～334 頁。

144. 周琳:《白蓮教起事與巴山老林附近地區的鄉村防禦體系》,《佳木斯大學社會科學學報》,2004 年第 1 期。

145. 周源:《試論義和團運動時期的直、魯民團》,中國義和團運動史研究會編《義和團運動與近代中國社會》,成都:四川省社會科學院出版社,1987 年,第 158～181 頁。

146. 朱淑君:《晚清咸同時期士紳政治文化考察——以「團練」議論之中心》,《蘭州學刊》,2011 年第 6 期。

147. 朱諧漢:《太平天國時期的江西團練》,《江西師範大學學報》,1988 年第 4 期。

148. 朱新鏞:《論鴉片戰爭時期廣東士人抵抗派》,《廣東社會科學》,1990 年第 2 期。

149. 朱耀斌、劉鐵銘、周玉文:《曾國藩創建湘軍的歷史路徑》,《船山學刊》,2010 年第 4 期。

150. 莊建平:《凌十八起義及其歷史作用》,《歷史檔案》,1993 年第 1 期。

151. 莊建平:《凌十八團營起義的考察》,《南京大學學報(哲學社會科學版)》,1983 年第 20 卷。

152. 〔法〕費爾南·布羅代爾(Fernand Brandel):《歷史科學和社會科學:長時段》,何兆武主編《歷史理論與史學理論:近現代西方史學著作選》,北京:商務印書館,1999 年,第 799～817 頁。

153. 〔韓〕都重萬:《嘉慶間廣東社會不安與團練之發展》,《清史研究》,1998 年第 3 期。

154. 〔韓〕都重萬:《清代廣東鄉治組織與團練之淵源》,閻純德主編《漢學研究》第 2 集,北京:中國和平出版社,1997 年,第 356～373 頁。

155. 〔美〕安東尼·羅伯特著,梁敏玲譯:《國家、社區與廣東省鎮壓海盜的行動,1809～1810》,國家清史編纂委員會編《清史譯叢》第 10 輯,濟南:齊魯書社,2011 年,第 141～180 頁。

156. 〔美〕愛德華·麥科德著,周秋光譯:《民初湖南的團練和地方軍事化》,

《吉首大學學報（社會科學版）》，1989 年第 2 期。

157. 〔美〕愛德華·麥科德著，周秋光譯：《清末湖南的團練與地方軍事化》，《湖南師範大學學報》，1989 年第 3 期。

158. 〔美〕安樂博：《中國海島的黃金時代 1520～1810》，《東南學術》2002 年第 1 期。

159. 〔美〕弗朗茲·邁克爾著，高翠蓮譯，鄒桂芬校：《19 世紀中國的地方主義》，中國社會科學院近代史研究所《國外中國近代史研究》第 11 輯，北京：中國社會科學出版社，1988 年，第 32～53 頁。

160. 〔日〕波多野善大著，仁恒俊譯，蔡鳳書校：《中國近代軍閥的形成》，《承德民族師專學報》（社會科學版），1993 年第 1 期。

161. 〔日〕西川喜久子著，蘇林崗譯：《順德團練總局成立始末》，中國社會科學院近代史研究所《國外中國近代史研究》第 23 輯，北京：中國社會科學出版社，1993 年，第 123～165 頁。

162. 〔日〕夏井春喜著，李少軍譯，許秀靈校：《鴉片戰爭廣東的抗英鬥爭》，武漢大學歷史系鴉片戰爭研究組編《外國學者論鴉片戰爭與林則徐》上冊，福州：福建人民出版社，1989 年，第 210～233 頁。

163. 胡恒：《清代巡檢司地理研究》，中國人民大學碩士論文，2008 年。

164. 王文培：《清末團練制度與政治發展》，臺灣國防政治作戰學院博士論文，2008 年。

165. 應宗華：《鎮壓太平天國運動的地方武裝——南昌士紳劉於潯及其江軍研究》，南昌大學碩士論文，2007 年。

166. 張文濤：《晚清「以民制夷」政策研究》，河北師範大學碩士論文，2007 年。

167. 周泉勝：《試論 1840～1870 年間清政府「以民制夷」政策》，湖南師範大學碩士論文，2005 年。

168. Franz Michael, "*Military Organization and Power Structure of China during the Taiping Rebellion*", Pacific Historical Review, Vol.18, No. 4（Nov, 1949），pp.469~483.

169. Pao Chao Hsien, *The Government of Chian (1644~1911), Baltimore, John Hopkin Press*, 1925,pp295~296.

170. Michael, Franz H, *The Origin of Manchu Rule in China,Baltimore, John Hopkin Press*, 1942, pp478~480.

附　表

附表 1　清嘉慶年間廣東團練與海盜的鬥爭情況表

府　名	縣　名	鬥爭地點	鬥爭對象	時　間	事　蹟	史料來源
廣州府	南海縣	九江鄉	張保	十四年五月	初八日，海寇張保掠九江，鄉民拒之。	《（道光）南海縣志》，卷 5，輿地略一，頁六十七，見《廣東縣代方志集成，廣州府部》第 13 冊，廣州：嶺南美術出版社，2007 年，第 143 頁。
		瀾石	張保	十四年八月	二十五日，海寇張保攻瀾石。霍永清等死之。焚民居四百餘。	《（光緒）廣州府志》，卷 81，前事略七，頁二十二，見《中國地方志集成，廣東府縣志輯》第 2 冊，上海：上海書店，2003 年，第 406 頁。

縣	地點	首領	時間	事件	資料來源
番禺縣	三善鄉	郭婆帶	十四年七月	初四日，賊攻破三善鄉。（初海氛起，是鄉瀕海，知不免，乃練勇修械。賊首郭婆帶以七月朔日至，鄉勇拒之。三日不能入，殺其偽先鋒十人。婆帶怒號於賊眾，斬一首貫十金。賊蜂擁登岸，四路夾攻，鄉民亦分四路應之）	《（同治）番禺縣志》，卷22，前事三，頁十五，見《廣東歷代方志集成·廣州府部》第20冊，廣州：嶺南美術出版社，2007年，第268頁。
	岡尾社十八鄉	張保	十四年八月	初五日，海賊張保船泊沙路、四沙、新造鄉人望見之，遷婦女賫財於岡尾社十八鄉。	《（同治）番禺縣志》，卷22，前事三，頁十六，第269頁。
	尾湧社			初六日賊登岸分二隊，一由湧尾社入村。其入村者方破闈，鋪民以瓦石及醬缸擊之，未幾，十八鄉人至，賊不敢進。又有入於排後街，劫當鋪者，鄉人羅瑞堯、鄒啟善枝擊斃賊十餘人，十八鄉來援，賊乃退。其入村者至湧口社為鄉人所敗走，賊至湧口社亦為鄉勇黎執追至社外。賊回擊之，死焉。鄉人復追逐至殺百餘人。賊焚海岸竹排而去。	同上
增城縣	新塘	張保	十四年七月	二十七日，海賊張保擾新塘。邑令柏春、主簿沈志仁、游擊唐文才率兵丁民壯禦之。是夜復遁去。	《（光緒）廣州府志》，卷81，前事略七，頁二十一，見《中國地方志集成·廣東府縣志輯》第2冊，上海：上海書店，2003年，第606頁。
新寧縣	大門墟、龍園、大小坑、獺山、茶坑	張保	十四年八月	賊張保焚劫大門墟、龍園、大小坑、獺山、茶坑諸村，鄉勇葉宜盛、陳敬裕九人死之。	同上。
	大門墟	張保	十四年九月	海賊張保復焚劫大門墟鄉勇李保、鄭岊斗、婆亞晚、陳上賛、黃阿六六人死之。	同上，第607頁。

縣	地點	賊首	時間	事件	出處
	蘇渡旺北案園諸村	張呆	十五年二月	海賊張保保流劫旺新寧蘇渡旺北案園諸村。鄉勇甄參歲、吳業菅、吳隆莊、吳喬羅殺之。	同上，第608頁。
新會縣	沿涌口		十四年五月	十三日，賊轉入沿涌口。寶善衣短後衣，督紳士軍民悉力禦之。賊不能犯，遁長沙。是役也，參將孟某法牆不出，人心惶搖。寶善獨坐筒輿，晝夜巡詢各鄉，立水柵、設大炮臺、練鄉勇，為功甚鉅。	《（道光）新會縣志》，卷14，事略下，頁五，見《中國方志叢書》，第5號，臺北：成文出版社，1967年影印本，第410頁。
	三達東頭等處、小岡村			十四日，張保等劫掠三達東頭等處岡，蘇玩字、頗叟李德聯、東頭李基昌、謝水財俱被賊傷斃，小岡村鄉勇救援，傷賊數十人。賊勢始沮。	同上
香山縣	白蕉		九年	秋海寇劫白蕉，村人力拒之。	《（光緒）香山縣志》，卷22，紀事，頁二十三，見《廣東歷代方志集成・廣州府部》第36冊，廣州：嶺南美術出版社，2007年，第470頁。
		郭婆帶	十年八月	壬寅，夜郭婆帶率船三百餘，由獨子洋入攻大黃圃，鄉人力戰禦之。	同上
	虎山、瀝湧等鄉		十二年	夏海寇攻虎山、瀝湧等鄉，鄉人禦之。互殺傷不遑接掠。	同上
			十二年四月	知縣彭昭麟令邑城紳士募鎗船防禦，禁穀米出口接濟。	同上
	小隱港		十三年八月	丁未，海寇改小隱港，鄉人禦之。殲其二賊乃退。	同上
	第一角、傑俊等村		十四年六月	辛卯，賊連寇劫第一角傑俊等村，村民擊退之。	《（光緒）香山縣志》，卷22，紀事，頁三十三，第472頁。

縣	地點	首領	年月	事件	資料來源
	濠湧、大湧等園山			十二日夜，乘潮至濠湧，鄉人禦之，炮斃賊十餘人，稍退。	同上
	甲洲、濠湧			翌日，知縣彭昭麟徼官兵及鄉勇與鄉人水陸夾攻。自辰至申賊披靡而去。	同上
	小欖	郭婆帶		甲寅夜，郭婆帶率船百餘艘圍小欖，泊第九嘴。戊午，鄉人戰卻之。鄉民蕭世泰等七人遇害。賊亦多死者。	同上。
	大黃圃、鵝頭山、尖峰嶺	張保仔	十四年九月	乙亥，張保率船三百餘艘攻大黃圃東南。知縣彭昭麟撥繒船十四護西北。癸未，賊以紅旗由鵝頭山嶺尖峰嶺而下，以黑旗由西北河田進。鄉人擊之，賊多死傷。	同上
順德縣	容奇得勝海		九年	洋匪初入內河，容奇居邑下游環海六人者（林士元等）於得勝海旁築臺置炮，臺外海壩復為土堤數百丈，賊不敢進。晝夜巡防。賊不敢往。廣州平久，苦無巨炮。聞夷船有四千斤者可售，王中詣令領文市歸。賊聞遂遁。	《（咸豐）順德縣志》，卷 27，列傳七、國朝三，頁十七。見廣東省地方史志辦公室輯：《廣東歷代方志集成·廣州府部》第 17 冊，廣州：嶺南美術出版社，2007 年，第 653 頁。
	陳村	張保	十四年八月	二十二日，海賊張保劫順德陳村不克。（先是賊攻橫岸、林頭、乾滘諸村，俱不能破。至是舟泊陳村，鄉人頗知賊至，齊出堵禦。賊發炮傷鄉人，鄉人亦發炮匯之。炮架高不能傷賊，賊率五百人遂進。遂焚馬頭基頭鋪舍二十餘間。翌日，賊大隊復至，適鄉堡亦化率鄉勇千餘人助戰。賊乃遁去。）	《（光緒）廣州府志》，卷 81，前事略七，頁二十一至二十二，見《中國地方志集成·廣東府縣志輯》第 2 冊，上海：上海書店，2003 年，第 405 頁。

地點	姓名	年份	事略	資料來源
黃連村	張采	十四、十五年	洋匪張保撲岸，黃連故資黃湧海湧險要，與鄉設勇防守。貢生張聖昌，監生向蓉洲請兵制府，所近數十鄉咸相與約，聯絡防範。譚義、劉康鎔亦集黃蓉臺為黃連犄角，勒樓復龍山。賊三至皆敗，率勇來應。賊三至皆敗，遂不敢覷西。其鄉迤西諸村堡及縣城皆有恃而安。	《（咸豐）順德縣志》，卷26，列傳六、國朝二，頁八至九，見廣東省地方史志辦公室輯：《廣東歷代方志集成》第17冊，廣州：嶺南美術出版社，2007年，第631頁。
東海十六沙		十四年	嘉慶甲子，香山縣屬東海十六沙稅雜，香順者盜匪滋擾，耕多失業。鳴鸞倡建容桂公約，通計現田二十萬畝，歛捐現銀八分為守捕費，為準行。一時獲匪數百。己巳，海盜張保闖入內河，復捐地建臺設炮禦之。	《（咸豐）順德縣志》，卷27，列傳七、國朝三，頁十六，第652頁。
碧江		十四年	碧江蘇步榮字秀峰者，以設水柵守嚴，賊不敢犯。	同上，第653頁。
	張保	十四年十二月	二十七日，海賊張保劫掠雞洲，盧呈瑞率民力戰卻之。二十八日，賊眾登岸，呈瑞令鳥槍居前，躬自押陣，以鄉勇綴陣後，炮斃其頭目數人。翌日，謀再戰，賊黨畏怯。張保大稿其黨，逼令登岸，我兵復以連環槍抵禦，傷斃無算。呈瑞覘形勢，令於海旁築土陳以避炮。又村前有水閘，賊望見知不能破。越兩二月二日，遂退屯潭洲，是役也，鄉勇陸進高、蘇強盛、李長義以禦賊歿死，凡三人。	《（光緒）廣州府志》，卷81，前事略七，頁二十五，見《中國地方志集成·廣東府縣志輯》第2冊，上海：上海書店，2003年，第407頁。
			時縣有保衞御匪者，縣東有保重設重防，黃連則梁壽昌，谷桂則胡鳴鸞，楊朝日、陳連則歐大水等，江尾則歐陽連，碧江則蘇步榮，龍潭則吳璧皆自有傳。舉人如羅權時、陳兆齡，陳林則	《（咸豐）順德縣志》，卷27，列傳七、國朝三，頁十八，見廣東省地方史志辦公室輯：《廣東歷代方志集成》第17冊，廣州：嶺南美術出版府部》

縣	鄉	姓名	時間	事件	資料來源
				龍眼麥觀、光裕湧范琳、沖鶴潘起鵬、副貢麥如石洲馮澤培、沖鶴潘大鈞、生員如熏湧陳彩職、監生如北水尤鵬翔、北滘周紹榮、黎林黃道純、羊額何則先、偉教梁繼權。各能率其子弟，募勇設食或布巨桶，或築土臺以拒賊艦。賊故以有備而不得逞。而大洲、雞公石兩臺扼邑東北咽喉，使賊不能窺縣城。	版社，2007年，第653頁。
		張保		嘉慶已巳，洋寇張保內擾，諸村堡各自團練以禦一時。壯士先後死賊者，黃連則李珍寶、何松光、鍾阿妹、扶閭則廖鳳儒、廖新科、廖茂和。陳村則歐連魁、黃長餘、馬吉、黃鎮中、麥昌瑞、歐瑞銷、韓東陝、林有、雞洲則陸進高、蘇強盛、李長義。羊額則何向祥、盧福堂，皆有奮不顧其軀，當時各為之嗣祀。	同上。
東莞縣	虎山瀝湧等鄉		十一年	夏海寇攻虎山、瀝湧等鄉，鄉人禦之。	《（民國）東莞縣志》，卷33，前事略五，國朝二，頁十八。見廣東省地方史志辦公室輯：《廣東歷代方志集成》第24冊，廣州府部，廣州：嶺南美術出版社，2007年，第362頁。
	寶塘廈鄉	張保仔	十四年七月	初八日，海賊張保劫東莞寶塘廈，鄉人擊敗之，擒賊首七人。（賊人寶塘廈鄉，鄉人拒之一夕，訴佑於所奉天後神廟，卜珓利禦寇。十二日，賊益集，鄉人恃有神佑，奮力擲磚。賊不能當，適燃大炮不應，人心益固厚，率壯丁來援，斃百餘人，擒賊首七人，並獲所掠。）	同上。

府	縣	地點	首領	時間	事件	資料來源
		勞村			十六日，海賊劫東莞勞村，鄉民力戰敗之。（賊劫勞村，鄉人逆知其來，先以巨炮枕要路，斬樹木覆之，而伏兵隱處以待甫挑戰。賊見其人少，容陸追之將近，偽為發炮狀，偽線燃而炮不響。如是者二。賊意其偽，麾眾樂上。鄉民奔入隱處，發炮擊之，斃百餘人。餘賊眾擒斬幾盡。）	同上
	新安縣	邑屏山等處	郭婆帶、烏石二、鄭一等	九年	郭婆帶、烏石二、鄭一等流劫沿海洋，擄掠居民，有財者勒贖，無財者迫之為賊，聲勢日熾，大小匪船不下千餘艘。不特海面縱橫，即陸地水遭焚劫。凡濱海村落皆設立丁壯防守，呂屏山、固戍、榕樹角、灣下等處俱被賊圍攻，以守禦嚴，乃退。	《嘉慶》新安縣志，卷13，寇盜，頁十一，見廣東省地方史志辦公室輯：《廣東歷代方志集成·廣州府部》第26冊，廣州：嶺南美術出版社，2007年，第362頁。
肇慶府	陽江	圍洲嶺		八年二月	九日，海賊夜劫圍洲嶺。越五日復劫溪頭。廩生陳秉護率鄉勇拒卻之。	《民國》陽江志，卷20，兵防志二，兵事，頁九十下，見《中國地方志集成·廣東府縣志輯》第40冊，上海：上海書店，2003年，第375頁。
		海陵島		八年八月	海賊犯海陵島，巡檢末王龍拒卻之。（自八月後，海賊不時潛入鳥內，王龍率鄉民拒禦。）	同上，第376頁。
		海陵北汀		十四年十二月	十一日，海賊夜劫海陵北汀。自赤石湧口上岸搶。生員方兌楷並方姓民家五口，楷子永燕逃賊慧雲。	同上。
惠州府	海豐縣	汕美港	不詳	六年	賊艦塞汕美港。坎白場鹽大使德琇購勇破之。	《(同治)海豐縣志續編》，卷十，邑事，頁三十三，見《中國地方志集成·廣東府縣志輯》第28冊，上海：上海書店，2003年，第706頁。

府	縣	地點	類別	時間	事件	資料來源
		梅簏墟	天地會匪	十年正月	初二日，知縣事張載瑛親詣梅簏墟查辦會匪。（因拿獲楊育任搜出匪帖解縣。訊供言於正月初二晚放火為號，串同洋匪入內焚劫。辛張前令即。於是日抵墟，督令鄉勇防禦。是夜，果有號火數起。賊船火大炮發十聲，因嚇場巡守嚴岸。匪驚縮方免焚劫。時，辦理防務惟員生林楷、生員徐履醇、武生王應昌、稟生徐錄等幫官增禦。日夜帶勇巡緝，陸續拿獲匪犯蔡堂等正法。而地方始得安靖。）	同上
高州府	吳川縣	水東、白廟等處		九日，海寇掠水東。水手問阿六戰死。十二日，船泊港口掠白廟等處，火球高射數丈、鄉民鳴鑼集眾。賊勢稍退。十四日，突起暴風壞賊船。		《（光緒）吳川縣志》，卷10，紀述，事略，頁三十五，見《中國地方志集成·廣東府縣志輯》第42冊，上海：上海書店，2003年，第383頁。
		石城、三墩港、橫山墟		八年五月	海寇今古義劫石城，官軍禦之。獲賊二十一人。又由三墩港劫橫山墟。貢生李安率鄉勇勇追捕。安鋪鄉勇半途協攻，殺賊二十餘人，生擒二十餘人。安鋪鄉勇宋廷貴死於陣。	同上
		石城、梅廣村		八年十二月	海寇劫石城、梅廣村全姓獲賊六人。	同上
	電白縣	水東		十年四月	海寇犯水東。知縣盛植才率鄉勇禦之。	《（光緒）重修電白縣志》，卷29，紀述，五，前事紀，頁十七，見《中國地方志集成·廣東府縣志輯》第41冊，上海：上海書店，2003年，第304頁。
廉州府	欽州	西場江口、烏石二		十一年十月	海寇烏石二犯西場江口。紳士龐振綱、龐必喬等率鄉勇禦之。	《（道光）廉州府志》，卷21，事紀，國朝，頁五十四，見《廣東歷代方志集成·廉州府部》第3冊，廣州：嶺南美術出版社，2007年，第531頁。

府	縣	地點	匪名	時間	事件	出處
	合浦縣	燕子頭、川江口		七年十一月	海寇莫觀扶犯抉燕子頭、川江口。岸生莫雲蕁率村民禦卻之。	同上，第530頁。
		紅沙滿汛		八年四月	會匪引洋匪劫南康墟。珠場巡檢張可昭率紳協眾禦使宜靖亂。	同上
			莫觀扶、張保仔、鄭一	十一年四月	海寇張保仔、鄭益（鄭一）寇合浦。外委梁臺英率民兵擊卻之。	同上
雷州府	遂溪縣	海山村	烏石二	九年四月	初三夜，海盜烏石二聽會匪符老洪計乘詰兩劫調墊村。附生梁思垣因父被殺傷，憤不顧身，躬率鄉村壯勇追殺至海頭港。摘殺盜賊數十餘名。餘盜帶傷奔逃。自是海頭各社，盜無敢登岸劫村。	《（道光）遂溪縣志》，卷2，紀事，頁二十，見《中國地方志集成‧廣東府縣志輯》第39冊，上海：上海書店，2003年，第518頁。
		調墊村	烏石二	十四年	冬，海盜烏石二等肆擾逼郡城。參將德興、海康知縣陳邦燮禦卻之。賊艦船七十餘艘突入南港大肆焚掠。近港村莊受害甚慘。興與邦燮率兵丁鄉勇出城搭禦。親冒槍炮十有餘日，殺賊賊數十。賊懼懾而退。申嚴保甲法。	同上
瓊州府	萬州	石龜港	烏石二、田海九等	十四年八月初七	海寇烏石二等率賊船數十突入石龜港登岸劫掠。汛守徐隆力戰拒敵。次早復至，賊乃遁。隆與營弁趙仕隆募鄉民協力拒之。	《（道光）瓊州府志》，卷19，海黎，海寇，頁十七，見《中國方志叢書‧第47號》，臺北：成文出版社，1967年，第442頁。
	澄邁縣	石𤲞港	烏石二、田海九等	十五年四月	初三日，海寇登岸，鄉民集眾拒之。	同上
		石𤲞港		十五年四月	初三日，賊自東水港登岸劫掠。知縣盎建達長募鄉勇五十人，日給口糧，並籌陸兵數百，水師兵百餘，親冒矢石，督兵禦敵。	同上

附表 2　清嘉慶華南海盜期間廣東諸州縣團練領導者情況表

姓名	籍貫	出身	時間	事蹟	史料來源
德瑛	惠州府海豐縣	玖白場鹽大使	六年（1801）	賊艦泊臺汕美港，玖白場鹽大使德瑛購勇破之。	《（同治）海豐縣志續編》，卷 10，邑事，頁三十三，見《中國地方志集成·廣東府縣志輯》第 28 冊，上海：上海書店，2003 年，第 706 頁。
莫雲翥	廉州府	庠生	七年（1802）	十一月，海寇莫觀扶犯燕子頭，川江口，庠生莫雲翥率村民禦卻之，斬賊庭眾，餘賊逃往安南。	《（道光）廉州府志》，卷 21，事紀，國朝，頁五十六，見《廣東歷代方志集成·廉州府部》第 3 冊，廣州：嶺南美術出版社，2007 年，第 530 頁。
陳秉讓	肇慶府陽江	廩生	八年（1803）	二月五日九日，海賊夜劫劫軍洲嶺。越五日，復劫溪頭。廩生陳秉讓率鄉勇拒卻之。（始從臺頭港入擄村民三十餘口。復從溪頭湧入。陳秉讓率鄉勇拒之，殲其渠，賊始退。）	《（民國）陽江志》，卷 20，兵防二，兵事，頁九十，見《中國地方志集成·廣東府縣志輯》第 40 冊，上海：上海書店，2003 年，第 375 頁。
宋玉龍	肇慶府陽江	巡檢	八年（1803）	海賊犯海凌島，巡檢宋玉龍拒卻之。（自八月後，海賊不時潛入島內，王龍率民拒禦。）	同上第 376 頁。
張士英	廉州府合浦縣南康墟	鄉紳	八年（1803）	會匪引洋匪劫南康墟。珠場巡檢張可昭協眾紳便官靖亂。時，紳士張元英等會議設冊招實，招鄉勇在長房建樓於要隘，晝夜輪班堵禦。班置頭目統率，有警鳴鑼灰角，互相肇援。按戶設民壯冊，冊註姓名為憑。民皆入會匪黨者許其自首，註冊，舉原任守備傅君綱督務絡魚戶，厚子口糧，教習水戰，各給鳥槍，防禦嚴，拿接濟洋匪者。面場文庠伍嚴夫，武庠羅炳昭仿其策行之。於是會匪、洋匪崖漸息。	《（道光）廉州府志》，卷 21，事紀，國朝，頁五十六，見《廣東歷代方志集成·廉州府部》第 3 冊，廣州：嶺南美術出版社，2007 年，第 530 頁。

姓名	籍貫	身份	年份	事蹟	出處
張可昭	不詳	珠場巡檢	八年（1803）	秋七月，海寇烏石二率賊船百餘泊石埠。珠場巡檢張可昭率鄉勇擊卻之。	《（民國）合浦縣志》，卷 5，事紀，頁十五，見《廣東歷代方志集成》，廉州府部，第 6 冊，廣州：嶺南美術出版社，2007 年，第 555 頁。
劉得高	高州府吳川縣	吳川營把總	八年（1803）	八年，海盜陳德勝餘黨擾洋面，瀕海居民苦之。得高守西臺汛，巡察綦嚴，會賊有咨岸偵探者，得高留心密識之，捕數人解來。一訊而服，又會各鄉募勇協力固守，賊無隙乘遂去，以功擢東山營千總。	《（光緒）吳川縣志》，卷 7，人物，列傳，頁六十三，見《中國地方志集成，府縣志輯》第 42 冊，上海：上海書店，2003 年，第 293 頁。
李安	高州府吳川縣	貢生	八年（1803）	由三墩港劫橫山墟。貢生李安率鄉勇追捕。安鋪鄉勇半途追攻，殺賊二十餘人，生擒二十餘人。	《（光緒）高州府志》，卷 49，紀述二，事紀，頁四十一，見《中國地方志輯》第 36 冊，廣東府縣志輯》，上海：上海書店，2003 年，第 730 頁。
何博文、鄺光美、潘香薰、何鳳儀		貢生（何博文）、職員（潘）、監生（何鳳儀）	嘉慶八年（1803）	七月，烏石二寇欽州，進結尾港之。貢生何博文、鄺光美、職員潘香薰、監生何鳳儀等率鄉勇禦於那底村，殺賊數十、奪賊艘五。官民合力卻之。	《（民國）方城縣志初稿》（二），第十四章，紀事，頁九十六，見《廣東歷代方志集成》第 12 冊，廣州：嶺南美術出版社，2007 年，第 823 頁。
彭昭麟	四川雙流	香山縣知縣	九、十四年（1804、1809）	嘉慶九年，海氛漸熾，即今紳民於近城要地建臺柵以為守禦。	《（光緒）香山縣志》，卷 11，官績，頁二十五至二十六，見《廣東歷代方志集成》，廣州府部，第 36 冊，廣州：嶺南美術出版社，2007 年，第 259 頁。
胡鳴鸞	廣州府順德縣	進士	九、十四年（1804、1809）	嘉慶甲子，香山縣屬東海十六沙稅雜，香順者盜匪滋擾，耕多失業，鳴鸞倡建各莊公約，通計現田二十萬畝，歃抽現銀八分為守捕費。官為準行。一時獲匪數百。己巳，海寇張保闖入	《（咸豐）順德縣志》，卷 27，列傳七，國朝三，頁十六，見《廣東省地方史志辦公室輯：廣東歷代方志集成，廣州府部，2007 第 17 冊，廣州：嶺南美術出版社，2007

姓名	地域	身份	時間	事略	資料來源
				內河，復捐地建臺設炮禦之……自請備貲捕盜。洋匪既蔓延，十六沙幾為盜藪遠之。繼理約務，獲賊甚多，以功保舉遷嘉善縣事。	年，第652頁。
陳大英	廣州府新會縣	在籍侍衛	九年（1804）	九年甲子春二月二十二日，外海陳明剛剽通海洋匪掠外海，鄉守曹守仁觀望不進，在籍侍衛陳大英督鄉人捍禦至二十四日，賊始去。	《（道光）新會縣志》，卷14，事略下，第5號，《中國方志叢書》第四一，臺北：成文出版社，1967年，第410頁。
楊朝日、楊玉中、陳其昌、李良甫、李真吾、林士元	廣州府順德縣	例貢生（楊朝日）、武舉（陳其昌）、監生（林士元）	九年（1804）	洋匪初入內河，咨奇居邑下游環海六人者於得勝海旁築臺置炮，臺外海壖復為土堤數百丈，晝夜巡防，賊不敢進。	《（咸豐）順德縣志》，卷27，列傳七，國朝三，頁十七，見廣東省地方史志辦公室輯：《廣東歷代方志集成·廣州府部》第17冊，廣州：嶺南美術出版社，2007年，第652頁。
梁思垣	雷州府遂溪縣調藝村	附生	九年（1804）	初三夜，海盜烏石二聽會匪符老洪計采兩坳調藝村。附生梁思垣因父被賊傷，憤不顧身，躬率鄉壯勇追殺至海頭港，擒戮盜賊數十餘名，餘盜帶傷奔逃，自是海頭各社無敢登岸劫村。	《（道光）遂溪縣志》，卷2，紀事，頁二十二，見《中國地方志集成·廣東府縣志輯》第39冊，上海：上海書店，2003年，第518頁。
梅樹勳	廣州府新寧縣烟筒都	不詳	十年（1805）	嘉慶乙丑、丙寅間，海氛未靖，率本方建水閘以捍寇。	《（光緒）新寧縣志》，卷20，人物傳下，頁十八，臺北：臺灣學生書局，1968年，第859頁。
盛植才	浙江慈谿	高州府電白縣知縣	十年（1805）	知縣盛植才率鄉勇禦之。（盛植才，號墨峰，浙江慈谿人。嘉慶八年，署電白縣，革除積弊，嚴治奸宄。時值洋匪猖獗，蟻集港口，欲炎水東，並掠各鄉，植才親臨海濱巡守、炮火轟發，左右請暫避。植才叱之，與博茂場大使楊興曜督率鄉勇堵禦，賊乃去。復與星曜捐奉，設立	《（道光）電白縣志》，卷13，前事紀，頁十七，見《中國方志叢書》，第115號，臺北：成文出版社，1967年，第532頁。《（光緒）重修電白縣志》，卷29，紀述五，前事紀，頁十八，見《中國地方志集成·廣東府縣志輯》第41冊，上海：上

人名	地點	年	事件	出處
			水柵、望樓數處，洋匪累泊不得登岸，邑賴之。）	海書店，2003年，第304頁。《(道光)廣東通志》，卷259，官績錄二十九，見《續修四庫全書》第674冊，史部、地理類，上海：上海古籍出版社，2002年，第406～407頁。
陳文	廣州府新會縣	十年（1805）	十年乙丑夏五月初十日，海賊李英芳劫擄良則沖新前村等處。監生陳文、香山職員林應元、黃茶業與漁戶陳敏裕、盧高發等請總督百齡給大船三十，壯勇三千為前鋒。許之。所向有功陣亡者只十九人，而殺獲無算，較府所無得力。	《(道光) 新會縣志》，卷14，事略下，頁四，見《中國方志叢書》，第5號，臺北，成文出版社，1967年影印本，第410頁。
朱爾賡額	山東歷城	十年（1805）	廣東潮州內洋，有匪船六幫，嘯張日久，又有閩匪朱濆時來窺伺。君（朱爾賡額）蒞任即周歷海壖，集村民為練勇，並商之本鎮今山東巡撫阿德安兵一千，沿海募布，嚴斷內奸接濟水米。朱濆賫糧絕改乘小艇，內犯君率兵勇接伏四次，疊挫其鋒。朱濆起柱門，走臺灣。	(清) 李桓輯《國朝耆獻類徵初編》卷213《監司九，朱爾賡額》，見《清代傳記叢刊》綜錄類7，第159冊，臺北：明文書局，1985年，第55頁。
千總羊得耀、署知縣謝最淳	潮州府澄海縣	十年（1805）	秋七月，海寇李崇玉惠來甲子所人交通群賊，恣為不法。官兵捕之急，遂入海為盜。七月二十日、潮水漲乘駛。匪船四十餘隻駛入烏達尾港，登岸劫去。汛內廢大炮一門。當經署千總羊得耀、署知縣謝最淳雇募漁船鄉勇追捕。賊匪窮蹙，遂拋溺大炮於海而逃。嘉慶乙丑（十年），海寇入樟林港，率鄉勇堵禦賊退。	《(民國) 潮州志》，大事志，清，頁三十一，見《中國地方志集成·廣東府縣志輯》第25冊，上海：上海書店，2003年，第527頁。《(嘉慶) 澄海縣志》，卷26，藝文，頁四十八，見《中國地方志集成·廣東府縣志輯》第23冊，上海：上海書店，2003年，第378頁。

姓名	府縣	身份	年份	事蹟	出處
褟玉文	廉州府防城縣	生員	十年（1805）	十二月，海盜入至防城之界排外海。生員褟玉文，尚長黃立美同率鄉民同丁，環攻海賊，槍斃五人，匄胶首級解州。	《（民國）防城縣志初稿》，第十四章，紀事，頁九十四（十二），見《廣東歷代方志集成·廉州府部（十二）》，廣州：嶺南美術出版社，2007年，第821頁。
鄭應元	廣州府香山縣	進士	十、十四年（1805、1809）	嘉慶十年，海盜闌入內地，知縣彭昭麟奉檄與紳民籌防禦。應元偕從子敏達，從兄齡邑人劉鎬輩出貲糧，相度險要，陸續建渡口、濠涌上開港口、犁頭嘴炮臺、水柵，以遏賊衝。十四年夏六月，總兵許廷桂遇賊敗，歿逃軍人。應元倡議首賑米以妥難兵，次募勇以屯海岸，邑以鎮定。未幾，應元卒。	《（光緒）廣州府志》，卷135，列傳二十四，頁五十三，見《中國地方志集成·廣東府縣志輯》第3冊，上海：上海書店，2003年，第380頁。
梁雲英	廉州府合浦縣	外委	十一年（1806）	四月，海寇張保仔、鄭益（鄭一）寇合浦。外委梁雲英率民兵擊卻之。	《（道光）廉州府志》，卷21，事紀，國朝，頁五十七，見《廣東歷代方志集成·廉州府部（三）》，廣州：嶺南美術出版社，2007年，第531頁。
龐振綱、龐必喬	廉州府合浦縣	鄉紳	十一年（1806）	十月，海寇烏石二犯西場江口。紳士龐振綱、龐必喬等鄉勇禦之。	《（道光）廉州府志》，卷21，事紀，國朝，頁五十八，見《廣東歷代方志集成·廉州府部（三）》，廣州：嶺南美術出版社，2007年，第532頁。
柏春、沈志仁、唐文才	廣州府增城縣	邑令、主簿、游擊	十四年（1809）	七月二十七日，海賊張保擾新塘。邑令柏春、主簿沈志仁、游擊唐文才率兵丁民壯禦之。是夜，寇遁去。	《（光緒）廣州府志》，卷81，前事略七，頁二十一，見《中國地方志集成·廣東府縣志輯》第2冊，上海：上海書店，2003年，第405頁。
赤花	廣州府順德縣	不詳	十四年（1809）	八月二十二日，先是賊改橫岸、林頭、乾滘諸村，鄉人預知賊至，俱不能破。至是舟泊治陳村，鄉人齊出堵禦。賊發炮傷鄉人，鄉人亦發炮應之。	《（光緒）廣州府志》，卷81，前事略七，頁二十一至二十二，第405～406頁。

姓名	籍貫/地點	身份	年代	事蹟	出處
				炮架高不能傷賊，賊率五百人逢進。鄉人戰敗，入舊墟。賊為豪所阻，不得逞，遂焚馬基頭廬舍二十餘間。翌日，賊大隊復至，鄉人戰不支。適鄉保赤花率鄉勇千餘人助戰，賊乃遁去。計斃賊數十人，鄉勇死者八人。	
楊廷卿	廉州府防城縣	鄉長	十四年（1809）	十月，海賊為石二寇防城。鄉長楊廷卿率同丁擊走之。海賊復入寇掠，騷擾各村居民。鄉長楊廷卿同心協力，督率壯勇同丁，奪賊船一隻，炮火軍械俱備，擒賊三名，賊妻一名。解州。	《（道光）廉州府志》，卷21，事紀，國朝，頁五十八，見《廣東歷代方志集成‧廉州府部（三）》，廣州：嶺南美術出版社，2007年，第532頁。
沈寶善	廣州府新會縣	知縣	十四年（1809）	（鄭一嫂、張保仔）賊轉入沿溶口，寶善衣短後衣也。督紳士軍民悉力禦之。賊不能犯，人心惟搖沙。是役也，參將孟某恇怯不出，立炮臺，設水柵。寶善獨坐筍輿，晝夜巡詢各鄉，練鄉勇，為功甚巨。	《（道光）新會縣志》，卷14，事略下，頁五，見《中國方志叢書》第5號，臺北：成文出版社，1967年影印本，第411頁。
李振鐸、楊鍔、蔡以臺	電白縣	典史、職員	十四年（1809）	五月，海寇張保闌入內地，焚劫南海、順德、新會，開平沿海村市。時電白縣李振鐸、典史楊鍔率義勇，職員蔡以臺及丁役赴援，殺賊百餘人，擊沉賊船二，賊乃退。	〔清〕盧坤、鄧廷楨主編，王宏斌等校點：《廣東海防匯覽》，卷42，事紀四，國朝二，石家莊：河北人民出版社，2009年，第1039至1040頁。
朱程萬	廣州府南海縣	貢生	十四年（1809）	嘉慶十四年夏，海寇張保闌入內河，登岸焚掠。郡縣大震。程萬協辦人陳履恒等倡守禦。選曉健築築槍炮，借桑園大圍作城垣，園外可泊舟遮蔽土臺，枕臼炮對之。設備雨葷，賊大至，幫船五百餘，被猖甚。程萬協眾紳分督鄉勇拒於南方沙口。船欲泊岸，發炮轟之。鏖戰數日，賊無隙可乘，挫銳去。由是九江數萬戶得以保全。	《（同治）南海縣志》，卷14，列傳，頁十九，見《廣東歷代方志集成‧廣州府部》第11冊，廣州：嶺南美術出版社，2007年，第622頁。

姓名	身分	籍貫	時間	事蹟	資料來源
鄭應元	進士	廣州府香山縣	十四年（1809）	夏六月，總兵許廷桂兵敗歿，逃兵驅入城奪食。應元倡議首施賑米以安難兵。次募鄉勇以屯海岸，邑以鎮定。	《（光緒）香山縣志》，卷 14，列傳，國朝，頁四十四，見《廣東歷代方志集成》第 36 冊，廣州府部，廣州：嶺南美術出版社，2007 年，第 303 頁。
霍榮基	不詳	廣州府南海縣	十四年（1809）	嘉慶己巳，海賊內竄肆掠，及瀾石，眾欲款賊以免。榮基曰：「彼利舟楫，今深入重地，取死耳。好男兒從我殺賊，奈何低首耶？」乃約近鄉集壯勇相應援。榮基督力絕人，性剛直，鄉之群不率，夙懾之，陰款賊，賊至。榮基獨率鄉勇禦賊。稍卻，次日，再奮擊賊，中炮而仆，壯丁榮汪等五人俱死焉。	《（道光）廣東通志》，卷 287，列傳二十，見《續修四庫全書》第 675 冊，史部，地理類，上海：上海古籍出版社，2002 年，第 69 頁。
霍永清	國子生	廣州府南海縣海瀾石口	十四年（1809）	嘉慶己巳，海寇竄入內河，八月十四日，賊連巨艘數十，由陳村直抵瀾石，焚掠南岸，緣南岸而進。永清命丁壯護老弱走避，獨使鐵杆率眾十人禦於村前。戰竟日，炮火相蔽空，轟碎賊艘，殲殺甚眾。賊奪氣創遁小布。小布中變，不復出。賊無後顧憂，明日或薄之。從村後掩入而縣艘以攻村前，賊來益眾，永清亟為飛炮中股，尚叱咤格鬥。永清再中炮伏，賊到。然炮，炮不發，眾驚走，賊驚走。其首，棄之而去。	《（道光）南海縣志》，卷 39，列傳八，頁四十七，見《廣東歷代方志集成》第 13 冊，廣州府部，廣州：嶺南美術出版社，2007 年，第 739 頁。
陳書	進士	廣州南海縣九江堡	十四年（1809）	嘉慶十四年，海寇張保竄內河，焚劫桀洲、甘竹等村，溯流直至九江。時人不知兵，風鶴傳聞，未戰股栗。書親督子弟，禦於桑園，開炮轟之，慶碎其尾冊，折其桅舵，賊不得泊岸。數萬家藉以無虞。僉曰此陳公保障力也。	《（同治）南海縣志》，卷 14，列傳三十九，見《廣東歷代方志集成》第 11 冊，廣州府部，2007 年，第 632 頁。

姓名	籍貫	功名	年份	事蹟	出處
陳觀光	廣州府南海黎湧鄉	舉人	十四年（1809）	嘉慶己巳，洋寇張保等竄入內河，攻劫瀾石小浦一帶。觀光居黎湧，地與順德連，特聯合鄉，招勇團防。賊不能犯。	《（同治）南海縣志》，卷15，列傳，頁十，第643頁。
謝光輔	廣州府番禺縣市橋鄉人	舉人	十四年（1809）	海賊張保為亂，掠市橋。光輔與從弟光國、騰青出貲募勇為守禦計。有訛言賊已登岸，光輔執而戮之。人心大定，乃糾率丁壯飛權出戰。擾賊目。賊遂遁道。	《（同治）番禺縣志》，卷45，列傳14，頁七，見《廣東歷代方志集成·廣州府部》第20冊，廣州：嶺南美術出版社，2007年，第564頁。
謝大韶	廣州府番禺縣	武舉	十四年（1809）	嘉慶己巳，洋盜內竄，大韶為鄉團守禦。率二十餘草艇，每艇二十餘人，號炮一聲，百樂齊發，往來如飛，賊知有備，不敢近。鄉里賴安。	同上
黃玉衡	廣州府順德縣	進士	十四年（1809）	嘉慶己巳，洋匪竄入內河，縣城戒嚴。玉衡〔丁憂〕力家居，畫策於縣東江頭嘴，築炮臺防堵。賊知有備而去。	《（咸豐）順德縣志》，卷26，列傳六，國朝一，頁十五，見廣東省地方史志辦公室輯：《廣東歷代方志集成·廣州府部》第17冊，廣州：嶺南美術出版社，2007年，第634頁。
歐陽運	廣州府順德縣江尾村	鄉薦授徒	十四年（1809）	嘉慶庚申，鄉薦授徒，多所造就。別遣頭目分掠縣西南諸義。洋匪張保撲岸，賊際泊木頭海，連偕其同裏馮以倫、何大堡、歐陽賡、胡權、黃偉禾、李應、龍偉率鄉勤，兵捨禦。賊知有備，旋去。	《（咸豐）順德縣志》，卷25，列傳五，國朝一，頁三十四，第612頁。
孫大來	廣州府順德縣	舉人	十四年（1809）	大來，癸酉舉人。先是，嘉慶己巳洋匪之擾，與其族光謙、光讀、鄉人黃河、清輩督勇扞賊保護，獨勞歐、連甦、黃長餘等九人死焉。賊旋退後，族例為培吝，就例為部郎。告養歸，令使理其鄉事，行保甲，緝盜匪。	同上，第618頁。

龍廷槐	廣州府順德縣大良人	進士	十四年（1809）	嘉慶己巳，洋匪張保連際劫內河村堡。村堡廷槐約鄉自設備，首捐募勇築壘勇東扞賊，倉卒得神廟入土著炮，竭力防堵，籌備大良公費萬金。凡濟貧養士孫苦皆賴焉。	《（咸豐）順德縣志》，卷26列傳六、國朝二、頁三十四，第641頁。
溫汝能	廣州府順德縣龍山人	舉人	十四年（1809）	嘉慶己巳，洋匪內撲。（溫汝能）方募勇請築炮，而賊已連檣數百，逼近黃連。汝能率勇救之，拒六晝夜賊退。越二日又至，圍六日。賊以防嚴去。	《（咸豐）順德縣志》，卷27列傳七、國朝三，頁四，第646頁。
陳汝楫	廣州府順德縣	庠生	十四年（1809）	時，洋匪張保因封海口突入內河，圍改黃連。黃連紳士請救於諸鄉。是時，舉人溫汝能僑居黃連磁埠，預告巨炮齒之。榍曰：「黃連客齒之鄉，不可不救。」乃挑勇壯三百訓練，試炮於龍山大岡壚。遂率之與汝能同至黃連。黃連之鄉壯及各鄉之以勇來助青壯到，咸推龍山勇壯為最勁。	同上。
吳機	廣州府順德縣	舉人	十四年（1809）	賊將至其鄉，鄉人咸主逆擊。機欲設伏邀之。議不合，避之會城。遭同鄉歐某某，謂賊經久戰而鄉人素不知兵，戰必不利，宜揀壯。分兩隊伏炮受隘。賊至伏發，賊驚駭不敢深入。後果如所料。	同上，第653頁。
陳僚采	廣州府順德縣大良人	候選知縣	十四年（1809）	己巳夏，張保鄭石氏闖入內河。僚采募鄉勇二百人隨官兵策應，聞賊所在，則親賈力往奮力邀擊。鄉多賴之。二十四日，賊圍羊額北海，為僚采敗去。	同上。
甘天球	廣州府順德縣	貢生	十四年（1809）	天球集鄉人捍禦，與生員羅汝善起書策團練，勸其族桂芳出費，傾其囊，於是首捐數百。天球出請炮於官，而約大都人協助大堡，措置粗定。八	同上。

姓名	籍貫	身分	年代	事蹟	資料來源
區有梅	廣州府順德縣	監生	十四年（1809）	月十九日，賊伺釀村前，天球選壯士伏砲偽要伺之，轟斃十餘賊，相持旬日，賊卒無可乘。九月六日，分攻西滘，有梅與其族嗣國左柵水柵以備。賊至，即開砲石，率眾迎擊。賊稍卻。十二日，賊再至，據守三晝夜，賊乃失利去。有梅等計賊必出並力來攻，乃求援於新良、鷺洲諸村。十七日，賊果添數十艘至。未遂撲岸，夜遣黨潛抵柵覘虛實。有梅出壯士，擒五人。	同上。
梁元鐸	廣州府順德縣	里紳	十四年（1809）	五月初八日，賊突至甘竹灘焚墟鋪。里紳梁元鐸率壯丁禦卻之。	同上。
楊振玉	廣州府順德縣	鄉紳	十四年（1809）	十二月，（賊）復入寇雞洲。鄉紳楊振玉等督壯勇助官兵敗之。	同上，第654頁。
吳璧	廣州府順德縣	鄉紳	十四年（1809）	己巳，團練拒洋匪，既沒。	同上，第661頁。
嚴雲會	廣州府順德縣	補縣學事	十四年（1809）	嘉慶己巳，洋匪至，力為防禦。投誠後，餘黨安插。未幾，遂有拜會之事，良民無知，多協從。雲會輒自首詣官，保之。	同上，第663頁。
蔡雲	廣州府順德縣	舉人	十四年（1809）	嘉慶己巳，海寇張保犯境，雲偕同志竭力捍禦。寇退，結社回防禦紀實也。主龍江局務。治事明察，有滋魚積匪被獲，雲辨其誣。	《（民國）順德縣志》，卷17，列傳二，頁二，見《中國方志叢書·第4號》，臺北：成文出版社，1966年，第211頁。
何松年	廣州府順德縣	商人（以商務起家）	十四年（1809）	嘉慶己巳，洋匪竄入內河，將登岸，松年與族人大勳率鄉人日夕堵禦。匪遠揚不敢近。	同上，第211~212頁。
盧呈瑞	廣州府順德縣	副將	十四年（1809）	十二月二十七日，海賊張保劫雞洲。盧呈瑞率民力戰，創之。	《（光緒）廣州府志》，卷81，前事紀略七，頁一，見《中國地方志集成·廣東府縣志輯》第2冊，上海：上海書店，2003年，第407頁。

周維登	廣州府順德縣圩涪	老農	十四年（1809）	嘉慶十四年，己巳海賊張保內擾，諸村堡各團練以禦一時。壯士先後死賊者，黃連、扶閭、陳村、雞洲、羊額皆祠祀焉，而維登最勇，死亦最烈。	《（光緒）廣州府志》，卷 133，列傳二十二，頁十一，見《中國地方志集成·廣東府縣志輯》第 3 冊，上海：上海書店，2003 年，第 344 頁。
麥康載	廣州府香山縣小欖鄉	補弟子員	十四年（1809）	嘉慶十四年，海寇逼村，東埒口築壘拒禦，復籌助公費，晨夕督理，不辭勞瘁，事竣而身退焉。	《（民國）香山縣志續編》，卷 11，列傳，頁六，見《廣東歷代方志集成·廣州府部》第 34 冊，廣州：嶺南美術出版社，2007 年，第 465 頁。
何定竈	廣州府香山縣大黃圃	武舉	十四年（1809）	九月十三日，海賊張保焚劫香山大黃圃鄉。武舉何定竈率鄉民力戰死。	《（光緒）廣州府志》，卷 81，前事略七，頁二十二，見《中國地方志集成·廣東府縣志輯》第 2 冊，上海：上海書店，2003 年，第 406 頁。
黃鳳起	廣州府香山縣	舉人		張保之亂海，鄉遷徙，胥動浮言。鳳起集鄉人，籌貲糧，備器械為禦賊，帥眾拒敵，計賊至，獲其二渠。賊怒圍厄念。每戰鳳起親歷行間，戚友為之。鳳起曰：「吾不以身先，人不克奮，且鄉井民猶冒鋒鏑，況吾科名士臣中人，不當為之耶？」禦益力境遂安。	《（光緒）廣州府志》，卷 135，列傳二十四，頁十六，見《中國地方志集成·廣東府縣志輯》第 3 冊，上海：上海書店，2003 年，第 381 頁。
梁源、楊瓊昭、孔槐織	廣州府香山縣潭洲	鄉人	十四年（1809）	張保寇潭洲。鄉人梁源與南村楊瓊昭、上村孔槐織率眾同心擊賊，鄉免於難。	《（光緒）香山縣志》，卷 22，紀事，頁三十九，見《廣東歷代方志集成·廣州府部》第 36 冊，廣州：嶺南美術出版社，2007 年，第 473 頁。
葉繼光	廣州府東莞縣到涪人	諸生	十四年（1809）	海賊張保劫涪全鄉。錫光率鄉人禦之，壯士盧全錫入人戰歿，不少挫持月餘，保受撫，始解。	《（民國）東莞縣志》，卷 70，人物略 17，國朝 7，頁三，見《廣東歷代方志集成》第 25 冊，廣州府部，廣州：嶺南美術出版社，2007 年，第 770 頁。

姓名	地點	身份	年份	事蹟	資料來源
蕭宗茂	廣州府東莞縣贏湧鄉	不詳		嘉慶間，海賊林發、張保肆掠，宗茂集鄉人拒之，賊不敢犯。	《(民國)東莞縣志》，卷70，人物略17，國朝7，頁八，第772頁。
王同春	東莞縣厚街			海賊張保亂作，募團以備鄉間，賊不敢犯。	《(民國)東莞縣志》，卷71，頁六，第779頁。
參將德興、海康知縣陳邦燮	雷州府遂溪縣		十四年（1809）	賊瞞船七十餘艘突入南港大肆焚掠。近港村莊受害甚慘。興與邦燮率兵丁鄉勇出城堵禦。	《(道光)遂溪縣志》，卷2，紀事，頁二十二，見《中國地方志集成，廣東府縣志輯》第39冊，上海：上海書店，2003年，第518頁。
陳壯才	高州府吳川縣	候銓府同知		嘉慶中，海氛猖獗，不惜多金募勇，治海堵禦。	《(光緒)吳川縣志》，卷7，人物，列傳，頁四十四，見《中國地方志集成，廣東府縣志輯》第42冊，上海：上海書店，2003年，第284頁。
陳鴻猷	惠州府歸善縣	拔貢		嘉慶間，寇張保倡亂外洋，蹂躪瀕海諸鄉。鴻猷率鄉人禦之。復言諸當道擇海港臨口，創築靖安炮臺，以扼盜出沒，海氛遂息。	《(光緒)惠州府志》，卷33，人物，政績下，頁十三，見《中國地方志集成，廣東府縣志輯》第15冊，上海：上海書店，2003年，第650頁。
李大成	廣州府新會縣	舉人（乾隆己亥鄉薦）		嘉慶中，海賊張保劫掠沿海諸村，大成率鄉人團練，卒保無虞。	《(光緒)新會鄉土志輯稿》，卷4，耆舊，國朝，頁六十八，光緒三十四年粵東編譯公司承印。
唐黃亮	廣州府新會縣	廩貢生		洋盜張保肆掠瀕海諸鄉。黃亮招丁壯，置炮火，晝夜捍禦，並請兵於縣，盜乃遁。	《(道光)新會縣志》，卷9，人物下，頁五十七至五十八，見《中國方志叢書》第5號，臺北：成文出版社，1967年，第279頁。
蓋運長	瓊州府澄邁縣	知縣	十五年三月（1810.4）	初三日，賊自東水港登岸劫掠。知縣蓋運長募鄉勇五十人，日給口糧，並請徵兵數百，水師兵百餘，親冒矢石，督兵禦敵。	《(道光)瓊州府志》，卷19上，海寇，頁十八，見《中國方志叢書》，第47號，臺北：成文出版社，1967年，第442頁。

姓名	地名	出身	年	事蹟	史料出處
何應駒	廣州番禺縣	舉人	十五年（1810）	時，海賊張保、郭婆帶為亂，肆劫村落。應駒激勵村民持戈捍禦。詣縣借大炮轟賊府、殲郭賊之父、梟好湘獻以安。賊不敢犯數人，鄉鄰以安。又於鄉南築堡牆九百餘丈，設鄉約、籌公費規條。	《（同治）番禺縣志》，卷45，列傳14，頁四，見《廣東歷代方志集成‧廣州府部》第20冊，廣州：嶺南美術出版社，2007年，第562頁。
許賡颺	廣州府番禺縣	不詳	十五年（1810）	嘉慶十五年，海盜張猖甚。大府命賡颺集紅單船數十，募水勇萬金，月散千金，自為部署，敗賊於大洋。	《（光緒）廣州府志》，卷231，列傳二十，頁二十五，見《中國地方志集成‧廣東府縣志輯》第3冊，上海：上海書店，2003年，第316頁。
陳黉	潮州府澄海縣	捐職州同	十五年（1810）	（嘉慶）庚午剿捕洋匪，沿海多被焚掠，璜復捐金為倡於南北二港，設柵築壘，募勇培禦。一邑恃以無恐。	《（嘉慶）澄海縣志》，卷19，義行，見《中國方志叢書‧第26號》，臺北：成文出版社，1967年，第208頁。

附表3　廣東洪兵起義期間諸州縣團練領導者情況表

地名	姓名	籍貫	出身	戰鬥情況	史料出處
廣州府					
南海縣	梁起鵬	城北石井社浮山鄉	國學生	適大吏欲攻擊賊北郊，求鄉導為搗巢計，聞起鵬至大喜，檄募勇為前隊。時賊已盡據各鄉，公費無所出，乃傾家貲集萬金募勇五百，以軍法勒部之，率為官兵先。	《（同治）南海縣志》，卷14，列傳二十五，頁二十五，見《廣東歷代方志集成‧廣州府部》第11冊，廣州：嶺南美術出版社，2007年，第625頁。
	崔寶	沙頭堡	道光乙酉（1825）舉人	咸豐四年，紅巾起，因寶曾充堡正捕土匪，匪相率焚其廬。寶走省垣，與江浦司屬之百滘等堡聯局，催進鄉民困於賊，部署未定，焚燒勇營，拔賊職。籌數萬金為練兵費。寶自領鄉勇數百攻沙頭，催進。	《（同治）南海縣志》，卷14，列傳二十七，頁三十七，第631頁。

姓名	堡	身分	事蹟	資料來源
林彭年	江浦司上林村	咸豐庚申（1860）進士	甲寅（咸豐四年），粵東紅巾起，數月間，蔓延廣、惠、潮、韶四府。彭年時僑居順德縣城，故鄉危被賊蹂，乃以兵法部勒團練。賊亦遠遁。時廣屬惟花縣被禍最慘。彭年督鄉勇五百名助剿。彭年謂剿賊當攻其不備，出其不意，即率隊長長驅直進，果焚其營、散其黨，賊亦遠揚。	《（同治）南海縣志》，卷14，列傳二，頁四十三，第633頁。
伍崇曜		邑廩生	咸豐四年，紅巾之亂，流劫各鄉，膏粱之族，攜妻子、齎貲財，移居走避，省垣內外，縣增萬餘家。盜賊益肆跣注际。崇曜見事危急，先自倡捐，然後向殷戶董勸，旬日內得銀十餘萬，募丁壯數千人。分屯水陸要隘。賊知有備，不敢近之，民以安堵。	《（同治）南海縣志》，卷14，列傳二，頁四十八，第637頁。
康國熹	丹桂堡	國學生	紅巾之起，各堡俱推巨匪為元帥，社學、費據書院，社學約、營謦為巢穴。丹桂等堡為土匪羅翊、張光所據，已向各股戶索詐，開堡結陣矢。國熹密約各家父老部勒子弟，不許入賊營，預為屯練地步。……故紅巾倡亂，始終與賊壘戰。惟大瀝四堡，甫為賊據，即用計退賊，舉行團練，為各堡先倡者。惟丹桂、伏隆等堡，而佈置張弛，則國熹之力為多。	《（同治）南海縣志》，卷17，列傳五，頁十一，第657頁。
潘駒雲	津堡		時紅賊起佛山，各鄉賊營俱聽其號令。欲直改省垣。惟大瀝四堡率先扞賊以固。會城潘蘺，駒以百夫長，日督勇與賊苦戰，受傷陣亡。	《（同治）南海縣志》，卷17，列傳五，頁十三，第658頁。
周謙厚、劉愛國	大欖堡	屯練長	周謙厚，大欖堡人，與劉愛國同為屯練長。咸豐四年，紅巾倡亂，以佛山為大營，成聽佛山號令。五年二月，匪率悍黨數百人攻圍大欖，	《（同治）南海縣志》，卷17，列傳五，頁十四，第659頁。

姓名	堡鄉	身份	事略	出處
梁如廷	先登堡	六品軍功頂戴	謙厚樸壯勇吳怡光、吳暉宇、朱勝君與戰、皆死之。劉受國被獲、脅之降、不屈、死。紅匪之興、聲勢浩大、先登堡當南、通近西江、恐不能自守、遂於九月舉行屯練、公推如廷職員李健林總管局務、兼為屯防長。時賊首石蘊垂涎大岡墟富實、憂欲驅直犯。如廷等督丁壯扼拒其前、賊不得逞、益大怒。五年正月、賊紉悍黨數千人、連日攻陷堡內太平、穩岡、新河、橫岡等村莊、所到焚殺。如廷等督勇鏖戰、而勇少賊多、重重圍困。知力不能敵、如廷與健林俱身受重傷、俱奮臂陷陣死。	同上。
杜殿元	沙丸堡甘蕉鄉	童生	咸豐四年、紅巾起、大吏諭各鄉團練自守、殿元即部勒村農為抗賊計。	同上。
招成熙	土爐堡	國學生	咸豐四年甲寅、紅匪倡亂、成熙於六月前早已料及、即建議招集鄰近七鄉守望相助、以禦外侮、並訪境內無賴之附逆者、欲先置之以法、以絕內應、而機事不密、七月初二日、賊起旗倡亂、即執如旗起眾。	《（同治）南海縣志》、卷17、列傳五、頁十五、第659頁。
張瑞	大瀝堡大范鄉	以軍功賞給六品頂戴	賊之起也、先結各堡無賴為爪牙。佛鎮一開營、匪黨即三五成群、驅巡司、逐汛弁、襲攙衙署及社學、揚言各鄉黨皆已歸附、以恫嚇地方官、官廳於虛聲、兵燹不敢出。……眾紳乃挺起而謀防禦、人心惶惶、尚無練之始。然賊勢浩大、逼在肘腋、人心惶懼、又深識兵機、固志。賴瑞為團長、負膽勇、有才略、為燭照數計而籌、咸豐四年七月十五日、賊攻大范、瑞率新練之勇、力遏於村外、一戰摧之、九月廿四日、賊攻大圍堡、瑞督勇救之、執旗先驅、賊炮傷其面。……五年三月初三日、賊攻破官寨甚急、瑞督	同上。

姓名	堡	身份	事蹟	出處
麥福元	金紫堡		勇隨官軍往援，戰於南門譚村，陣殺賊旗首一名，奪獲大旗一面。賊氣奪，大奔。端乘勝窮追，欲移師滅之，深入賊地。自辰至午，血戰移時，身被數創，猶振臂大呼，手刃數賊而死。紅巾之亂，以屯練鄉勇，捍衛閭閻，得記名外委。	《（同治）南海縣志》，卷17，列傳五，頁十七，第660頁。
易維磯	沙丸堡	道光己亥（1839）舉人	凡捐輸團練營建，維機為首，眾無不樂從。咸豐四年，紅巾大夥據官窖。知其大夥據於村外，炮斃黃旗賊目一名，並奪其器械。賊果走……五年，賊漸平，各堡開局清内匪。維機推各鄉公正紳士指名解辦。	《（同治）南海縣志》，卷19，列傳七，頁二十，第680頁。
馮翔	沙丸堡	道光己亥（1839）歲貢生	咸豐甲寅，紅巾起佛山。翔頭社内各鄉紳士議防守，倡為團練之說。而事未成，適有數股賊紅巾抹頭過村外者，莫之敢攖。翔命子弟擠得溺之江中。由是合十鄉紳士為一小團，再合五十三鄉紳士為一大團，力遏北路官窖之賊……遂戰，鄉勇時賊大營駐佛山鎮及佛市鎮二處，以窺省垣，河道梗塞。隆安陷陣死，翔藉鄉人遮無幾，賊來益多。燕宗、賊勇脫，五年，賊斃潰，翔仍在局籌口糧，練壯丁，緝得逃匪，數年不解。	《（同治）南海縣志》，卷19，列傳七，頁二十一，第680頁。
呂澤臣	沙丸堡		咸豐四年之亂，匪等分布黨羽，向各鄉襄助，大抵以盧聲恫嚇，如云某鄉某鄉皆已歸附，惟某鄉近我顏行，必督兵滅之等語。及往他鄉，亦云然。以此人心懾恐，紳士無識者為之瞻落，無敢昌言屯練者。澤臣深知賊偽為糾合，斜鄰近五十三鄉，設河榮屯練總局，並按劍步行巡各村落，所至，以賊不足畏曉諭鄉民，怯懦之風為之一振。	《（同治）南海縣志》，卷21，列傳十，頁二十一，第690頁。

明之綱	九江堡	咸豐二年（1852）壬子進士	甲寅，九江會匪變起，嘯聚數千人。賊黨建議謂宦得紳士之有膽氣者為我用，否則撲殺之，則鄉人股栗，可以得逞。……之綱適值走脫，遊之羊城，會制府檄各鄉設局團練，乃與進士馮錫鏞等集資募勇回鄉剿捕。以次肅清。既復籌置常費設練勇二十餘年，境內藉以安堵。	《（宣統）南海縣志》，卷14，列傳一，頁十六。見《廣東歷代方志集成·廣州府部》第14冊，廣州：嶺南美術出版社，2007年，第357頁。
吳日升	大圃堡輿賢鄉	咸豐三年（1853）補郡學生	越年甲寅，賊匪陳開起佛山。劉顯壕官窯，日升倡辦團練，請於大吏連巨炮壅水為營，不能犯。復協同官軍，南平佛鎮，北靖官窯及蘆苞、炭步、肇慶等處，各賊望風奔竄。	《（宣統）南海縣志》，卷14，列傳一，頁三十四，第366頁。
歐陽泉、麥佩金	大瀝堡	道光朝舉人	咸豐四年六月，紅巾賊首陳開起攘佛山，覬省城，泉與佩金合四堡立團練局，籌備軍械糧糧，集鄉兵，除內匪。嚴密偵邏，使南北兩路音耗不得通，連營至官窯等處。追賊甘先、李文茂據省城大北門外，兩人統鄉兵逆與戰。追至石根竹橋，大敗之，斃其魁，斬馘百餘人。甲子，賊由豐岡、謝邊鄉渡水來攻，破之，獲炮械無算。閏七月，戊辰朔，南賊陳開率眾萬人環攻四堡，陷仇邊鄉，分掠水頭墟、鎮頭、永豐等處。兩人傳令鄉兵，四面響應。賊稍卻，乘勝追逐，逾河十餘里。陣斬三百人，溺者千計。其別犯雷邊者，復皆敗之。戊寅，援大圃、石步等鄉，獲賊百人，自是鄉兵與官軍合。十一月戊申，移兵破新全，援部岡。王子，破賊於營地莊。丁巳，援部岡。己未，援金焦。五年正月戊辰，進營黎屋岡。庚午，破官窯賊巢。賊地悉定。	《（宣統）南海縣志》，卷18，列傳五，頁一，第411頁。

姓名	堡鄉	功名	事略	出處
何聘珍	大瀝堡雅瑤鄉	咸豐三年補縣學生	越年，而紅匪肆逆，聘珍與其從兄秀春、應春激勵鄉民，簽備戰守，選壯丁，編分五旗，部以軍法，遂為大瀝四堡九十六鄉團練之倡。是時，佛山賊首陳開分黨踞大瀝汛器，遣賊數十人集雅瑤，築水閘以拒官兵，為進戰退守之計。聘珍等率鄉勇悉擒殲之，九十六鄉汛之團練殺賊自此役始。自是賊不敢再犯，大瀝汛旋亦遁去，而九十六鄉之勇名聲遂震一時。雅瑤附城最近，恃為城西保障，故省中官吏富戶恒助軍貲焉。聘珍前後赴援各鄉，大小數十戰，所向皆捷。其斬獲最多者，莫如水頭墟一役，直搗中堅，賊由佛山進踞大瀝，取道梯墨堡各鄉，官軍北至水頭墟殺賊無算，是時，各鄉勇並集，隨又攻破石橋頭賊巢，遂成破竹之勢。而佛山老巢卒底於平。	《（宣統）南海縣志》，卷18，列傳五，頁二，第412頁。
冼鳳詔	佛山堡	以府考第一補郡學生	咸豐四年十一月二十二日凌晨，先濟諸路軍同時並進。（陳開）開逆遁，佛山告平。佛山堡屬之鳳詔，時沙口以北，平正橋以南，餘匪尚數百股，鳳詔集土著各族，團攻賊，斬獲尤多，賊棄大沮。佛山同倡設二十四鋪，為黃蕭養犯逆時防守籌法。鳳詔建議，勻其地置團局十六所，於是境內瀕內為一氣，奸究削跡。鳳詔以汾水鋪戶焚毀數千家，協同官軍以次除道，按界至畫街段，置棚以守，居民得還舊故墟。逾年，北路肅清，罷興，口不言功。	《（宣統）南海縣志》，卷18，列傳五，頁三，第413頁。
梁應珽	佛山堡	候選布政司經歷	咸豐四年六月，紅巾匪首陳開開踞佛山。先是，應珽募鄉勇，會武弁孔繼芳營督帶，會官軍不戰而潰，鄉…	《（宣統）南海縣志》，卷20，列傳七，頁十八，第433頁。佛山市

姓名	籍貫/職銜	事略	資料來源
		勇遂散。至是大府撤珉應匯招募復鄉勇，乃與鄉紳王福康、李應棠等集資募千人。仍今繼堯統帶。十一月，眦陷落七十二街，灰燼彌望。應珉謂官兵乘勢進兵，遂會諸軍，以佛勇當前敵，嗹瓦礫而入。陳開開道，遂復佛山。	圖書館整理，冼寶乾編輯：《民國佛山忠義鄉志》（校注本）下冊，卷14，人物志六，義行，長沙：嶽麓書社，2017年，第680頁。
謝效莊	咸豐四年任佛山同知	陳開日率悍黨，遁大瀝四堡，遂為聲援，勢張甚。效莊既籌省，日與鄉紳之在城者謀規復，舉人冼佐邦捐資募勇，號南順營，進窺佛山，稟請效莊管帶。	佛山市圖書館整理，冼寶乾編輯：《民國佛山忠義鄉志》（校注本）上冊，卷12，職官志，第500頁。
冼佐邦	羅格鄉舉人	冼佐邦捐資募勇，自成一軍，號南順營。省城解圍，以所部劃歸府謝效莊進兵收復佛山。事平，鄉人至今德之。善後事皆倚以辦。	佛山市圖書館整理，冼寶乾編輯：《民國佛山忠義鄉志》（校注本）上冊，卷14，列傳，職官志，2017年，第650頁。
吳乃煌	祖籍新會 軍功敘六品，賞戴藍翎，尋以大挑二等，授肇慶府建縣儒學教諭，後升江西鉛山縣知縣。	咸豐甲寅紅匪亂，倡辦團練保甲，募勇協官軍平之。境內獲安。軍功敘六品，賞戴藍翎，尋以大挑二等……時滿洲瑞麟督聞其能，札委帶佣回籍，辦理團防總局事務。一持以正。不受請託，人無間言，俸滿保升知縣。	佛山市圖書館整理，冼寶乾編輯：《民國佛山忠義鄉志》（校注本）下冊，卷14，人物志六，官跡，第654～655頁。
孔繼堯	佛山小橄欖鄉 有武學人投效軍營，屢膺著戰績，歷保至參將。	咸豐甲寅，紅匪陳開之亂，鎮紳募勇辦團，舉為統帶。時陳逆肆毒敷千家，沈觀察棖暉由省督隊來佛，遂克復，曾同捕剿。賊窮鼠，吉辦理善後，資深得力，闔鎮肅清。大府論功表獎，賞戴花翎，加副將銜。	佛山市圖書館整理，冼寶乾編輯：《民國佛山忠義鄉志》（校注本）下冊，卷14，人物志六，武略，第669～670頁。

姓名	籍貫	功名	事略	資料來源
王福康	黃鼎司浪沙海鄉	道光二十七年（1847）丁未貢膀生，拔貢登賢書，納粟為郎中，在京供職。	會匪起佛山。福康適假，旋大吏知其才，委辦黃鼎、佛山一帶團練，地方賴安。事平，奏保選用道加按察使銜，賞戴花翎。	佛山市圖書館整理、冼寶乾編輯：《民國佛山忠義鄉志》（校注本）下冊，卷14，人物志六，義行，第677頁。
梁應棠	佛山堡，應琨兄		咸豐甲寅，紅匪陳開跟跡佛山，應棠避跡佛山，札委募勇平亂，派道員沈棣輝督帥，應棠首捐萬金充糧，軍務遂平。賊平，肇慶餘寇，四鄉皆倚為聲援。	佛山市圖書館整理、冼寶乾編輯：《民國佛山忠義鄉志》（校注本）下冊，卷14，人物志六，義行，第679頁。
呂陳謨、梁蓉瑛	沙丸堡	呂陳謨，道光甲辰大挑一等；授潮州大埔學教諭；梁蓉瑛舉人。	咸豐四年，紅巾擾亂，率鄉民舉行團練，焚刧鄉村，特偕梁孝廉蓉瑛，與賊血戰數次，先後衝獲數十人，賊不敢犯，桑梓賴安。	《（同治）南海縣志》，卷15，列傳頁十六，見《廣東歷代方志集成・廣州府部》第11冊，廣州：嶺南美術出版社，2007年，第646頁。
冼斌（阜邦）	羅格鄉	道光十七年（1837）丁酉舉人，辛丑進士，咸豐元年（1851）補軍機章京。	四年（1854年），疊丁內外艱，值紅巾倡亂佛山，與兄舉人佐邦毀家辦團，率南順勇千餘飼同官軍收復佛山。獨力捐飼給餉儿閱月。	《（宣統）南海縣志》，卷14，列傳一，頁一，見《廣東歷代方志集成・廣州府部》第14冊，廣州：嶺南美術出版社，2007年，第349頁。
潘斯濂	百窖堡黎村鄉	道光二十七年（1847）進士，選庶吉士，庚戌授散館編修。	紅巾賊起，奉母避省垣，大吏諭辦團練，斯濂捐五千金為倡，郡縣應之，又出資募勇五百，肅清鄉界。	《（宣統）南海縣志》，卷14，列傳一，頁十二，第355頁。

王鑑心	大通堡秀水鄉	道光十七年（1837）丁酉舉人候選教諭	咸豐四年，辦秀水局團練，規劃有方，蒙當道獎給六品頂戴。	《（宣統）南海縣志》，卷15，列傳二，頁五至六，第382～383頁。
羅熊光	羅園鄉	道光二十四年（1844）舉人	咸豐四年紅巾亂，以鄉團從謝同知往援廣西，所向克捷，復援佛山有功。	《（宣統）南海縣志》，卷15，列傳二，頁六，第383頁。
羅子森	綠潭堡紫洞鄉	道光二十六年（1846）舉人	紅匪肇事，子森創鄉團，集捐款，勞怨不辭。	《（宣統）南海縣志》，卷15，列傳二，頁六，第383頁。
梁葆訓	恩洲堡	道光二十六年（1846）舉人	咸豐四年，紅匪蜂起，大吏委辦鄉團，飭鄉奇紬葆訓與諸父謀捐公產萬金濟軍食，號召石井、懷清同風，恩洲四鄉丁壯千人，悉力防堵，為省垣屏蔽。	《（宣統）南海縣志》，卷15，列傳二，頁七，第383頁。
李宗岱	佛山堡	道光二十九年（1849）副貢	四年以團練練鄉衛賊功，同保知縣。	《（宣統）南海縣志》，卷15，列傳二，頁八，第384頁。
陳作猷、何子權、龐榮、孔廣心	疊滘堡	陳作猷，道光二十九年（1849）舉人；何子權，道光二十四年（1844）舉人；龐榮，咸豐六年（1856）舉人；孔廣心，國學生	咸豐四年，會匪起，與鄉紳何子權、龐榮、孔廣心等募練辦團防，率鄉勇禦賊，幾及於痛剿，捕獲解辦辦淨盡，闔堡賴安。	《（宣統）南海縣志》，卷15，列傳二，頁九，第384頁。

縣	姓名	科名	事蹟	資料來源
	黃敏祐	神安司平地堡人	道光二十四年(1844)舉人	咸豐甲寅，紅巾煽亂，在堡內舉辦鄉團，聯同鄉局合力防堵，鄉間賴安。	《(宣統)南海縣志》，卷15，列傳二，頁十一，第385頁。
	馮湘	礪溪堡	道光二十六年(1846)舉人	咸豐四年，紅巾亂作，馮湘創辦礪溪局，與同人局聯絡籌堵，賊不敢犯。	《(宣統)南海縣志》，卷15，列傳二，頁十一，第385頁。
	劉炳藜	三江司厚村	同治元年(1862)舉人	咸豐甲寅之亂創彰善局，約黃常達、謝秀文等辦團，率子姪華芳、谷芳會同管帶東莞勇陳光先為官兵先導。賊乃力散。	《(宣統)南海縣志》，卷15，列傳二，頁十二，第386頁。
	呂廷煒	大沖鄉	同治元年(1862)舉人	咸豐四年紅巾賊起，廷煒集鄉團嚴防捍禦。賊慶躪伺、輒挫其鋒、卒不得逞。鄉黨免難，居其鄉也。	《(宣統)南海縣志》，卷15，列傳二，頁十三，第387頁。
	招汝鴻	洛洲堡洛洲鄉	同治六年(1868)舉人	咸豐四年、紅巾亂起、舉辦鄉團，閭里賴安。光緒九年、法夷啟釁、土匪煽動、成鴻曕集紳士掌辦七堡團練總局，用邊亂萌。十六年、提督方耀正紳任事、公舉正紳任事、設保安命清鄉、關通上下、首舉成鴻駐辦。	《(宣統)南海縣志》，卷15，列傳二，頁十七，第388頁。
番禺縣	陸殿邦	穗石	嘉慶二十三年(1818)舉人、道光六年(1826)大挑二等借補吳川縣訓導。	咸豐四年，紅匪之亂，殿邦首倡議，與贊善同苦瑤設邦同平賊。	《(同治)番禺縣志》，卷47，列傳十六、頁十、見《廣東歷代方志集成，南海府部》第20冊，廣州：嶺南美術出版社，2007年，第581頁。

何若瑤	大石鄉	道光辛丑（1841）進士，戊申（1848）補授右春坊右贊善。	咸豐甲寅，紅匪亂起，變起倉卒，若瑤鄉居，若瑤鄉居，幾微服走省城……若瑤乃與二品銜梁綸樞請於制府，開局城西，籌餉募勇以為之招。於集是沙灣，茭塘兩屬土紳稍稍出力集謀定，遂同官軍進攻……各鄉義民聞之，群起相應，不三日而神頭，猛浪諸賊，一律蕩平，新造諸賊一律蕩平。	《（同治）番禺縣志》，卷48，列傳十七，頁五，第585頁。
何壯猷	沙灣人	道光癸卯（1843）舉人	甲寅乙卯間，紅匪滋擾，劫掠村莊，人心洶洶，幾無固志。壯猷集眾團練，外防內靖，鄉里賴以安堵。鄉北諸村遂安。	《（同治）番禺縣志》，卷48，列傳十七，頁九，第587頁。
馮贊平	華坑人		咸豐之甲寅，紅匪攻犯省城，村愚畏懼城勢，多附之者。贊平約束子弟，不入其黨。番禺縣承汪以增賊勢稍衰，贊平復糾鄉鄰倡建公平局，首舉義旗，後各局踵起。城以義集一門四字表之，與官兵應。	《（同治）番禺縣志》，卷48，列傳十七，頁十四，第589頁。
李福泰	山東濟寧州	道光二十四年（1844）進士，以知縣分發廣東，歷署廣東潮陽、番禺、饒平三縣事。	咸豐四年夏杪，會匪復四起：西則陳開踞佛山鎮，北則甘先踞佛嶺市，南則陳光潭、陳顯良踞沙灣，覘視省垣，窺伺省城。惟東南鹿步一路，可通其他向有土匪。甘、陳諸逆喉之相應，遂成合圍之勢，先有爭水互鬥案，旋息。旋哄者廿年，福泰親至其鄉，開誠勸導，為之理處，民皆寵鬥感激，咸思效命。至是，乃設局於城外東山寺，曉以大義，僉曰：「如公約，一鄉通賊，眾鄉擊之。」以舉人馬汝泉主其事，期於每月朔望會集，以臨官民之氣，人心大定。賊志悉甚，屯大隊於南海神廟，均為鄉團擊走，東道不便，轉輸相繼，卒得成功。	《（民國）番禺縣志》卷14，官師志二，官績，頁十，見廣東省地方史志辦公室輯：《廣東歷代方志集成·廣州府部》第21冊，廣州：嶺南美術出版社，2007年，第259頁。

姓名	籍貫	功名	事蹟	資料來源
梁綸樞	番禺縣黃埔		咸豐元年，粵西賊起，綸樞奉大府檄，設局籌捐軍餉。三年，復辦團練……不逾月，（太平天國髮逆）發坡於東莞、順德、新會、南海、佛山四處屯聚，而番禺兩新造一帶，尤為猖獗。是時，賊時蔓延，沙灣則何傳汾、鍾村則李阿繼、沙瀝勇則陳顯良。又有賊股村之不通以萬數。又有賊艘數千餘艘往來河面，省城東道為之不通。綸樞乃與賀阿賀若瑤請干制府，開局募勇，於是沙灣、菱塘兩司紳土稍稍出集。五年正月，遂率團勇隨同官軍進剿，遣勇直人大滘軍之市頭，扼其中樞、陳頭、虛湧諸賊遂平。復與諸紳定議，移局南村、新虛、安集善良，搜捕餘匪。墾戰數日夜，以總沙，裝兩司書院。改局為賣南書院之事。	同上，第1337～1338頁。
李光廷	番禺縣石門鄉	咸豐二年（1852）進士	咸豐三年，假歸。時，長髮賊方據金陵、粵中群盜四起，光廷居鄉，議籌款團練，保衛鄉黨，賊遂大熾。神頭為巢穴，賊首陳顯良以干金購光廷，光廷走省城。城北賊方攻城急，官軍不暇顧鄉落、鄉紳在城中設局、謀募勇剿新造諸匪。得光廷至，皆大喜。咸就謀策，光廷慮岡尾為新造後路，賊敗必退據、岡尾將受蹂躪，乃請直人岡尾自率勇為一隊。四年正月，乘賊敗，直人岡尾擊之，賊果潰退、光廷遂駐岡尾，捕餘孽，撫良善，眾復推主沙滘局事。	同上，第1338頁。
曾麟書	番禺縣龍岡		咸豐四年，發匪亂起，在東路者據乹塘圩、北路者據燕岡，東至蕭岡，西至蕭瑤、據佛嶺市。佛嶺市聚眾十餘萬、屯聚無隙地、省城戒嚴。時李中丞福泰為番禺令、總兵衛佐邦為新會營都司。至佛嶺壯丁剿賊、麟書請設安和局，諭以團練壯丁剿賊、紳耆，各村為	同上，第1338～1339頁。

縣	姓名	籍貫	功名	事蹟	資料出處
東莞縣	華廷傑	江西崇仁	道光二十五年（1845）進士，咸豐元年東莞縣知縣	咸豐元年署邑事，四年卸篆，旋以紅匪何六陷邑城，復來署事。賊圍，離城遁，會商邑紳向仁山等舉辦鄉團，親率鄉團，抵任，追至中堂司，復邀副貢員陳銘珪辦該署團練，賊遂遠揚去，以次辦理善後，修復衙署，恩威並用，百廢俱舉。北路諸局倡，並請為先導，會同官兵進剿，扼險設伏，擒獲偽元帥，三法大司馬等，賊鋒大挫，自是節節掃蕩，北路肅清。	《（民國）東莞縣志》卷51，官續略三，見《廣東歷代方志集成．廣州府部》第25冊，廣州：嶺南美術出版社，2007年，第564頁。
	何星檢	大汾		咸豐甲寅之亂，募勇防堵，親冒矢石，好善不伐，鄉人頌之。	《（民國）東莞縣志》卷71，人物略十八，頁六，第779頁。
	張金鑑	城內	嘉慶庚申（1800）舉人，入吳川教諭	咸豐甲寅之亂，率鄉勇破賊。	同上，第781頁。
	張金臺	篁村	諸生	咸豐甲寅，紅匪陷邑城，大吏委邑令華廷傑率兵任剿。金臺集鄉丁二百人助戰於羅白洲石龍鎮。	同上，第781頁。
	何仁山		道光己酉（1849）領鄉舉第一	咸豐甲寅，紅匪亂作，親率鄉團平賊，邑獲安堵。	同上，第782～783頁。
	鄧林春	懷德	道光乙酉（1825）副貢生	咸豐甲寅，紅巾亂起，林春團練連溪。	同上，第783頁。
	蔣理祥	海南柵	咸豐壬子領鄉舉，越年成進士，選庶吉士	咸豐甲寅，粵東紅巾賊起，當道奏辦團練。賊由東江窺省城，為官軍所阻，率份百艘轉犯虎門，理祥率鄉里子弟拒之。	《（民國）東莞縣志》卷72，人物略十九，第788頁。

縣	姓名	籍貫	功名	事蹟	出處
	陳銘珪	東莞縣鳳湧		是秋，邑令華廷傑追賊至中堂圩，延辦團練，銘珪督諸鄉勤操練。地增城之仙村，銘珪維仙村，陳維岳遷避。時母及家人遷，值何六復陷增城，主事陳維岳遷避。逾月，城遂復。	《（民國）東莞縣志》卷72，人物略十九，頁八至九，第788～789頁。
	張保瑛	新基		咸豐甲寅，紅匪亂起，與弟武舉其瓚，族人金臺等率鄉勇二百人助平其亂。	《（民國）東莞縣志》卷73，列傳，頁九，第800頁。
	李文彥	塔子頭	同治庚午副貢生	時值甲寅紅匪之亂，邑城、石龍均被擾攘。文彥與吳煒等設平康社於神山，糾結百餘村倡辦鄉團，賊不敢犯。	同上，第801頁。
	袁承泰	東莞縣上元坊		清咸豐甲寅，洪楊軍起，何六、袁玉山等附逆，聚黨數千人，蠔踞東嶽廟，鄉人震駭。承泰慨捐貲倡立護安社，率鄉中義勇剝乃攻賊，賊目戰日走。承泰親冒矢石，追至石龍紅廟，始與官兵遇，卒給州同銜。是時，何六等雖走，崔村遍地、商旅裹足。承泰乃捐廉三十六鄉，立祥和社，訓練團勇，為防禦計。捐廉為團辦費，與諸社紳某請縣憲。以為經常費。數年團練經費得以敷用，出入鉤稽、親為籌畫。綜毫不苟，餘積儲萬餘金，以備不虞。實為開辦費。抽收出入船隻貨賃，權設置卡於峽口。	《茶山鄉志》卷4，清人物，頁七十二，見《中國地方志集成·鄉鎮志專輯》第32冊，上海：上海書店，2003年，第407頁。
增城縣	陳維岳	增城縣橋頭鄉人	咸豐壬子（1852）進士	會匪謝亞記果糾黨數百，劫汀塘村，維岳知勢將燎原，乃將合慶牛、賢梅及龍門之廟梓，永清等六都，設團練為禦賊計……時賊鋒銳甚，四處擄掠，無敢扛者。維岳忠義奮發，與諸生潘格、職員尹承先及各都團紳等裹創再起，並招集農勇數千、曉以大義，皆願以死戰。……閏七月，賊復傾巢	《增城縣志》卷20，人物三，列傳，頁三十一至三十三，見《廣東歷代方志集成·廣州府部》第33冊，廣州：嶺南美術出版社，2007年，第379～380頁。

姓名	籍貫	出身	事蹟	出處
			出，繞道蒲橋頭村。時，我軍先設伏，兩翼夾擊，各都壯勇奮前，河上之役，勇氣瀾厲，自辰至午，呼聲動天地。無不以一當百，賊不支，遂潰。連日賊敗於將村、廖村，又敗賊於西門、北門，賊奔回西山老巢。各勇乘勝爭先，立將縣城克服，敘功，加維岳知府銜，以直隸州先用，賞戴花翎，各獎敘有差。先是平日久，人不知兵，自維岳倡辦鄉團，兵威大振。凡縣屬之沙村，紅花地等處，龍眉埔、石灘、東西洲、證果、派潭、高灘、福和、仙村以及龍門麻榨、永清等圩勇堵剿，其被賊竄擾及有土匪竊發者，迭經維岳派勇堵剿。境賴以安。	
潘榕	增城縣瀾溪	邑附生	值咸豐甲寅，紅匪陷縣城，橋頭、白湖各鄉相繼被擾。時賊勢方張，團紳陳維岳稍進其鋒、念瀾溪在萬山中，賊蹤未到，此地可暫棲，乃偕尹承元等乘夜入瀾溪至榕家，榕悉心籌畫，聚合六都鄉團歃血同盟，力圖兌捷。僧明崇在證果圩豎旗糾眾，附者甚夥，人心惶惶，變在旦夕。榕偵知，趣率鄉團疾馳至，殺賊數人，立擒明崇斬之，搜出從逆姓名冊數本，同事欲呈之官，榕念脅從皆無知、不允，執付火，以安反側。人心大定。	同上，第1362～1363頁。
蕭月恒	增城縣塘頭	道光己亥舉於鄉	咸豐四年，縣城失陷，賊踞四鄉。在籍刑部主事陳維岳募集上六都義勇扼守增江上游，月恒亦招練鄉團、塔禦東莞石龍東南半壁，為增江下游保障，軍聲大振，縣城藉以收復。旋以陳維岳義辦善後，削平餘匪，總督葉名琛上其功，以知縣歸部選用。	同上，第1363頁。

人名	籍貫	功名／出身	事蹟	出處
尹承先	增城縣白湖		在籍刑部主事陳維岳倡議討賊，初孤立募助，念素與承先家先厚，夜即其家與謀。……即首助千金為倡借維岳入大瀾溪，與生員潘榕等舉辦鄉團，聯絡六都紳士，推維岳統帶，各率鄉會於證果。訂盟歃血，力圖克服，助餉者亦源源不絕。維岳之得以成功，多承先維持力也。事聞，獎軍功六品，並戴藍翎。	同上，第1364頁。
何天珍	增城縣上都享子岡		咸豐四年，紅匪肆擾，天珍預集鄉團圍數百食，日給以聞警即防救援。值匪犯上都鄭村約，曾躬冒矢石，相與鄰紳吳大邦所率團勇分途截擊，斬匪甚多。旋由陳維岳函約會同收復縣城，論功，獎六品銜。	同上，第1365頁。
吳大邦	增城縣隔水龍	道光庚子（1840）恩科武舉	咸豐四年，紅匪之亂，大邦與在籍刑部主事陳維岳各率其鄉團練互為聲援。聞七月初三日，匪首何六派其黨葉亞胡、黎亞魁率千餘匪劫◇困塘村，督帶團丁，號召鄰眾，身為前驅，與匪劇戰。至上田心地方，斃賊千數，乘勢收復縣城，獲獎軍功六品。隨與陳維岳賴聖揚等在縣治設立總局，籌辦善後。	同上，第1365頁。
花縣 宋崇謙	花縣	咸豐壬子（1852）進士、欽點刑部主事，捐升郎中。	咸豐五年，邑內烽煙四起，回籍團練有功，克服縣城，誘拿偽帥任亞喧喧。	《（民國）花縣志》卷3、建置志，頁六至七，見廣東省地方史志辦公室輯：《廣東歷代方志集成·廣州府部》第47冊，廣州：嶺南美術出版社，2007年，第303～304頁。
清遠縣 程兆桂	山西渾源州	咸豐二年（1852）任清遠縣知縣	咸豐五年三月，率鄉勇復城。六年四月，賊首練四苦（虎）統黨由廣寧鼠三坑、太平市、兆桂請撫調揚馺照、馮元亮、黃大榮三營兵勇剿賊，並諭附近約紳耆督勇防守。十月，逆勢漸弱。十一月，賊勢漸衰弱。	《（光緒）清遠縣志》卷9、官績，頁十一，見《中國方志叢書》第54號，臺北：文海出版社，1967年，第117頁。

縣	姓名	地點	功名	事蹟	出處
	郭鍾熙		道光辛巳（1821）舉人，挑選合浦訓導，州合浦訓導，兼署欽州學正。	首陳金缸統賊眾數萬，由濱江出，與練四苦合，遂圍城，兆桂飲藥死。道光二十九年（1849年），土賊胡黃毛五、周華樓等，清界，鍾熙倡聯咸泰約，合高田鄉各鄉捐實團練，戴藍翎。咸豐四年七月，紅賊陳金缸等陷縣城，知縣程兆桂退守濱江，鍾熙往見，圖克復。是時，捕、港、濱，回皆有團練，各約願聽鍾熙約束。五年三月，鍾熙率勇取賊敗賊，遂入城。迎程令任瑞峰書院。	《（民國）清遠縣志》卷6，先達四十至四十一，見廣東省地方史志辦公室輯：《廣東歷代方志集成，廣州府部》第44冊，廣州：嶺南美術出版社，2007年，第773～774頁。
順德縣	龍元僖	順德縣大良	咸豐壬子（咸豐二年1852）會試，教習、同考官，賞庶吉士，武會試副總裁。督辦團練，加二品銜，賞頂戴花翎。	當甲寅土匪之陷順德城也，官、紳逃匿，縣事無人主持，元僖在省即聯合諸紳謀規復。乙卯三月，收復縣城，元僖先奉兩院諮請其辦順德團練，以經費艱窘，即在省局認捐銀一十萬兩以為之倡。反返里開局，眾情踴躍，集有鉅款，蕭清匪黨，購船、置械、募勇，籍以禦勇、官軍。	《（民國）順德縣志》，卷18，列傳「龍元僖傳」，頁二至三，見《中國方志叢書，華南地方，第4號》，臺北：成文出版社，1966年，第223～224頁。
	賴子猷	順德縣龍山	道光庚戌（1850）進士，內閣中書。	咸豐三年，回籍。次年，土寇陷縣城。又次年，收復。邑設團練總局，龍元僖督辦局務。子猷與羅家勤、羅澤芳、何大璋、麥奮揚、林澤芳、馮冠賢、吳昭良、龍驤、陳松、潘恂、袁秉彝、黎織遠、何鎊等先後奉憲委會辦局務。	同上。

縣	姓名	籍貫	出身	事略	資料來源
新會縣	陳應聘	山東濰縣	道光癸巳科（1833）進士。咸豐二年新會縣知縣。	四年五月，紅匪何六踞東莞、省會騷動、鄰縣順德、鶴山相繼陷。本營參將衛佐邦以幹勇備奉大府檄援省。武進士梁英忠謀舉人何珛、立詣縣乞措五千金，應聘慨然允諾。廉知珛尚士、負文武才，開岡州團練局，無鉅細悉委主之。親延諸紳、許德元、舒德柏、優加禮遇、光、陳殿蘭、何定章、布置間諜、軍械積聚、旬日畢舉、賊首必攻東門、應聘手劍呼炮、頭其渠敵、每戰必風、弓矢滿垣壘、無晴晦督昏曉、值雷電雨風、點滴從帽檐溜注、列若亞旅、賊不卻、不即下、時苦戰將閱月、餉竭窮樵絕、殆賞彬解鄉兵至、平時亂、削平時亂、群凶授首、無漏網者。	《（同治）新會縣志續》（一），卷 6，列傳臣跡，頁二，清同治九年（1870）新會縣學局刊本。曾城大新街英隆印務局印。《（同治）新會縣志續》卷 6，列傳，見廣東省文史研究館、中山大學歷史系編：《廣東洪兵起義史料》（下），廣東人民出版社，1996年，第 1391 頁。
	何珛	新會城內		咸豐四年賊起，珛與邑令陳應聘議鄉團練，張榜募勇。	《（光緒）廣州府志》，卷 34，列傳 23，頁二十四，見《中國地方志集成·廣東府縣志輯 3》，上海書店出版社，2003年，第 373 頁。
香山縣	邱才穎	福建光澤縣	道光戊子（1828）舉人，咸豐任香山縣知縣。	咸豐四年二月，調香山。甫五月，紅賊踞起，才穎召紳士設公局，修守備，延董事者食於公。遇有警，自早至暮坐局區處，董事有憂起者，至家趣之。鄉民沾警者，皆親見扞循之。	《（光緒）香山縣志》卷 12，宦績，頁三十七，見《廣東歷代方志集成》第 36 冊，廣州府部：嶺南美術出版社，2007年，第 260 頁。
	林德泉	大湧安堂	道光辛巳（1821）舉人	四年，以軍事奉檄回粵、會匪事起，督辦團練，德泉與有力焉。	《（光緒）香山縣志》卷 15，列傳三，國朝，頁三十，第 321 頁。
	林謙	大車鄉	道光戊子（1828）舉人	西粵賊起，蔓延東省。謙知其必及我也，先期為備。於是分東鄉為六局，督鄉團、察游匪、設總局於邑城之東，策實糧，預應援。	《（光緒）香山縣志》卷 15，列傳三，國朝，頁三十二，第 322 頁。

姓名	籍貫	功名	事跡	出處
鄭達鴻	城內，世居濠頭鄉	廩貢生	三合會匪起，東鄉附近多為所惑。達鴻聞之，詣濠頭邀族人飲，曉以大義，皆感泣，遂失於祠廟，倡義拒賊。時林孝廉瑞小聯絡大車鄉各鄉互為犄角，賊勢遂弛。	同上，第323頁。
劉鏡清	山谿角		甲寅，會匪之亂倡立除暴安良法行於鄉。甲寅會匪復起，與楊維岳、蕭武義、鄭瑞蘭、林福康連鄉築戰守，堵橫欄海，使鄉人刈西海晚稻。小艇群賊遂以乏食。	同上。
黃毓俊	黃梁都荔枝山鄉	附貢生	咸豐四年，紅賊竊發，黃梁都幾十有奇，眾為賊所惑。毓俊乃集諸鄉，議成團練，立約法，幾成浩數。有倡亂者共治之。互相應援。	《（光緒）香山縣志》卷15，列傳三，國朝，頁三十六，第324頁。
楊懷安	潭洲南村	由監生捐州同銜	咸豐甲寅，賊起，鄉人舉為堡正，司團練。十二月二十日，順德東義賊攻潭洲嶺東村，懷安與生員馮錫洪、練目簡才超率鄉勇赴援，男婦偕出。賊眾數百，望見牛山似遍樹旗幟，遂驚遁，追獲其大船一、小船二。	《（光緒）香山縣志》卷16，列傳四，國朝，頁三十六，第331頁。
劉元貞	東門	咸豐元年（1851）舉人	咸豐甲寅，紅賊攻邑城，上聞，張家邊、象角、濠湧等處有警，元貞躬督戰，曉以大義，聞者感奮。洗瓊開兇復港口，元貞出實稿之。	《（光緒）香山縣志》卷15，列傳，國朝，頁三十六。見《廣東歷代方志集成·廣州府部》第36冊，廣州：嶺南美術出版社，2007年，第324頁。
何贊清		附貢生	咸豐四年，紅賊四起，邑中戒嚴。時曾望額由閩潘罷官里居，奉召入都，特舉林孝廉謙及贊清綜理防務。贊清乃與知縣邱才穎議團練、修砲臺水柵、捐金為倡。	同上，第325頁。
鄭迺康	邑東濠頭鄉		癸丑，大車鄉林孝廉謙倡辦東鄉團練，互相守望，迺康竭力贊成。	同上，第325頁。

縣	姓名	籍貫	功名	事蹟	資料來源
新寧縣	楊德懿	陝西武功	進士，署邑令	德懿遣武弁同鄉勇防守荻海，及荻海被陷，退守臺家山。是時，各鄉起勇赴援，另選擇黃、李二姓之勇入城守護。匪人旋破謝等鄉，至八月，大潦，匪乘間進攻臺家山炮臺。德懿復督鄉勇力戰，匪見不利，解纜即逃，其餘匪不及回船者，盡浮水淹斃，奪獲旗幟礮械無算。匪自是不敢深入。	《（光緒）新寧縣志》，卷18，列傳，臺北：臺灣學生書局，1968年，第786頁。
韶州府					
翁源縣	陳德詮	福建人	進士，咸豐年間知翁源縣縣間選任英德縣知縣。	四年閏七月，紅匪李黃保等擁眾數萬圍城。德詮督率紳民登陴堅守，歷廿十餘晝夜，備極辛勞。時眠用秉耒稈設南門，環架雲梯，勢架甚危急，督軍用炮轟之，賊稍卻。	《（同治）韶州府志》，卷29，官績錄，國朝，頁二十四，見《中國地方志集成·廣東府縣志輯》第8冊，上海：上海書店，2003年，第605頁。
英德縣	陶人傑	江西新城	咸豐三年（1853），任洸口司，選任英德縣知縣。	四年，紅匪陷英德，人傑匿深山，密集團勇為復城計。五年四月，臬司沈棣暉統兵來剿，抵瀧陽峽，徼任英德縣。人傑率鄉團迎之，整爾甲兵、繕城郭、民廬撫流亡、謀保聚，次第規復。匪棄城遁。越旬，市肆。	《（同治）韶州府志》，卷29，官績錄，國朝，頁二十八，第607頁。
	鄧增榮	門洞潭頭		咸豐匪亂，以和議非計，獨主戰，倡辦團練籌戰備，賊至皆卻之。賊眾數萬，謀圍纏城，屯太平圩欲先劫潭頭，約別股匪從小坑至，上下夾攻，增榮率眾迎戰，殲賊無算，以數百鄉團挫數萬方張之寇，嗣是不敢再犯。時各鄉盡受蹂躪，潭勇之名震遠邇。	《（民國）英德縣續志》，卷10，列傳，人物，頁九至十，見《中國地方志集成·廣東府縣志輯》第12冊，上海：上海書店，2003年，第622頁。
	羅廷桂、羅遠山	黃寨金造	羅遠山應童試，補佾生	咸豐八年，紅匪歷境，連營四十里，廷桂率長子遠山等堅壁清野，築寨於村之後崗，鑄巨炮，遠山自捐家資，編練戎備甚嚴。……時匪陷邑城，克復之，獲獎九品職銜，尋遣散團勇，會合鄉團，毀家結餉勞軍者……遠山乃聯絡清遠濱江圍勇歸。	《（民國）清遠縣志》，卷3，縣紀年下，頁二十七，見廣東省地方史志辦公室輯：《廣東歷代方志集成·廣州府部》第43冊，廣州：嶺南美術出版社，2007年，第283頁。《（民

縣	姓名	籍貫	履歷	事蹟	出處
				四十八堡，設英清聯防局大岡圩，以備後援。賊益恨之，伏伺於路。	國）英德縣續志》，卷10，列傳，人物，頁十四，見《中國地方志集成‧廣東府縣志輯》第12冊，上海：上海書店，2003年，第624頁。
乳源縣	何瑞齡	香山小欖	道光甲午（道光十四年1834）舉人，任韶州乳源縣教諭。	咸豐四年，紅賊陷乳源，諸生遽去之。……六年，賊復改攻乳源，瑞齡集諸生，激以大義，捐資募勇捍衛，與縣令固守，城賴以全。	《（光緒）香山縣志》，卷15，列傳，頁十七，見《廣東歷代方志集成‧廣州府部》第36冊，廣州：嶺南美術出版社，2007年，第315頁。
曲江縣	五福	滿洲正白旗	咸豐四年（1854）春，署知曲江縣。	四月，龍嘔諸匪聚在白土、水口設廠收規，親往平之。焚其廠。匪散，遊匪於鳥石、樟樹譚等處，行團練以自衛。七月，紅匪陳矮子、梁二合英、清股匪十餘萬，圍攻郡城，集紳團，登陴分守。	《（光緒）曲江縣志》，卷13，官政書，頁四至五，見《廣東歷代方志集成‧廣州府部》第9冊，廣州：嶺南美術出版社，2007年，第189～190頁。
	許敷遠	曲江		咸豐甲寅，紅匪圍團城，知府吳昌壽設總局，出書宅為公所，籌餉募兵，慨然……勉諸紳及其子相與勠力，保守全城。	《（光緒）曲江縣志》，卷14，列傳一，官跡，頁三十七至三十八，第211頁。
	張邦俊	曲江	道光丁酉（道光十七年1837）舉人，甲辰大挑一等	值紅匪倡亂，知府吳昌壽札辦軍務，邦後與眾紳籌設團防，鞏城矢守。	同上。
	許柄章	曲江	咸豐癸丑（咸豐三年1953）大挑二等，分發湖南知縣	值紅匪倡亂，聞警與知府吳昌壽籌畫守城，設局團練。匪合圍，率街勇登陴悉力協守。	《（光緒）曲江縣志》，卷14，列傳一，儒林，頁四十三，第214頁。

地區	姓名	出身	事蹟	資料來源
曲江	鄧尚義	道光乙酉（1825）拔貢	咸豐甲寅乙卯，紅匪圍城，分陣同守，踴躍從公。	《（光緒）曲江縣志》，卷14，列傳一，義行，頁五十二，第218頁。
曲江	鍾鼎琛	道光丁酉（1837）拔貢	甲寅乙卯，紅匪圍城，集勇援護，屈從間道，截賊糧，覆賊壘，遣幹勇四面偵探。	同上，義行，第218～219頁。
曲江	楊漢輝	附貢生	甲寅，匪圍郡垣後，先設團衛鄉，捐貲助餉，深資捍禦。	同上。
曲江	侯大邦	職員	咸豐甲寅，匪攻郡垣，分團水陸捍鄉勇，隨方剿護。	同上。
樂昌縣	歐淑雲	邑庠生	咸豐四年，洪匪擾亂，昌邑奉憲團練，雲甚出力，保樂軍功六品。賊慶利韶州，督帶鄉勇防堵南鄉臨隘數月，賊不敢近。十一月初九日，賊大至，眾寡不敵，勇潰。	《（同治）樂昌縣志》，卷9，人物志，義勇，頁二十四，見《中國方志叢書》，第184號，臺北：成文出版社，1967年，第132頁。
	李英琪	邑庠生	咸豐四年，洪匪擾亂，統領鄉壯防堵於留村壩於。十一月初九，賊黑夜潛行，黎明突至。兵勇與戰不利，遂驚潰。被賊遁至丙瓜地，受傷而斃。	同上，第132～133頁。
	張先佐	監生	賊由邑竄九峰山，突至倮下，佐與弟土發率鄉勇於三峰山，賊眾不敵，鄉勇斃者四十餘人，土發手殺數賊，水死焉，佐被執，脅之弗從，徑自刎死。	同上，第133頁。
連州陽山縣　留賢堂	黃丙熙		咸豐年間亂，倡築將軍山寨，鄉民賴以保障。嗣率鄉勇隨統帶康國器剿藍山賊，丙熙單騎入山招降賊將未潤，用為鄉導，大兵繼之，擒賊首樑柱於黑岩，以功賞六品頂戴。同治二年，復與陳星曹率鄉兵從征三山，擒匪首鄧二尺七，英，陽一方匪患遂平。	《陽山縣志》，卷11，列傳，頁十六，見《中國方志叢書》，華南地方，第189號，臺北：成文出版社，1973年，第502頁。
杜步	陳慶九		鑒發匪亂，自練鄉團，備戰守，咸豐四年，率鄉團敗清遠賊麥大毒星於冷飯坑，覆敗陳隊懿等於掛榜山，斬賊帥溫堂……十年，花賊陷縣城。是冬，賊遠賊……	同上，第505頁。《陽山縣志》卷11，列傳，「黃丙熙傳」，見廣東省文史研究館，中山大學歷史系編：《廣東

清代廣東團練研究（1804～1911）

府	姓名	籍貫	身份／功名	事蹟	資料來源
				旗賊大至、蜂屯杜步市鄉。慶九會邱時庸率鄉團奮擊，救出廣寧，開建等縣柱積年被擒，而鄉勇亦多陣亡。藍山匪首樑柱積年歸省，康國器、吳光亮率軍到剿，分駐水口、杜步。慶九贏計、率鄉團馳堵英德幼仔村，斷賊上竄。	洪兵起義史料》（下），廣東人民出版社，1996年，第1462～1463頁。
惠州府	陳嘉禮	江寧	以軍功保舉任龍川縣	咸豐四年冬，紅匪十餘萬由河源竄至，嘉禮集城中義民，並募潮勇三百，率以登陴，不歸首歸署，多設方略，賊來慶卻之。句餘炮朋十餘丈。賊適回巢造飯，嘉禮督民夫堵築，頃刻完固。賊知不可犯，潛遁去。	《（光緒）惠州府志》卷30，人物，名宦下，頁十五，見《中國地方志集成·廣東府縣志輯》第15冊，上海：上海書店，2003年，第603頁。
歸善縣	何慶齡	順天宛平	以軍功保升知縣	咸豐四年，蒞任歸善，甫數月，紅巾寇起，逆首翟火姑豎旗，三棟鄉許李先，羅亞添李後繼先，焚劫村莊無虛日。時，提軍督師韶關，慶齡知營弁不足，即激勵紳民行保甲，講團練。	《（光緒）惠州府志》卷30，人物，名宦下，頁十一，第601頁。
	楊光蓁	歸善縣	捐職從九	咸豐甲寅年之亂，團結鄉民自衛。	《（光緒）惠州府志》，卷36，人物，忠義，頁十，第676頁。
博羅縣	陳鈺		監生	咸豐四年九月，翟火姑改楊村，監生陳鈺督鄉團抗禦，敗死。	《（民國）博羅縣志》，前事三，見廣東省文史研究館，中山大學歷史系編：《廣東洪兵起義史料》（下），廣東人民出版社，1996年，第1488頁。
	陳壽期		生員	咸豐四年十一月朔，翟火姑破高雲亮等兵，攻入縣城，清典史蕭道元、武生韓昌簪戰死，知縣謝玉漢逃。七日，生員陳廷傑以舟師攻火姑於南門外，仰攻城。東莞知縣華廷傑以舟師攻火姑於中炮死，而壽期以中炮死，莞師以石龍告警，上、殼繫甚眾，亦殼退，火姑據城大案。	同上。

府	縣	姓名	地點	功名	事蹟	出處
		高雲宠			先是，附賊九鄉以塱頭蘇養才煽動，潛與火姑通訊。至十一月前，火姑前鋒至萬人攻城，（知縣謝）王漢走山西園。火姑前鋒至白石，團練高雲完等阻擊敵數小時，九鄉團兵突起，雲完腹背受敵，戰死。	同上。
	陸豐縣	陳理中	邑城		咸豐甲寅，賊寇蜂起。嗣合股約攻陸豐。加以土匪勾引，勢危甚。理中商諸邑令，集邑中股戶團練鄉勇，極力防禦。	《（民國）陸豐縣志》、藝文志、附陸豐鄉土志《陳理中之濟公難》，見《廣東歷代方志集成．惠州府部》第13冊，廣州：嶺南美術出版社，2007年，第335～336頁。
	和平縣	陳以莊		太學生	與林姓世居水西，皆為巨族。咸豐甲寅之亂，練勇守禦。七年，郡守海廷琛剿龍川賊，駐兵岩下。以莊奉命董理，拿解巨匪，送著勞績。初，賊之為亂也，陳、林二姓為自衛計，陳築土堡二，林築土堡三，相為犄角。九年，賊竄和平，先攻莊堡，莊子弟人人奮算，炮斃賊無算，是夜，復攻四面圍改。十九日，莊堡改，餘四堡亦相繼陷。計殉難者一千四百有奇。	《（民國）和平縣志》、卷16、人物志、頁十二，見《中國地方志集成．廣東府縣志輯》第18冊，上海：上海書店出版社，2003年，第205頁。
潮州府	龍川縣	鄧煥琛	龍川	諸生	咸豐五年，土寇倡亂，煥琛團練鄉兵，擊賊於黃石，戰敗，死之。	《（光緒）惠州府志》、卷36、人物、忠義、頁十二，見《中國地方志集成．廣東府縣志輯》第15冊，上海：上海書店出版社，2003年，第677頁。
	澄海縣	譚路	南海縣沙頭堡	道光十四年（1834）舉人	咸豐四年，紅巾之亂，澄海衛有硯及之勢。惠潮道曹履泰知略有膽氣，又慮澄令老難獨任，即札路襄辦城守事，路乃助今勸捐輸，起團練守備完而賊至，即部署兵民分埰而守，日夜不時巡	《（同治）南海縣志》、卷15、列傳三，見《廣東歷代方志集成．廣州府部》第11冊，廣州：嶺南美術出版社，2007年，第646頁。

縣	姓名	籍貫/地點	出身	事蹟	資料來源
海陽縣	林成名		監生	察之，計城圍六十日，攻城廿八次，無日不在行間。民見老帥奮勇，愈感激，戰必捷，捷則歡聲雷動。疲氣沮，遂退。咸豐甲寅之亂，劉財寶弓賊踞東津，圍攻郡城，城中糧食將盡。適意溪鍾英才引官軍入鄉剿辦，與東津眦連，成名乘機率城中團勇渡韓江助剿。時上岸歃行而東，賊伏叢莽中，伺其過前，突起截殺。成名督團勇力戰，見勢不利，自投韓江死之。	《光緒）海陽縣志》，卷40，列傳9，頁十，見《中國方志叢書，第64號》，臺北：成文出版社，1967年，第408頁。
大埔縣	饒訪廉	城西	道光十四年（1834）授例為教諭	咸豐三年，漳州失守，地眦潮疆，潮守吳均諭設局團練。訪廉捐金六百，募勇防守。四年，土寇嘯聚青溪，合邑惶懼。訪廉聚諸呂辛李，共捐米百石，又捐金壯登障，而自給米每人一升。卒護城黨正法。二百有奇。三日，卒獲賊黨正法。	《民國）大埔縣志》，卷二十四，人物，頁四，見《中國地方志集成，廣東府縣志輯》，第22冊，上海：上海書店出版社，2003年，第458頁。
	張彥三			四年，吳忠恕擾潮州屬，土賊翕然謀併發。太守吳彥三重其事。均飭設團防局，維新甲土民推彥三董其事。內外嚴。	《民國）大埔縣志》，卷二十五，人物志，頁十九，第474頁。
豐順縣	吳光祖	新陂鄉	由監生加授衛千總	咸豐四年，寇匪逼境，驚擾人心。光祖抱志亟請亟知縣教翊臣諭飭各鄉紳士設局，籌捐義勇，團防堵禦。距匪擾大田鄉，光祖自捐千金，鼓率團勇，遂得殲厥巨魁，餘孽珍滅，地方賴以安全。	《光緒）豐順縣志》，卷6，孝義，頁十八，見《中國方志叢書，第114號》，臺北：成文出版社，1974年，第679頁。
	楊新	紫荊洞		咸豐四年甲寅，土匪逼城，設局團防，鄉里安堵。	同上，第680頁。
	朱肯堂	留東深村	捐職州同	咸豐四年甲寅，土匪滋擾，奉憲辦團，自捐粟五百餘石，又捐軍餉四千兩，以資防堵。	同上，第681頁。
	楊容初	水頭洋	恩貢生	咸豐四年，土匪寇警，在局籌防出力。	同上，第682頁。
	張文山	雙螺口	歲貢	咸豐四年，土匪逼境，山在局督辦團防，朝夕勞頓。	同上，第684頁。

羅星	藍田上陽柵仔鄉	附生	咸豐六年，吳忠恕侵犯潮郡，星督辦團防，招集義勇，命次子武生揚陣統率赴郡紮其橋鄉，與賊接戰，陣斬賊徒甚多。	同上，第697～698頁。
杜亦彬	留隍蓮塘	例貢	咸豐四年，土匪古聲揚滋擾。彬設局團防，捐金助兵費。	同上，第698頁。
劉鴻俊	藍田彭城鄉	監生	咸豐四年，土冠擾亂。俊督鄉壯團練堵剿有功。	同上，第699頁。
譚敬承	大田社	舉人	咸豐四年，居廬遭土匪焚均，貲產蕩空。敬承志不少挫，復招集團勇剿賊殲滅。	同上，第708頁。
吳濟瀛	橋背鄉人	捐授衛千總	咸豐四年土匪古聲揚倡亂，直達城濠。瀛與在局諸紳，募集義勇，合官軍防禦，擒賊殲滅之。	同上，第710頁。
李向辰	小勝鄉人	歲貢	咸豐四年，土匪蠢動，設局團防，案特安堵。	同上，第733頁。
李輔猷	小勝鄉人	附貢生	咸豐四年，土匪滋擾。留隍等處奉憲設團防，遇隘口築柵，籌捐經費，鄉里賴以安。	同上，第739頁。
李篤蕃	小勝鄉人	捐授州同	咸豐四年，土匪擾亂。籌捐鉅金，設局團防軍費。	同上，第742頁。
吳世謀	城廂人	捐授從九	咸豐四年土匪侵擾，設局團練，防守城池。	同上，第749頁。
鄭毓璠	留隍人	約正	土匪滋亂，舉為團練總。	同上，第765頁。
嘉應州 黎樹樞		庠生	（文晟）文壯烈公器其才，特舉董理團練緝捕局事。咸豐乙卯，翟火姑竄人長樂之下洋，勢甚猖獗，督帶練勇往剿。未幾，陳梯投匪復竄長樂，將圍城。炳炳督檄勇至惠州，籌劃戰守機宜。賊知有備，潛遁。庚申，賴阿岳竄陷平遠，又督勇至上猶洋，山子凹等處，相機堵禦。相機克復。縣城克復，由岸生保加同知銜。	《（光緒）嘉應州志》，卷二十三，新輯人物志，頁七十。見《中國地方志集成·廣東府縣志輯》，第20冊，上海：上海書店出版社，2003年，第426頁。

姓名	衔	事蹟	資料來源
邱元魁		咸豐初年，土匪蜂起，當事創辦鄉團，互相聯絡，以自保衛，知州文晟以元魁為團長。白渡前末阿崇、鎮平黃興，曾二刹眾百人屯踞大田寨。其地下距鬆口二十里、高山十五里、鸛鷀坑、白渡均二十里，尚未出掠。元魁號召近堡團勇往剿，烏槍中其藥桶，匪駭散，陣擒黃興、曾二等十餘名，解州分別正法。甲黃、土匪孔阿福已陷長樂，遂圍興寧，勢張甚。元魁揭而先，不設備。團勇突出殺二人，以長矛刺賊首有肉應。賊大驚潰，元魁手刃十九賊，城團勇亦起，賊首揭而先，賊大殲賊首一千零八級。計共殲賊	同上，第426～427頁。
邱星瑞	知州文晟之子	不數月，聚眾數千經泛州城及城東二十里之葵嶺，當是時，牧官之案莝至，警報日沓至。人情洶洶，適前知州文晟之長之子星瑞在州，而新募潮勇數百，方至裹城，紳重因增以鄉勇，約得千人，請公子毅然而行，二十二日，抵葵嶺，與賊勇交鋒，勝負未決，團紳李熙齡欲鳴金而誤斂之，潮勇大潰，遂破之。	同上。
吳效忠	布政司理問衔	咸豐三年，筆竹鄉土匪肆起滋擾不安，效忠倡設團練，統帶鄉丁住緝生擒匪首蘇大良等三人，送州正法。餘黨解散，鄉賴以安。	《（光緒）嘉應州志》，卷二十三、新輯人物志，頁七十二，第427頁。
古榮光		咸豐三年，州屬土匪滋擾，為太平堡團長，扼要堵塔。四年長樂土匪陷城，督率局勇隨同官兵克復。	同上。
梁光熙	咸豐辛亥（1851）舉人	咸豐初年群盜毛起，各處設局辦團，光熙自為白土堡局長，籌款儲糧，簡器諳練勇，不數月而畢。	同上，第432頁。

府	縣	姓名	籍貫	出身	事蹟	資料來源
肇慶府	高要縣	黃慶萱	江蘇	大興籍進士，以同知今高要。	咸豐四年，土匪竊發。七月，賊擾肇慶府城，慶萱走岩前間道至水坑，樹纛徵鄉兵，為復城計。十月，率勇攻賊，擒斬首何炳、礮之。明年四月，都司黃斌率師會剿，賊復首會剿。賊逆首何炳道，慶萱首入城撫綏，籌辦善後。禁革補平陋規，大府奏慶萱以鄉勇殲賊萬餘，自用兵以來，各鄉團練從無如此齊心協力，深明大義者，由其秉得民心、愛戴出於至誠，故慶有成效可覘。	《（民國）高要縣志》，卷15，職官篇。見《中國方志叢書》，第174號，臺北：成文出版社，1974年，第706～707頁。
		陸光瑤	腰岡村	國學生	咸豐甲寅，紅巾倡亂，未隆土匪遍樹紅旗帷，腰岡人不入會。土匪視為仇敵，日來打單，恣其騷擾。光瑤集鄉人籌辦團練，發布章程：年滿十六者皆當鄉勇，毋得逃避。先自捐銀六百兩，栗千餘為之倡。由是殷富皆踴躍捐輸，以備糧購械。其同鄉武生蔡榮章、監生藍菁祖、梁廷樞等協助之。指揮鄉勇，人皆用命。匪來改村，與戰三晝夜，匪不支而退。後腰岡創建平康書院，光瑤與有力焉。	《（民國）高要縣志》，卷18，人物篇、列傳二、清二五，第1000頁。
		何其英	鵪鶄坑村	郡庠生	咸豐四年，紅匪伍百吉告陷郡城，英聯合銀江、金山、馬安各都為十部團練，與知縣黃慶萱密約復城。十月十三日，親率團勇數千，至妃塘咀，與伍百吉鏖戰，兵敗，被重創，旬日而歿。	同上，第1001頁。
		張遠昌	祿步馬瀝村		咸豐四年七月，土匪伍百吉攻陷郡城，知縣黃慶萱出走，間道至祿步之堋口村，匿民家，知遠昌可用，且富有積粟，可資以集事，遂至馬瀝見之，因與密謀討賊。遠昌令群子勞會集勇數百，自備軍糧屯義勇建營，擇地申明約束，以資號召。	同上。

	姓名	地點	身分	事蹟	出處
	譚有光	墨江鄉	邑武生	咸豐四年，紅巾賊起，禁子弟毋得燒香從逆，賊至則率丁壯禦之。復聯合鄰約，規設團練，互相救助，村境獲安。旋賊目區壽等率眾至，有光督練鄉勇與賊戰，初戰小利，無何鄰村賊黨響應，制陣陣後，進退維谷，為賊所殲，母弟翰廷亦不同死，族子弟殉難者十餘人。	同上，第1003頁。
開平縣	彭慶雲	雲南舉	開平知縣	紅匪陷城，松柏司巡檢莊岳松，遣人間道赴省告變，大府檄慶雲馳往，相機剿討。……慶雲從之，遂督團勇數百，先搗三江賊巢，殲其渠，賊皆膽落，軍威大振，各鄉團來會，整隊伍攻城，城遂復。	《(民國)開平縣志》，卷30，官績略，頁六，見《中國地方志集成．廣東府縣志輯》，第34冊，上海：上海書店出版社，2003年，第514頁。
	關培鈞（原名江洋）	陀（馬狀）	道光甲午（1834）鄉薦任湖南新化縣知縣	咸豐甲寅，紅匪亂起，勢狂熾，乃倡聯保之議，松柏一屬，賴以安堵。	《(民國)開平縣志》卷33，人物，頁十七，第535頁。
	司徒沅	龍口裏	歲貢生	咸豐四年，紅匪起，奸民聚眾拜會。沅與鄰維城倡辦松柏屬二十四姓鄉團，陰使團丁有膽略者，向匪黨偵察，得其舉動以報，旋其偵知城者將內變，密請松柏司巡檢用嚙書達省史，速委知縣臨境，即檄彭慶雲復任。沅選各屬鄉團三百餘人，星夜會於長沙塘，匪聞風遁去，知縣彭慶雲遂入城。	同上，第537頁。
四會縣	高藹仁	石獅鋪倉岡坊	邑庠生	庚申之役，發匪陳金缸、練四虎、周豆皮春等大股來犯縣境，奉署縣張作謀辦團練，縣城被圍後，督率鄉勇，輿賊戰於上茅鋪、黃岡，賊眾勇夥，遺敗被執，罵賊不輟，遂遇害。	《(光緒)四會縣志》，編七上，人物志，頁十四，見《中國地方志集成．廣東府縣志輯》，第49冊，上海：上海書店出版社，2003年，第367頁。

	李輔清	上茅鋪	從九品職銜	庚申之亂，奉署縣張作諮諭，團練鄉勇守禦。	同上，第368頁。
	黃士英	村美鋪		庚申之亂，奉署縣張公諭公辦團練。	同上，第370頁。
	程功森	廣寧	監生	文宗咸豐初，紅匪起，任廣寧督帶鄉勇，曾摘獲練四虎先鋒李耀觀一名，隨同都司鍾文采，攻散妙村賊，廣寧縣朱旬稟報，蒙賞七品頂。	同上。
	鄒國清	下觀鋪	邑廩生	邑自文宗咸豐四年甲寅，紅匪叠城，收復後，各處餘匪未靖，鄰邑連年侵犯，鄉人患之。六年丙辰，國清具稟督葉總督葉名深，遂聯鄰鄉近各鋪，開辦泰團練局，送摘著名積匪三十餘名，並逆首李浩，送官懲辦，鄉人獲安。	《光緒》四會縣志，編七下，列傳，頁一百零四，第456頁。
羅定州 德慶州	吳贊誠	安徽廬江	拔貢生，咸豐七年(1857)由永安署理州事。	時紅匪陷潯、梧，賊舟西下，不時繹騷，州經躁躪，猖攝未復。贊誠至，則外募堵擊，內起鄉團，設烽燎於大旗山，民恃無恐。督諸團剿谷村賊徐朝達等數之。	《光緒》德慶州志，卷9，職官志，頁二十一，見《中國方志叢書》第163號，臺北：成文出版社，1967年，第768頁。
	何英奇	內裪人	道光己酉(1849)貢生	城既復，吏籌辦善後事宜孔急切，推英奇為練長。	《光緒》德慶州志，卷11，列傳，頁二十五，第918~919頁。
	歐統傑	悅城播植墟		咸豐五年二月，督鄉團隨知州吳楨復州城。	《光緒》德慶州志，卷11，列傳，頁二十五，第920頁。
	梁濟	悅城九龍	附貢生	四年，紅匪之亂，潛身團練為保守。	同上，第925頁。
	李致祥	羅陽人	監生	咸豐初，寇滋四起，愚民多煽動，乃集鄉鄰為四約，日夜籌策；及州城陷，起練勇復之。時，鄰邑紅匪數千據旺埠村，因傳各約赴援，據險擊之，殺賊千餘。	同上，第925頁。

		籍貫	恩貢生	事蹟	資料來源
西寧縣	咸勳		恩貢生	咸豐七年，賊復擾州城。知州吳贊誠檄辦民團，勳竭力聯諸鄉為助，賊鼠走。	同上，第930頁。
	徐良梅		進士，咸豐二年（1852）知縣事。	初到任，即隸修城，勸諭紳民團練鄉勇為保衛計。越甲寅，佛山逆匪延起。七月，連擾肇、羅。有匪首陳瀚洸與西匪竊發，勾引土匪向城端、羅、良等為內應，糾黨數千溥縣竊。危如累卵，良梅傲首擒端匪羅子萬一名，調團練至萬餘眾，殺賊無算。生擒首匪羅子萬一名，復城始安。餘匪潰散。首匪何城端混名瓦荷包者，聚黨數千，分據十三、十四、十五都各鄉堡，負嵎肆虐，所過村落為墟。良梅以匪眾為害，慶向鄉封請援，乃調集桂河、七堡、都城各局紳練，協同官兵分隊，大攻匪巢。至十二月，各鄉村遂以次光復。	《（民國）西寧縣志》，卷19，職官二，頁十一，見《中國地方志集成‧廣東府縣志輯》第51冊，上海：上海書店，2003年，第170頁。
	羅瀚隆	江西	咸豐七年（1857）以名翰林署任縣事。	時，紅巾賊自廣西下，先踞攻梧城，旋陷梧城，艇匪軸艫相接，順流而東，濱江郡邑盡為賊踞，而邑城危如累卵。瀚隆至，即闢邑有七堡、十四都，峽上、排阜諸勇足任事，乃與近城諸紳，募敢死之士，經血戰數月，賊乃遁。八年五月，提督昆壽統舟師西剿，先屯兵於都城，立瀚隆七堡，峽上練勇，至五千餘眾。乃檄瀚隆大集鄉練，擁護舟師以進。瀚隆奉命，立都城、七堡、峽上練勇，至五千餘眾。	同上。
	郝有金	甘肅皋蘭	吏員，初，有金以練習軍務代理德慶州。	同治元年六月，督諸團越境進剿封川，開建賊巢，皆有聲。	同上。
	樂羽階		邑增生，候選訓導。	羽階目覩四鄰群盜滿山，以乃縣城羅子萬、都城何瓦荷包等，亦招黨起旗倡亂，各鄉人心驚然，城端即混名瓦荷包，都城人心驚然，皆被逼脅。乃召眾會議，毅然與堡紳蘇榮登	同上，第1624頁。

廖履貞	都城	邑廩生	等聯絡各村，倡設七堡團防局，誓掃妖氛。是年七月，奉徐邑宰諭，援縣城。閏七月，援剿都城。八、九月，連救橋亭，練社、石臺各鄉村。十月，援剿修泰鄉。十一月，攻克桂河，復剿平都城二十四鄉，所至團練皆獲勝狀。	同上。	
		邑廩生	咸豐甲寅之亂，土匪何城端混號瓦荷包結黨橫行，嘯集都城。時，七堡團練勇悍，賊切齒圖陷者屢矣。履貞陰知其謀，弗敢泄也。是年七月，七堡團練奉徐邑宰諭，大集鄉團剿匪。履貞先遣人密通至七堡，為內應以拒賊。無何，眾馳至。與匪激戰至六七小時，賊佯敗，別以大隊間道繞出團練後，搖旗吶喊內反攻之，團練傷死百餘人。當團練之先勝也，履貞知賊僉賊計，即冒險反攻扇，趣立銷江書院門首，揮斥團練使速退，故不至全團覆滅。然履貞竟以是及於難，時，閏七月初三日事也。		
李良圖			咸豐甲寅，亂事起，大府檄各州縣，勸諭紳民團練，鄉勇為保衛計。承平日久，民不知兵，智者呆駿，愚者蟻附，即有一二志士，亦類多築至道謀，鮮能以實力禦侮者。良圖負幹略，舉辦桂河團練，獨毅然自任。凡鈞茭糗糧之屬，刀矛戈戟之類，無不備具。無何，邑城陷，良圖即麾所練鄉勇一致登陴，先踞戎壚再陷而再復焉。七年六月，賊匪自西下，先踞戎壚，西寧危如累卵。由是沿江進逼，經血戰數月，賊候乃與諸紳募敢死之士，獨得桂為巢，羅邑候乃與諸紳募敢死之士，亦不得調，每危劇，獨得桂河團練之力，是役也。既遠，而七堡率牽於戎壚亦不得調，良圖實與有勞焉。	同上，第1624～1625頁。	

縣名	姓名	籍貫	功名	事蹟	出處
	黃乃鏞		附貢生	同治元年，西匪陷縣城，廣平賊黎十三、石磨三。石磨門竄勼黨數千。由通門鎮踞大方所過鄉村，大肆焚殺。乃鏞亟與從侄洄，捐資，請兵救援。時，兵團方敗於賊，乃命洄、波走白州憩，乞撥貴鄉勇五百名，馳至會團大攻。破賊巢，匪散，迄逾月，地方賴安。	同上，第1625頁。
	黃洞·黃波		黃洞·咸豐丁巳·同治壬戌諸役，與從弟波剿匪有功，以六品頂戴候選廣西巡檢，賞加國子監學正銜。從貢洄·波，附貢生。	當西匪竄擾大方。然躬負責任。及貴義勇馳至，協攻賊巢，連戰七晝夜，賊漸敗退。繼由大全皮走雲額嶺頂，赴通門所一帶，扼賊歸路，與賊大戰於通門嶺頂，當場殺斃百餘名，餘黨宵遁，乃散歸廣平。是役也，波與兄洄厥勞尤多。事平，奏獎軍功六品，加同知銜，賞給藍翎。	同上，第1625〜1626頁。
茂名縣	楊廷桂	縣北冷水	道光十四年（1834）舉人	咸豐辛酉陳金缸陷信宜，郡城遷徙一空。芳鈺與廷桂由鄉入城招勇守禦，城卒得完。（咸豐末年，廉州賊張阿春、李士葵犯境。廷桂謁郡守馬麗文，告以舉行團練法，合部鎮定。）	《光緒》茂名縣志》卷6，人物中，列傳，頁八十三、九十二，見《中國方志叢書》第65號》，臺北：成文出版社，1967年，第247、251頁。
	黃東雲	縣東上坑	道光十七年（1837）丁酉舉人	咸豐四年，賊匪所在蜂起，護巡道伊稼延邑人，設局郡城，別釐弊端，土飽馬騰，隨營剿辦，算無無遺策，歷殲巨寇。	同上，第251頁。
	莫超宗	縣東儲良坡		咸豐間地方不靖。超宗則練勇募勇，所費不下萬金，衛鄉里焉。	同上，第253頁。

	蔡振文	齊東街	邑生員	咸豐十一年二月，陳金缸陷信宜。時賈勇攎掠，郡城幾不守矣。倉卒募勇，餉無所出，振文罄所積錢為倡。	同上，第253頁。
	邱懋勳	縣西論道	監生	咸豐三年八月，西匪謝八自化州竄擾縣西境。知縣胡寶賢督兵勇剿禦，懋勳率練勇，從十四日狹與賊戰遇於村心之小岡，陷陣而死。	同上，第253頁。
化州	李鴻文			同治甲子，信宜陳逆就撫，進二土匪木漱四、猶孜焉思逞。州牧張欽泰舉鴻與郭遇昌創辦該處團練。鴻議收練穀，得千餘石，寄各殷戶，置旗礮軍械。區進二為十五練，各練丁壯百名。	《（民國）化州志》，卷9，人物志，列傳，頁三十五至三十六，見《中國方志叢書，第65號》，臺北：成文出版社，1967年，第1040～1041頁。
廉州府					
欽縣	廖達章	高州茂名人		七年十一月十三夜，城陷。達章聞警，以兵少糧絀，擬撥隊回欽，咨圖恢復。道經那隆，局董謝振邦廖超欽扳留駐辦，並力任餉需，乃回三坡竹棨營，集諭各練，集團合圍。八年正月，攻克沙井頭、燕子嶺、香爐嶺、鳳門嶺。賊之外壘盡書。達章即防團練，伐木震城豎柵圍困之。斷賊出入接濟，日上燕子嶺親燃大礮，俯矙入城。二月初三日，為賊飛彈所中，醫稍差。十四日，扶傷督陣，瘡裂而卒。	《（民國）欽縣志》，卷4，人物志，頁三十八，見《廣東歷代方志集成》廉州府部》第7冊，廣州：嶺南美術出版社，2007年，第496頁。《（民國）欽縣志》，卷4，人物志，見廣東省文史研究館，中山大學歷史系編：《廣東洪兵起義史料》（下）廣東人民出版社，1996年，第1688頁。

附表4 咸豐年間廣東各州縣應對洪兵起義組建團練情況表

府縣名稱	鄉村名稱	時間	團練領導者	組建團練情況	史料出處
廣州府					
南海縣	佛山大瀝四堡	咸豐四年七月二十六日	鄉紳舉人歐陽泉、麥佩金、麥應春等	二十六日，佛山賊與陳開犯南海大瀝四堡。紳士歐陽泉、麥佩金等率鄉勇擊退之。陳開倡亂佛山，欲與城北佛嶺市諸賊合，大瀝、扶南、太平四堡適當其衝，賊不能肆。五月中，鄉紳舉人歐陽泉、麥佩金、麥應春等首倡團練，置炮械、備糧餉為守禦計。	《（光緒）廣州府志》，卷82，前事略八，頁十，見《中國地方志集成‧廣東府縣志輯》第2冊，上海：上海書店，2003年，第423頁。
		咸豐四年閏七月初一日，克復縣城以後	鎮紳莫以枋、王福康、吳乃煌等	咸豐四年陳開踞佛山。事平，辦善後，始設團防局。鎮紳莫以枋、王福康、吳乃煌常川治事，分設十六局，故名總局。……自紅巾亂後，邊境孔棘，前後四年，皆臨時特設。事平，仍歸團局辦理。凡歷屆團務，以大魁堂為辦事機關。	佛山市圖書館整理，沈寶乾編輯：《民國佛山忠義鄉志》（校注本）上冊，卷3‧建置志‧團局，長沙：嶽麓書社，2017年，第113頁。
	九江鄉	咸豐四年十月	明之綱、馮錫鏞等	九江會匪之亂，勢甚猖獗。進士明之綱、馮錫鏞，時皆在籍，避居省垣，亂作，奉督撫各憲論與大同、河清共設同安團練公局捕賊，先後擒解多名。旋設分局，九江仍各分局之名，自行練勇剿捕。	《九江儒林鄉志》卷2‧輿地略，四十四，見《中國地方志集成‧鄉鎮志專輯》第31冊，上海：上海書店，2003年，第366頁。
	秀水鄉	咸豐四年	王鑑心	咸豐四年，辦秀水局團練，規劃有方，蒙當道獎給六品頂戴。	《（宣統）南海縣志》卷15‧列傳二，頁六，見《廣東歷代方志集成‧廣州府部》第14冊，廣州：嶺南美術出版社，2007年，第383頁。

縣	地名	年代	人名	事蹟	出處
	碩溪堡	咸豐四年	舉人馮湘	咸豐四年，紅巾亂作，馮湘創辦碩溪局，與同人局聯絡籌堡，賊不敢犯。	同上，第149頁。
	三江司厚村	咸豐四年	劉昞藜	咸豐甲寅之亂，創彭善局，約黃常達、謝秀文等辦團，率子姪華芳、容彬，會同管帶東莞勇陳光為官兵先導，賊乃散。	同上，第150頁。
南海縣	南海縣沙丸堡	咸豐四年	易維機	凡捐輸團練營建，維機為首。咸豐四年，紅巾大擾搆營建十一鄉為嘗仁局……因率鄉民據於村外，炮斃黃旗賊目一名，並奪其器械，賊果走。……五年，賊漸平，各堡開局清內匪，維機推各鄉公正紳士指名解辦。	《（同治）南海縣志》，卷19，列傳七，頁二十，見《廣東歷代方志集成，廣州府部》第11冊，廣州：嶺南美術出版社，2007年，第680頁。
	沙丸堡	咸豐四年	呂澤臣	咸豐四年之亂，匪等分布黨羽，向各鄉裹助。大抵以虛聲恫嚇，如云某鄉某鄉皆已歸附，惟某鄉亦云然。抗我頑行，必督兵滅之等語，及往他鄉，紳士無識者為之瞻落，無致昌言以此人心惴恐，澤臣深知賊鳥合，糾鄉近五十三鄉，設屯練總局，並按劍步行巡各村落，所至河榮屯練總局，並按劍步行巡各村落，所至賊不足畏曉諭鄉民人，怯懦之風為之一振。	《（同治）南海縣志》，卷21，列傳十，頁二十一，第690頁。
	丹桂堡	咸豐四年	康國焢	吾鄉有同人團練局者，咸豐四年，吾伯祖種芝公譚國焢，平紅匪創之，蓋地方自治之制也。局中地十餘里，三十二鄉，有人丁五萬。	《（同治）南海縣志》，卷17，列傳五，頁十一，第657頁。〔清〕康有為：《康南海自編年譜》，見蔣貴麟主編：《康南海先生遺著彙刊》第二十二冊，臺北：宏業書局，1987年，第26頁。
番禺縣	沙灣、茭塘	咸豐六年，克復縣城以後	邑紳何若瑤等	賣南書院，即沙、茭兩司總局，在茭塘屬南村守備營廢址。咸豐六年，土匪滋擾，兩司屯練協同官軍進剿。事平，紳士何若瑤等奉豐興建。五年	《（同治）番禺縣志》，卷16，建置略三，頁四十二，見《廣東歷代方志集成，廣州府部》第20冊，廣州：

地點	時間	領導	事件	資料來源
			正月二十日，沙灣、茭塘紳士於南村開局，安集良善，搜餘賊，日獲數十人解省城，就地戮之者亦不以數十計。以後各縣鄉勇解餘賊至省城狀法，日不下一二百人，盡是月乃已。	嶺南美術出版社，2007年，第183頁。
市橋鄉	咸豐三年		平康社學，在市橋蹦砂岡南。咸豐三年，合市橋、沙圩二十四鄉同建。……乙卯正月，隨沈再香觀察督師南下，飛札沙茭局，各社小箍圍，密移大、小箍圍，各社靜候官軍到日，聯團合剿。平康社以鄉兵會同各社，直抵波羅、四沙等處。	《(同治)番禺縣志》卷16，建置略三，頁四十七，第185頁。
增城縣	咸豐四年夏五月	紳士陳維岳、尹秉先等	賊何六、逆黨劉英才擾增城，紅黨數千，由福和到二龍墟劫掠韓村等處。賊何六遣帥劉英才統賊，由博羅入縣，奸民沿途蟻附，所過焚劫一空，各六都團練紳士陳維岳、尹秉先等督勇堵剿，斬獲閏七月十七日，賊何六陷增城，二十九日，增城紳士陳維岳等收復縣城。	《(光緒)廣州府志》卷82，前事略八，頁三至四，見《中國地方志集成·廣東府縣志輯》第2冊，上海：上海書店，2003年，第419～420頁。
高埔鄉	咸豐四年七月二十四日	不詳	二十四日，增城賊焚劫白湖、麥村、梅湖等處，武生尹瑞熊等遇害，沿途慘掠，所過一空，時，別隊賊劉英才、朱銷羅亦剳肆，由西福直抵小埔墟，賊始奔散。後未銷羅黨行劫劫、高埔鄉紳率眾嚚之，後未銷權擒獲正法。	同上，第422頁。
仙村	咸豐四年七月	副貢陳銘珪	初，賊何六闖圍副貢陳銘珪告變，焚其居，懸賞三千圓購之，鈴紳奉旨避地增城之仙村。華廷傑旣破賊中埔墟，遭委員召銘珪，令籌辦械具乏，諸鄉半從賊。銘珪令作伯旗。上盡係印。論各鄉百人者另一旗、練勇十人，百人以上者遞推。遵論者為良民，否則剿，每須一旗，使輸二三圓。旬	《(民國)東莞縣志》卷35，前事略七，頁六，見《中國地方志集成·廣東府縣志輯》第24冊，上海：上海書店，2003年，第383頁。

縣名	地點	時間	人物	事由	資料來源
				日間，領千餘旗，即以其費募勇置械，添設巡船。各鄉亦遵諭自衛。團練局成，搜餘匪百餘人，戮之。地方遂靖，會增城陷，紳士陳維岳邀銘往任仙村籌畫修復，銘挂牌請舉人何星樞主局事。	《（同治）新會縣志續》（二），卷10，事略，頁一，清同治九年（1870）新會縣學衙前刻本，曾城大新街英隆印務局印。《（同治）新會縣志續》卷10，事略，見廣東省文史研究館、中山大學歷史系編《廣東洪兵起義史料》下冊，廣州：廣東人民出版社，1992年，第1392～1395頁。
新會縣	縣城岡州書院	咸豐四年五月	知縣陳應聘、梁英忠、何培、何超光、陳殿蘭、何定章、張青柏、許德元等紳士	咸豐四年甲寅六月初一日戊辰，開岡州公司團練。是年五月十三日辛亥，會匪何六眛東莞之石龍、庚申攻陷東莞縣城，會營震動。乙丑，新會營參將衛佐邦奉督院調護省。知縣陳應聘深以為憂，大集邑紳團練，開岡州書院，議者仍狃平營，謂可守其文述之事。諸生陳殿蘭致書應聘，言事急，戰守議宜早定。語極愷切。會任籍江西永豐營都司梁英忠自鄉間得耗來，謂亂象已成，迎日堵禦，非勤捐召募（官、紳為倡至五百兩）因首捐三百兩，翕應聘加捐五千兩（原已捐至五百兩），張榜募勇，二十八日乙未，知縣陳應聘會營局各介紳等，為壇北較場，陳兵誓眾，七月初八日乙巳，陳松佐、呂來俊（呂萃香）糾眾江門作亂，十五日，遂圍縣城。	
	縣城西南	咸豐四年六月	紳士黃震亭等	是日，知縣陳侯發諭紳士黃震亭、李拱南、黃祥榮、黃錫祺、何汝彬、梁達吉、譚錫朋、梁平章、張雲帆、梁純祺等辦理團練事宜。	同上，第1397～1398頁。
	縣城東北	咸豐四年九月初一日	紳士唐金鑒等	九月初一日，邑之東北方紳士唐金鑒、黃駒、尹莘、盧文盛、黃鸞鏕、林潤芳、陳濟清、李乾元、李星輝、呂遇鴻、唐金華、容銑等，集議景賢書院，以防後患。諸生知縣陳應聘亟開團練局，以防後患。即書院勞勞合為局，以晨夕聚謀，各備資糧，召募壯丁。鄉皆出守江門，召募壯數百人，	同上，第1399頁。

縣	團練/社名	時間	主要人物	事蹟	資料來源
				以村堡大小為差，城廂及西南諸鄉，亦派水陸勇助守，一時水陸分布，儼成勁旅。……後數年，復購一區於舊街柳巷，創建「東北公局」，其首尾肩任實力奏效者，則黃駒、尹莘、呂遇鴻；久於從事者，林潤芳、尹蓮生、黃鸞鑣、鄧士義、唐金華，戰守三月，曾與議者，為盧文盛、李乾元、李星輝、容銃、容鏡、黎華玉，為李秀。事聞，獎敘有差。	《東莞縣志》卷35，前事略七，頁四至五，見《中國地方志集成·廣東府縣志輯》第24冊，上海：上海書店，2003年，第383頁。
清遠縣		咸豐四年六月初八日克服縣城以後	知縣華廷傑、張金鑾、何仁山諸紳	初八日，官軍收復東莞縣。大吏委華廷傑再攝縣事，初八日，廷傑帶領潮勇入城。時，兵役逃散，軍裝器械蕩然無存。廷傑就張金鑾、何仁山諸紳即四北隅社學設團練局，勸捐募勇，為捍禦計。	《茶山鄉志》卷3，事蹟略五，頁四十，見《中國地方志集成·鄉鎮志專輯》第32冊，上海：上海書店，2003年，第393頁。
茶山鄉祥和社		咸豐四年十月	鄉耆袁承泰、舉人袁起鳳等	何亞六（何六）捨茶山而去。鄉耆袁承泰、舉人袁起鳳等合結鄉團以自衛。京山卓司亦諭令各鄉開辦團練。各村亦望相自衛，以朝守望相助。仍恐獨力不支，是以合結一祥和社，以附近能相救者為準。只以由茶山，上至上、下周塘、員頭山、下至京山、西湖、峽口、凹頭、前至溫塘、良平、橫坑、兩頭塘、增步、盧邊、寒溪、水石步、後至壆頭、湧尾、南社、趙萌、龍頭等大小共三十餘鄉，認真訓練，是以辦理一戰也。社借茶山五袁祠為之。	《茶山鄉志》卷4，清人物，頁七十二，第407頁。
茶山鄉護安社		咸豐四年	袁承泰	清咸豐甲寅，洪楊軍起，何六、袁玉山等附逆，聚黨數千人，蟠踞東嶽廟、承泰懍懍，捐貲，倡立護安社，率鄉中義勇，勠力攻賊，賊日戰目走，承泰親冒矢石，追至石龍紅廟，始與官兵遇。	

地點	日期	官紳	事件	資料來源
濱江	七月二十七日	知縣程兆桂	四年秋七月，紅巾賊林六年、陳金缸、泉潤章及練四苦等作亂……陷縣城。知縣程兆桂退守濱江，鄭鑠生迎於其家。知縣程兆桂任在濱江密諭各屬紳士置軍械團練，為克服縣城之計。於是鄭鑠生置盾泰社，捕屬鄔鍾熙等設泰約、同陽等人設聯安約，謝樹然、潘文泰、謝兆蓉等設鎮安、聯益、同昇三約、黃昌祚、麥絡光等設聯和約、楊懷仁、陳汝標、雷斯煥等設聯四十八善約、濱江鄭見驚等設安全南約、陳書元、鍾顯華、迴岐郭見驚等設安全雲從三十六約、潘泉等設安水、陳嵩年、陳蓉鏡等設安全水安、德和、平安等約、陳先吉、莫廷鑾等設安全北約、林汝槐等設和約、陳傑文、吳榮基等設同人約、港江未德費、徐任光、陳鳳雲、馮儒參、黃孟章、羅象來、孫熾昌、曹貞元等設聯安、聯平、聯昇、高昇、同泰五約、為克服縣城之計。	《（光緒）廣州府志》，卷82，前事略八，頁七，見《中國地方志輯》第2冊，上海：上海書店，2003年，第421頁。《（光緒）清遠縣志》卷12，前事，頁二十三，見《中國方志叢書》，臺北：文海出版社，1967年，第169頁。
新寧縣 謝邊鄉	咸豐四年五月	知縣楊德懿、李維屏、黃榮熙、黃泰來等	咸豐四年五月，紅巾賊起。時，賊勢甚熾，知縣楊德懿諭各保練勇防守。賊揚言攻城，李姓紳士選勇一百名守西城，黃姓紳士選勇一百名守東城，自五月起至九月止。	《（光緒）新寧縣志》，卷14，事紀略下，頁十六，臺北：臺灣學生書局，1968年，第606頁。
龍門縣	閏七月二十八日	知縣喬應庚	二十八日，賊劉觀秀、高六等結龍門。知縣喬應庚鬥死之，典史楊當日被害。應庚知賊之必復來也，捐資募城內外及江西堡、水西堡壯丁入城守備。	《（光緒）廣州府志》，卷82，前事略八，頁十六，見《中國地方志集成‧廣東府縣志輯》第2冊，上海：上海書店，2003年，第426頁。

縣名	時間	人物	事件	資料來源
	冬十月初二日克服縣城以後	知縣朱爆、紳士李銓	初二日，署龍門縣知縣朱爆率同紳士李銓等收復縣城。先是，九月六日，賊見各鄉團練聚集，空城而逃，紳士李銓、謝廷顯、梁廷煇、廖重華、李柱蘭皆在省，稟請大吏委官剿捕，謝廷顯復出資募勇五百人沿途護送。至是，署縣朱爆抵縣，即擒逆首陳欣枘、王峻龍、李將等正法，並集附城紳士梁應元、陳安邦、李欣榮等酌善後事宜，分十八堡為東、南、北三局，鐵岡、上中馬鞍為西局，各募勇丁團練。	《（光緒）廣州府志》，卷82，前事略八，頁二十，第428頁。
花縣	十一月初六日	知縣張起龍	初六日，官軍收復花縣。初，賊焚毀花峰，其害甚慘。於是，紳士暗議團練，通縣設立六約互為聲援，曰花峰約、曰均和約、曰一心約、曰步雲約、曰瓣平約、曰獅峰約。至是，知縣張起龍與紳士招募壯勇一千名，由炭步移營獅嶺，並傳諭各鄉，合力剿捕，即日遂收復縣城。	同上。
	五年二月十六日	生員譚沛熙	十六日，花縣步雲局紳士率勇再復縣城。時賊陳金缸踞盧苞，蔓延至新村等處。花縣土匪糾眾數千，焚掠南浦鄉殆盡。南海監生謝文耀、花縣生員譚沛熙等，與三水貢生謝大德，同各屬團練之。	《（光緒）廣州府志》，卷82，前事略八，頁二十七，第431頁。
	三月十九日再復縣城以後		十九日，花縣知縣張起龍，率兵勇剿除境內餘賊。時，選雲鼎、大鬧隘路勇各五百名，另募北平水勇三百名，分駐炭步及附近之白泥等處，節節設防，與紳士籌辦剿捕。仍即前所立六約，改名公局，又別置河陽總局，以紳士統之。於是聯保甲、去奸徒，地方賴以稍靖。	《（光緒）廣州府志》，卷82，前事略八，頁二十八至二十九，第432頁。

地區	地點	時間	人物	事蹟	資料來源
東莞縣	虎門	十二月二十四日	局紳蔣理祥等	二十四日，賊憑馮觀鸞擾虎門，官軍擊擒之，餘黨悉平。……正月十三、十四日，局紳蔣理祥令廩生王兆麟，附生王垣、監生王斗寅、王元輔等率團勇緒剿，王斗寅發槍斃其渠帥，王義歡陣歿。官軍團勇合圍，共斃賊三百餘名。	《（光緒）廣州府志》，卷82，前事略八，頁二十六，第431頁。
順德縣		咸豐四年七月，克復縣城之後	龍元僖等	冬，督撫委剺州李令署縣事，派紳士十二人，曾余（龍元僖）籌餉，設局於省大佛寺。逾年三月，克復縣城。余（龍元僖）偕官（紳回辦善後，又訪各鄉人士，由縣札辦鄉局，分理捕務，此順德總局之緣起也。當是時，鄉氛未靖，所在設防：水則雇募紅單拖船，別造大快船一十八號，以扼海口；陸則招募大瀝堡勇四百名，以備圍捕。工程則城垣、衙署、倉庫、監獄及海面松柵炮臺、學宮，修之建之。購之薪、備炮械。事項而兀，應接不暇。	《（民國）順德縣志》，卷3，建置，頁一，見《中國方志叢書》，第4號，臺北：成文出版社，1966年，第42頁。
香山縣		咸豐四年五月	知縣邱才穎、紳士何贊清等	咸豐四年夏五月辛亥，知縣邱才穎於賊之初起也，諭筑港口，上聞，諭以造氛日迫，設分局於崇義祠，募勇、墨石炮臺，舉紳士何贊清、李鷥儀、劉元儀、黃棟樑等捐軍需，購器械，並諭城鄉各設練局，分防水陸。	《（光緒）香山縣志》，卷22，紀事，頁二十三至三十四，見《廣東歷代方志集成》，廣州府部，第36冊，廣州：嶺南美術出版社，2007年，第480頁。
韶州府					
英德縣		咸豐四年七月初	許炳章等	七月初，省匪分股來擾英德，知府吳馳回籌守城。英德陷，亟會提督、道、鎮籌兵餉，札紳士許炳章、張邦俊、許炳華、鄧掄英、邱陪珠、朱克莊等，設五街團練局，造街柵百餘座，以勇守之。傳諭城外商民，所有穀米油豆各貨，盡運入城。及兩河船貨，文武員弁巡視城內。	《（同治）韶州府志》，卷24，武備略，兵事，頁四十六，見《中國地方志集成·廣東府縣志輯》，第8冊，第480頁。上海：上海書店，2003年。

地點	時間	領導者	事略	資料來源
			牆、演放炮位、派官、紳稽查城門、遣幹勇偵探、連報賊勢差急，因檄傳江丙兵十萬來剿。賊聞信相卻。	《（同治）韶州府志》，卷24，武備略，兵事，頁五十，第482頁。
麻寨鄉	咸豐四年七月十七日	附貢蕭韓等	咸豐三年，黃峒鯉魚山賊竊發，知縣葉儁昌募勇防虜，而不知其養虎為患也。……麻寨鄉分兩局團練，附貢蕭韓、庠生楊汝成、庠生蕭超榮董之；一設西寨，增生李天培、監生葉招榮董之。添置軍火器械，無事各守山寨，有事則互相救援，旗幟俱書「慶夫人」字樣，並約之下隔之仙橋局、觀音岩局、貝村之銅鑼廟局，琅岩之岩前局相為犄角。	《（同治）韶州府志》，卷24，武備略，兵事，頁五十，第482頁。
大岡圩	咸豐七年五月	羅廷桂、羅遠山等	五月，又有由湘竄回之匪、自連、陽復犯英德、大清遠，練四苦、胡得廣等盤踞沙河。先是，英德紳士羅遠山等與清遠四十八堡聯絡辦匪。設立英清聯防局於大岡圩。	《（民國）清遠縣志》卷3，縣紀年下，頁二十七，見廣東省地方史志辦公室輯：《廣東歷代方志集成·廣州府部》第43冊·廣州，2007年·第283頁。《（民國）英德縣續志》，卷10、列傳·人物，頁十四，見《中國地方志集成·廣東府縣志輯》第12冊，上海：上海書店，2003年，第624頁。
翁源縣	咸豐四年六月	知縣陳德誣	咸豐四年六月，紅逆倡亂，勢逼翁城，城守聞風先遁，營兵潰散，知縣陳德誣集紳民，約共守，皆願效死力去，繕器械，捐軍餉，簡丁壯七百人，分守三門，派紳暑督焉。	《（同治）韶州府志》，卷24，兵備略，兵事，頁四十九，見《中國地方志集成·廣東府縣志輯》第8冊·上海：上海書店，2003年，第481頁。

縣／州	鄉	時間	人物	事件	出處
樂昌縣	九峰鄉	咸豐五年二月		咸豐五年二月，府尊吳少村差人間道給札團紳便宜行事。時，通邑皆眂賊據。惟九峰鄉團集勇二千餘人，屯營新村，約期舉事，機事不密，反爲所覆。各團先已潰散，賊乘夜夜犯營，九峰鄉勇斃二十餘命，賊之被銃擊死者亦多，仍舊盤踞。	《（同治）樂昌縣志》，卷 12，事紀志·兵燹，頁十一至十二，見《中國方志叢書·第 184 號》，臺北：成文出版社，1967 年，第 234 頁。
仁化縣	長江鄉	咸豐五年正月	鄉紳劉騰蛟等	五年乙卯正月，知縣劉福陰率長江等處鄉紳團勇數千人，初八日，來縣進剿。……二月二十六日，賊撲長江，劉福劉騰蛟等鄉團拒之。……十八日，鄉紳劉騰蛟等聯集八甲鄉團，劉世楷、劉廷英等率長江、東嶺，城口及各路練勇與賊戰於城外，連日分勇挑戰，殺賊首曾佳。	《（民國）仁化縣志》，卷 4，兵防·盜賊，頁七十三，見《中國方志叢書·華南地方·第 175 號》，臺北：成文出版社，1967 年，第 249 頁。
連州		咸豐四年四月		咸豐四年四月初二日，匪首鍾日林等糾黨復竄星市。越兩日，竄擾東坡，夏湟等處，外委黃金麟陣亡。東坡始設團練局。……十一二日，匪首鍾日林等會同梓架謝丙庭股匪，復竄星市，焚毀州判衙署。捕屬始設團練局。……九月，匪首鍾日林、黃友貴糾黨千餘。……擾星子團練塘。知州張崇慧偕督兵勇，擊敗之。復設星子團練分局。白虎局紳王慧章等生擒賊首黃亞潮，解州正法。十二日，逆首陳金缸股匪萬餘，由郴歐竄竄源洞。復設東坡團練分局。	《（同治）連州志》，卷 2，編年，頁二十三，見《中國地方志集成·廣東府縣志輯》第 14 冊，上海：上海書店，2003 年，第 612 頁。《連縣志》，卷 1，大事記·大事年表，見廣東省文史研究館·中山大學歷史系編《廣東洪兵起義史料》下冊（廣州：廣東人民出版社，1992 年），第 1454～1455 頁。
陽山縣		咸豐五年正月	知縣宮步霄	五年乙卯春正月，迎知縣宮步霄回城復任，創立三屬公局。時，宮令由清遠不雲回城，暫以考棚爲行署，創立三屬總局。公舉三屬紳耆駐局辦事，城內居民乃漸次補復。	《（民國）陽山縣志》，卷 15，事記，見《中國方志叢書·華南地方·第 189 號》，臺北：成文出版社，1973 年，第 721～722 頁。
南雄州					

地區	時間	人物	事件	資料來源
始興縣	咸豐四年閏七月初六日		閏七月初六日，李矮禿糾黨千餘，劫石下村，各鄉鳴鑼，集眾數千人與之敵。	《(民國)始興縣志》，卷16，編年，頁十三，見《中國地方志集成·廣東府縣志輯》第11冊，上海：上海書店，2003年，第347頁。
惠州府				
惠州府城	咸豐四年夏五月初五日		初五日，逆首翟火姑率眾攻惠州府城。……時知府陶煜洺，副將許保端、都司劉敬業、局紳李可琳等督率兵勇，嚴密守禦。	《(光緒)惠州府志》，卷18，郡事下，頁二十四，見《中國地方志集成·廣東府縣志輯》第15冊，上海：上海書店，2003年，第276頁。
	咸豐五年六月	保和社紳士鍾有芳、張帆，升平社紳士羅慎猷等	六月，知府海廷琛率兵由東江進剿，駐橫瀝墟。時，保和社紳士鍾有芳、張帆，升平社紳士羅慎猷等，各願招集鄉勇以助官軍。	同上，第277頁。
海豐縣	咸豐六年正月	局紳陳煥龍等	咸豐五年，翟火姑等盤踞南嶺，於六年正月初一日竄入海豐，遂於初五日首逼縣城。先是，城相清沿局紳陳煥龍、陳爾鈞等聞變，同梁令雇潮勇守禦，州同林格亦遣子生員光選省勇支援。	《(民國)海豐縣志續編》，邑事，頁三十五，見中國國家圖書館特色資源（數字方志），廣東，第107冊。《(民國)海豐縣志續編》，邑事，見廣東省文史研究館、中山大學歷史系編《廣東洪兵起義史料》下冊（廣州：廣東人民出版社，1992年），第1491～1493頁。
肇慶府				
高要縣	咸豐四年六月十二日		甲寅夏秋之交，洪逆倡亂，四方響應。七月高要新江匪起，攻陷府城。同時，縣城十陷八九，鄉村騷擾無寧日。……方六月十二逆始起事於佛鎮也，肇城皇設防、紳皇設防，商所以守禦之法。先是，鄉之東堡以居下游早設備，六月二十被賊水……	《(同治)續修高要縣志稿》，卷1，建置略·五，見中國國家圖書館特色資源（數字方志）廣東，第246冊。

地名	日期	人物	事略	資料來源
蜆岡	咸豐四年七月	李道容、李章修、懷修等人	攻，稍肆焚掠。賊去後，仍防守如故。因別出自蟠龍坊葉姓至陳姓，為沙步中西堡團練，籌劃數日甫定，稍備炮械。咸豐初，蜆岡李道容、李章修、懷修等舉辦團練，六團全局數載賴安。	《(民國)高要縣志》，卷25，舊聞篇一，紀事，頁三十五，見《中國地方志集成，廣東府縣志輯》第47冊，上海：上海書店，2003年，第396頁。
德慶州（悅城）	咸豐四年秋七月甲子		秋七月甲子，悅城鄉團擊斃賊劉六，敗之。……賊遍刮富室，劫紳士為內應，揣其肥將，勒贖金。粟，自城內外衝及金林，普康，不勝其苛毒。時，各鄉團練自衛，樹白旗為徽幟。	《(光緒)德慶州志》，卷15，舊聞志第一，紀事，頁三十，見《中國方志叢書》第163號，臺北：成文出版社，1967年，第1285頁。
陽春縣	咸豐四年七月	歲貢劉顯相等	知縣逃至三甲，時，歲貢劉顯相倡議討賊，舉人劉承輦、劉士鶴、劉士暉、劉榮輦、劉士愈、劉土暉、劉士揆等歃血誓眾復城、藍維纘、袁文益、王成功、陳大元等各招鄉勇，三甲五姓共募得二千餘人。劉土緄亦在潭水招集各堡勇丁，七月丁卯，知縣出駐潭水墟，人心粗定。	《(民國)陽春縣志》卷13，前事記，頁十四，見《中國地方志集成，廣東府縣志輯》第39冊，上海：上海書店出版社，2003年，第433頁。
陽江縣	咸豐四年五月	知縣春霖、在籍副將鍾國瑞、舉人鄧琳、廩生何基禮等	五月，佛山陳開，省北李文茂應之，旬日間，臺延詔，肇、高、廉各郡。陽江東境陳阿日、北境梁英光等亦剡剡眾拜會。知縣春霖設籌防局於文昌宮，以在籍副將鍾國瑞、舉人鄧琳、捐募練勇干名。城外十二街商廩生何基禮等董之。事平，各紳亦奉諭團防。設社約於棠大夫祠，「從公拜衛」獎敘有差。社約商眾大史獎給「各鄉舉辦團練」匾額。八年六月，各鄉團練。	《(民國)陽江縣志》，卷20，兵防志二，兵事，見《中國地方志集成，廣東府縣志輯》第40冊，上海：上海書店出版社，2003年，第377頁。

縣別	時間	知縣／官	內容	出處
四會縣	咸豐四年七月	知縣牟考祥	咸豐四年甲寅秋七月，紅匪蘇祥程躡踞縣城。匪首陳水、翁芹芳、練四虎、胡得廣、吳萬、薛高邦等相繼。署縣牟考祥令各鋪團練，各率鄉勇收復。……縣役薛開泰縣主牟考祥避居邑西南大坑中之第三四。與各紳潛圖收復。維時岡南書院大起團練、高懸賞格。而仁聚、庶富、永安三鋪即整頓團防。	《（光緒）四會縣志》、編十、雜事志、「前事」，《三鋪復城記》，頁十九至二十一，見《中國方志叢書》，第58號，臺北：成文出版社，1974年，第522～523頁。
高州府				
吳川縣	咸豐四年九月二十六日		咸豐四年甲寅秋，土匪滋亂，邑城戒嚴。……無如機泄為備、閉城大索，各鄉群起團練。……十一辛酉春二月，西賊陳金缸陷官。一卒西陷，邑城戒嚴。設防剿局、興團練。	《（光緒）吳川縣志》，卷10、事略，頁四十三至四十四，見《中國地方志集成·廣東府縣志輯》第42冊，上海：上海書店，2003年，第386頁。
廉州府				
靈山縣	咸豐四年二月	黃大業、陳洛堂	咸豐四年甲寅二月，土匪邵八（伯勞墟方人）勾引西匪李七、鄧晚搶上東、石背、檀墟等練。官軍及團練擊敗之。……上東練紳黃大業等及本軍紳陳洛堂率團擊破之，賊遂盡竄踞東岸。	《（民國）靈山縣志》，卷8、經政志、治亂考，頁一百零五，見廣東省地方史志辦公室輯《廣東歷代方志集成·廉州府部》第10冊、廣州：嶺南美術出版社，2007年，第235頁。
合浦縣	咸豐四年十月		咸豐四年甲寅冬十月，貴縣匪王阿左刹黨數千人襲扞。先是，朱阿刻股幫擾博白。官軍會剿於沙河，福旺起團在雲飛嶂相助。阿左練大股路案扞石山。風門兩處，福旺、案扞聯團協擊，八日，多所擒斬。案月全股遂滅。八年戊午，官軍改攻靈山賊，案扞不下，合浦總團局勦股富輸財助餉，兼編練五旗勇助剿，吳德芳領隊，戰數勝。	《（民國）合浦縣志》，卷5、前事志、事紀，頁十七，見《廣東歷代方志集成·廉州府部》第6冊、廣州：嶺南美術出版社，2007年，第560頁。

欽縣	咸豐七年	七年三月朔日，廣州巨匪李七大擾靈山陸屋，平吉各圩。……欽州營參將廖達章統率營兵，與欽州及合浦兩屬靈山援救……十一月十三夜，靈城失陷，以圖兇復。十一年四月，土匪蘇漢東、許柄先等率黨數百攻劫那河屯嗣村。知州陳渠、參將毓壽聞報，出兵督同那河團練，剿殺多名，餘各鳥獸散。	《(民國)欽縣志》，卷14，紀事志，頁五十二，見《廣東歷代方志集成·廣州府部》第7冊，廣州：嶺南美術出版社，2007年，第1094頁。
潮州府			
海陽縣	咸豐四年六月初四	吳忠恕豎旗倡亂，各屬賊匪俱為鄉應。……紳士邱步瓊、林恆宇、朱以鑒、饒應春，諸集眾團練，分立五社，白官、富集鄉團練，無事巡防，有事助官軍擊賊，人心稍安。	《(光緒)海陽縣志》，卷25，前事略二，頁二十一，見《中國方志叢書·第64號》，臺北：成文出版社，1967年，第256頁。
	咸豐四年閏七月二十八日	時，楓溪北相皆為賊踞，各官以西南諸鄉素強悍，恐其附賊，乃諭古巷、楓洋、鳳塘、鶴隴、長美、字中諸鄉耆，募其鄉壯鶩勇，名曰「十排」，設公所城中，以資犄攝。其城東上游河道，為踞蔡家園之賊所截，舟楫不通。官又諭紳士戴維祺，設團練於龜湖各鄉，曉以大義，約同禦賊。密外屬文書，以通內外消息。陬陶十晥黨聞釁，攻其鄉，悉由維祺擇鄉人善水者乘夜乘水夜浮渡，攻入大城，各團勇往援，共擊之。	同上，第257頁。
羅定州			
西寧縣（今郁南縣）	咸豐四年七月	七堡者，乃郁縣屬之二十五	局紳樂羽階、蘇榮登、李文階、莫貞柄、鍾	因咸豐四年七月內，各屬鄉村豎旗拜會，以致羅縣子萬，城羅向城端協，指不勝屈。惟七堡縣絡各村設立公局，堅志團練，誓掃妖氛，劃定羅	《(民國)西寧縣志》，卷26，藝文志一，《七堡團防與賊對仗簡略一卷》(七堡公局刻本存)，頁二十四

清代廣東團練研究（1804～1911）

	都平臺、石臺、羅同、練社、橋亭、興良、萬洞各堡是也。	羅珍等人	同堡要隘分四卡，興良堡要隘分五卡，平臺堡要隘分七卡，萬洞堡要隘分四卡，石堡要隘分六卡，橋亭堡要隘分四卡，練社堡要隘分四卡。總共七堡八十六村，計煙戶四千六百餘家，練丁七千五百餘名，每卡派練丁二十名，共守卡練丁七百四十名，另大隊練丁七百四十名，均每名給發口糧米一升。費用錢四十文，酌議每股戶收穀一百穀，應出谷三十穀，另加榮送錢三千文。集議停當，嚴密防堵。村就近支發，以有餘補不足。備足炮械，日夜成守，眾皆樂從。	至二十六。見《中國地方志集成·廣東府縣志輯》第 51 冊，上海：上海書店，2003 年，第 243～244 頁。
瓊州府 定安縣	咸豐四年正月二十四日		二十四日，知縣梅占元修城堞，備器械，與定民會議為守禦計。革金江市附近紳耆密招鄉勇伺其未發，出其不意，突殺市中賊匪二十餘名，賊始膽落。……正月朔日，吾邑官民一面貢歲，一面會聚丁壯堵禦，日夜哨守，數日內拿獲賊匪數人，隨剿殲之，群黨奔入西黎。	《(光緒)定安縣志》，卷 10，紀事，頁九。見《中國地方志集成·海南府縣志輯》第 5 冊，上海：上海書店，2003 年，第 435 頁。

後　記

　　我終於要畢業了！

　　2022 年的五一勞動節期間，當得知博士論文順利通過外審的時候，我知道辛辛苦苦奮鬥 5 年的博士生涯終於要有結果了。在 4 月份那個草長鶯飛的季節，當我在學校的研究生院信息管理系統上將博士論文提交外審之後，意味著可以暫時結束近段時間緊張又繁瑣的論文修改。此時的我並沒有預想中的如釋重負，相反，攻讀博士學位過程中的種種艱難以及前程之迷茫，反而更加令我思緒萬千。是否能夠寫出一份合格的博士論文成為每名博士生能否順利完成學業考核的一個重要標準。一份合格的博士論文是國內萬千博士生的共同目標，而每名博士生在寫作論文時卻有著各自不同的際遇。萬千篇博士論文，背後體現著萬千名博士生的萬千種不同的心路歷程。索性，我將自己在論文寫作之種種心路歷程在此「後記」部分一併向讀者交代。

一、入　學

　　2016 年 7 月，我在河北大學歷史學院完成了碩士階段的學習，並順利拿到考古學專業的碩士學位。儘管考古學與歷史掛鉤緊密，但我仍心向歷史，且醉心於學術，所以在碩士階段結束之後，毅然決然地選擇繼續攻讀博士學位。2016、2017 年兩年報考博士的研究方向基本上是明清史。2017 年 4 月我通過湖南師範大學歷史文化學院博士學位全國統一考試，順利考上了博士，並成為張國驥老師的學生。張國驥老師是湖南師範大學的校黨委書記，2015 年已離職轉任省委黨校校長，並提拔為省教育廳副廳長。也就是說，當我 2017 年入學之時，張老師已經沒在學校授課。這也決定了以後我們師生

交流的方式要麼是通過網上，要麼就是需要我登門拜訪請教。

2017 年的那個秋天，我經歷了博士入學之後的暫時性欣喜，隨即陷入了長時間的焦慮與困惑之中。這樣的一種心理狀態導致了我在學術研究上一度陷入一種渾渾噩噩的狀態。知道自己要在明清史這塊研究領域內做研究，但不知道該研究什麼東西，哪些東西值得去研究。考慮的更多的是想以某一研究為基點，能夠獲得一系列相關的長期後續研究，繼而擴展成以某一研究為核心的研究體系。總之，當時初入學術聖殿的我，內心交織著各種迷茫與困惑。這樣的一種迷茫與困惑經常讓我產生自我懷疑，並且促發了我另一種浮躁與焦慮情緒——想要盡快產出學術成果的心理狀態，卻在實際的學術研究中寸步不前。2017、2018 年的兩年時間，我感受到學術研究上的一種前所未有的無所適從，既無從逃避又無可奈何。

二、選　題

在確定清代廣東團練為研究對象之前，我在博一、博二階段曾嚮導師提出一些博士論文的選題，例如《明代荒政研究》、《災異與明清政治》、《雍正吏治問題研究》、《明清江防研究》、《清代礦政研究》和《明清廣東械鬥研究》等等。在我提到的這麼多個選題中，張老師認為《清代礦政研究》和《明清廣東械鬥研究》這兩個選題可以一做。於是我先後對這兩個選題搜集了一些資料和翻閱了相關一些研究著述，並在此基礎上撰寫了超過 2 萬字的研究計劃書。最後兩份凝結我多時「心血」的研究計劃書先後被導師否定了。導師認為我的論文思路和框架過於注重表面分析，缺乏進行深入分析。這樣寫出來的「論文」不能是一份合格的論文，而只是一份資料集。2018 年 10 月 26 日，我撰寫的研究計劃書仍無法令導師滿意，此時距離當年 12 月底的博士論文開題已不到兩個月的時間。

此時，我對於博士論文寫作卻有了一種更為現實的想法——模仿前人研究。而恰巧此時我剛看到崔岷教授的新著《山東「團匪」：咸同年間的團練之亂與地方主義》（2018 年 5 月出版），頓時覺得清代團練是個非常有意思的話題，可以值得深入討論。並且在讀罷此書之後，我果斷拋棄了前面「努力」已久的那兩個選題，從而決定在清代團練的研究範圍內做進一步的細化，並以此作為我的博士論文選題。崔岷老師做的是清代山東團練，於是，我聯想到我的家鄉廣東，清代廣東團練又當如何呢？想到了這裡，基本上我的博士論文選題基本確定下來。如此一來，博士論文便有了所謂的研究對象與問題意

識。隨後，我帶著崔岷老師的新著，並嚮導師表明了我的想法。在對論文構思作了一番詳盡的陳述之後，導師基本認同了我的想法，並督促我盡快撰寫開題報告。終於，在 2020 年 1 月初，我以「清代廣東團練研究」為題目撰寫了開題報告，並順利通過博士論文開題。總的來說，從一開始，我的博士論文在選題這一部分的籌備就已經是一波三折、其過程卻也峰迴路轉，有驚無險地通過開題。

三、初　稿

論文的寫作與修改就是一場跟時間賽跑的遊戲，我所要做的就是在「最後期限」到來之前必須順利通過來自導師、學院專家以及外審對博論的各項檢審核與驗。《清代廣東團練研究（1804～1911）》一文從 2019 年 3 月開始寫作，到 2022 年 5 月順利通過外審。從搜集整理與論文相關的文獻史料，到論文初稿的撰寫，再到論文的反覆修改，幾乎沒有間斷，滿打滿算已經耗費了我 3 年多的時間了。由於清代廣東團練的史料相當零散，對其搜集與整理相當有難度。光是史料的搜集與整理就已經耗費了我一年多的時間，還編訂了一份長達 600 餘頁近 60 萬字的史料長編。由於篇幅過長，我只能摘取其中與論文緊密相關的關鍵部分，以表格的形式附於「附錄部分」。

2020 年 3 月，國內的新冠疫情開始蔓延，武漢封城，國內學校延緩開學。這時候宅居反倒成為抗擊疫情的重要措施，同時客觀上也方便我的博士論文寫作。2020 年，新冠病毒肆虐全球，國內沉浸在對病毒恐慌的同時，我的家裏也正遭遇一場變故。從小奶奶對我寵愛有加，這不僅僅因為我是孫輩裏唯一的男丁，而且也因為我在孫輩中成績優異，自然而然地成為她老人家讚不絕口的對象。奶奶從小一直陪伴著我，看著我長大，護蔭著我不斷成長。有時候我常常覺得她像極村口的那棵老槐樹，想她的時候，她常常就在那裡，永遠都在，也從未曾想那樣的一棵蒼天大樹會有倒下的一天。然而，現實總是讓人猝不及防。未曾預料的那一天終於到了。2020 年 4 月，患有癌症的奶奶徹底撒手人寰。這位從小看著我長大，愛護著我的老人徹底地離我而去。奶奶生前的最大心願就想看到我成家立業，希望能夠抱上重孫。而今她老人家的這一心願仍未能實現，既是她的遺憾，也是我的慚愧。

2020 年 3 月開始博士論文的寫作，國內疫情基本穩定後，9 月份回到學校繼續我的論文寫作，到了 12 月初基本完成了論文初稿。當時的論文題目是《清代廣東團練研究（1796～1911）》，正文部分有 7 章，包括緒論、結語在

內，總共 9 個章節，498 頁、41.4 萬字。由於為了趕上年底學院安排的預答辯，所以時間非常倉促，幾乎沒有任何修改就發給導師看。這樣倉促導致的結果就是導師不滿意我的論文，認為我的論文出現太多的史料堆砌，且不注重史料分析，導致整篇論文看起來像一份史料集。於是，原本預定年底的博士論文預答辯被推遲了。但儘管如此，我還並不死心，此間我還匆匆對整篇論文進行一番修改，在 2021 年 1 月 8 日（距離 10 日預答辯的前兩日）通過郵件給導師發過去，但是導師認為文章仍需再做大幅度修改，仍舊不同意我進行預答辯。於是，我的預答辯被推遲了半年。

四、修　改

在歷經各種磕磕絆絆之後，我決定沉下心對我的論文進行大幅度的修改與調整。於是，我的論文第三稿從題目和框架相較前兩稿，都有了大幅度的改進。第三稿的題目是《19 世紀廣東的社會動亂與團練活動及官紳關係研究（1802～1911）》。當時想著就是圍繞 19 世紀廣東的團練活動、社會動亂和官紳關係幾個問題進行展開，所以就把這三個話題都放入題目當中，結果題目顯得非常冗長。而且由於論文內容中加入了其他一些話題的討論，反倒顯得有些偏離原來的主題，話題顯得有些混亂，不夠清晰。不過，第三稿的內容做了大量的刪減，原來正文部分的 7 章刪減為 5 章，字數上由初稿的 41.4 萬刪減至25.2 萬。導師用了一個月的時間仔細審閱了我的論文，並將其打印出來，就主體的論述、內容的錯漏，乃至字詞、符號、標點、注釋、參考文獻等等都詳細進行批註。在第三稿修改完成後，在結合導師提出的諸多修改意見的基礎上，我隨即開始了論文的第四次修改。

第四稿的題目是《「靖亂適所以致亂」：19 世紀廣東團練活動與官府的社會控制（1802～1911）》。與前一稿一樣，第四稿的題目也是相當冗長，但其論述的主題轉變為「清中期以後廣東地方官府如何通過興辦團練實施社會控制」。第四稿論文的正文部分增加一章「清代廣東團練的組織概況」，共有 6章，字數從第三稿的 25.2 萬增加到 31.6 萬。從初稿到第四稿的修改過程中，導師看到我對學術的認真和對學習的勤奮。儘管第四稿仍存在不少毛病，但他同意我參加 7 月中旬的預答辯，並要求我做好一切準備。

2021 年 7 月 15 日，日盼夜盼的預答辯終於到來，我以論文的第四份修改稿參加預答辯，並順利通過。許多老師對我的論文提出了很多修改意見，其中最大的問題就是「題目與內容不相符」，建議我改換題目，並對論文的架構重

新進行調整。預答辯以後，暑假期間我繼續留宿學校，結合老師們提出的意見重新對我的論文進行大幅度的改動。在經歷連續兩個月不間斷的修改之後，終於在 9 月 18 日完成論文的第五次修訂。此次的論文題目重新改為《清代廣東團練研究（1802～1911）》。相較於第四稿，第五稿的正文部分變為 5 章，但內容卻更為充實，字數由第四稿的 31.6 萬增加到 33.5 萬。19 日，以論文的第五稿提交查重，並準備以此送交外審。9 月 19 日查重結果顯示我的博論查重率只有 1.3%，意味著我的論文能夠順利進入外審環節。

五、再修改

論文的第五稿提交外審以後，意外地「卡」在外審上，沒能順利進入答辯環節。這意味著我的論文必須重新再做一番修改，然後「重走回頭路」——查重與外審。從 2021 年 9 月到 2022 年 4 月，我對論文進行了一輪又一輪的反覆修改。從論文的整體架構、文章及其各章節的標題、語言敘述、標點、注釋、參考文獻等等的反覆斟酌與修改，可以說博論的每次修改基本上就是一場「傷筋動骨」的「大手術」。修改工作之繁瑣枯燥帶來的心情煩躁亦非語言所能夠表達。2022 年 4 月我順利再次通過查重，這次結果只有 0.04%（這次結果查重系統把我一部分參考文獻標紅，事實上我的查重率應該是 0%）。查重過後便是進入最為緊張且關鍵的外審環節，此時我的博論已經修改到了第 7 稿。主要工作是圍繞第五章（正文結尾部分）論述主題的確定，從之前的地方械鬥擴大化、到辦團活動期間的官紳關係，再到清末廣東盜匪治理與地方控制問題，這三個話題的不斷切換。最後選擇清末廣東盜匪問題的治理這一話題，是因為覺得該話題更能進一步揭示清末廣東團練的發展變化。文章的主要修改工作是各章節的標題的修改及其各章節之間的銜接處理，這亦暴露出論文前期沒有打好框架「匆匆上線」的不足。這好比已經塑造好人體模型的各部分，將其拼接起來之後，卻發現十分突兀，形狀十分怪異，不像個「人」一樣。為「拼接」工作所付出的大量時間與精力，警示著我以後寫論文必須事先做好框架，畫好藍圖，再進行。

為了保證順利我的博士論文通過此次外審，導師和李傳斌老師先後提了許多修改建議。在此特別感謝導師和傳斌老師在外審之前的最後時刻幫了我一把，讓我能夠順利地度過外審難關。其間前前後後我又對論文修改了 3 遍，總共已有 10 遍，這份稿子是第 11 稿。都說「好文章是改出來的」，我在修改

論文上所花費的時間遠多於寫作論文的時間。另外，我曾嚮導師承諾：「力爭在畢業以前至少將論文修改十遍」，所以目前業已基本達標。由於我的博士論文篇幅較大，並且我的論文大到論文結構，小到史料的引用分析、注釋、標點符號等等仍存在不少問題，這樣的情況讓我每次的論文修改都倍感艱辛。有時候，引用的一條史料的出處查證，就要耗費我一整天的時間。史料的引用也要經過不斷的比對，能夠引用原始材料，就不要第二手資料。例如論文中關於順德縣地方志的引用，最初由於為了圖省事以及方便查閱的緣故，我用的是順德縣地方志辦公室點校的《順德縣志》咸豐、民國的合訂版（中山大學出版社，1993 年），後來在一次論文投稿中，期刊編輯指出了我文章中方志使用存在問題，建議我儘量使用原始材料。受此啟發，儘管原來博士論文中存在大量關於《順德縣志》（咸豐、民國合訂版）的引用，但我還是全部改為廣東省地方史志辦公室輯錄的《廣東歷代方志集成·廣州府部》第 17 冊的《（咸豐）順德縣志》，和臺北成文出版社 1966 年出版的《中國方志叢書·第 4 號》的《（民國）順德縣志》。同樣，廣東省地方史志編委會辦公室、廣州市地方志編委會辦公室於 1995 年編錄一套《清實錄廣東史料》（全 6 冊）。這套書極大方便了我對清實錄廣東史料的查閱，並在前期論文撰寫過程中對其進行大量引用。而在論文第五稿的修改當中，我全部捨棄對《清實錄廣東史料》的引用，而改為北京中華書局 1986 年《清實錄》的那套版本。再如由於我在論文中使用的《籌辦夷務始末》是臺灣文海出版社《近代中國史料叢刊》版本，傅斌老師在給我的修改意見中指出了《籌辦夷務始末》用中華書局版本更權威。因此我又不得不將論文中所有引用《籌辦夷務始末》的史料一一改為中華書局版本。總之，論文修改細膩而繁瑣，極大地考驗著每一位研學者的心態與毅力，並且只有日拱一卒、持之以恆，才能終獲成功。

六、致　謝

論文的資料搜集、撰寫和修改過程中得到許多人的幫助，在此一一表示感謝。

首先，最需要感謝的是我的導師——張國驥先生。儘管張老師的日常行政工作十分繁忙，但仍對我的學業和論文指導十分上心。張老師由始至終地參與到我博士論文的選題、寫作、修改當中，並提出了許多修改意見。特別是論文的第三稿中，張老師將第三稿全部打印出來，從目錄到最後的參考文獻、附錄

部分，包括標題、內容、論文結構，乃至標點符號、注釋等，哪些地方需要改進都逐一進行批註。張老師說當時翻閱我的論文和做的這些批註，足足花費了他近一個月的時間。這滿頁滿頁的紅字批註已讓我淚目！我只能以更為勤快的修改來回報老師的認真。我是張老師唯一的博士，張老師在我的學習上付出的時間與精力自然要比他人更多。在學術上有所斬獲，為導師爭光，是作為一名學生的天然使命，我當然也不例外。但以論文難以發表所顯示出學術上的遲滯，時常讓我產生學業不精之感，也慚愧老師對我的付出。

老師不僅關心我的學習，也關心我的生活。當我遭遇挫折之時，老師還施以援手，幫助我渡過難關。例如 2017 年入學之時，由於我的疏忽大意，學校沒有給我分配宿舍。入學的前夜，我來到長沙，卻沒能入住學校宿舍，拉著旅行箱游蕩在長沙街頭，頓時陷入彷徨，倍感無助。之後我打電話給老師，把我的情況向他說明，隨後他立即幫我解決了宿舍入住問題。所以，我能夠待在學校學習，多虧了老師的鼎力相助。2020 年居家撰寫論文的時候，由於疫情和家裏變故等各種原因，我曾經一度瀕臨崩潰的邊緣。老師得知我的情況之後，開導我要學會堅強，督促我要盡快調整好心態，把學習放在第一位，一切以學業為主。總之，張老師一直為我的學習與學業保駕護航，對他的付出，我總是滿懷感激。

其次，感謝的是關心我學習的學院諸位老師。在博士論文的開題、預答辯過程中，多位學院老師為我論文提出了寶貴的修改意見。例如參加我論文開題的李育民老師、李傳斌老師、鐘聲老師、田中陽老師，就我論文的結構框架以及內容的書寫提出了寶貴的意見。又如參加我論文預答辯的李育民老師、李傳斌老師、劉利民老師、雷炳炎老師，就我論文內容存在的問題提出了許多寶貴的修改建議。以上老師中，李育民老師和李傳斌老師都參加了我論文的開題和預答辯，每次提出的論文修改意見都十分具體與詳細。李傳斌老師在外審之前屢次為我論文的修改提出許多建議，助我能夠順利通過外審。以上所有老師的意見對我的論文撰寫與修改，都起著十分重要的促進作用。在此，對以上老師表示感謝！此外，還有參加學院主辦的論文會議，對我提交論文進行指點的楊超老師和段煉老師。兩位老師都分別對我提交的論文做出認真、細緻的點評，對此表示衷心的感謝！我曾就論文中的一些學術問題通過郵件方式向清代團練研究專家崔岷老師請教，他亦耐心對我的文章提出一些指導意見，特此感謝！

　　以上的老師屬於我的「學業指導型」老師，還有一款屬於「朋友型」老師。對我而言，學院的彭麗華老師、方慧老師、王逸之老師就是其中的代表。17 年剛入學時，彭麗華老師負責教授我一門專業課。與其說彭老師給我授課，事實上，我是加入了彭老師師門的讀書交流會。所謂的「上課」就是我跟彭老師的一些學生一塊讀書，並展開交流、探討。在讀書交流之餘，我和彭老師的學生一塊到她家吃飯，分享她的手藝，偶而我們也會炒上幾樣菜共同分享。剛入學時候的讀書交流會的那段時光充滿著濃鬱的「生活氣息」。此後，或在食堂偶遇時，或是微信上，我有時偶而會跟彭老師探討交流一些想法，或是學習心得。彭老師給我的感覺，與其說是老師，更像是一位「摯友」。

　　我的另一位「朋友型」老師是學院的方慧老師。方慧老師，也是預答辯時候跟我同組的一位博士學友，私底下我更願意喊她一聲「師姐」。2021 年暑假留校時候，方慧師姐給了我教師辦公室的鑰匙，讓我可以去那裡專心修改論文。有次，方師姐還燒了排骨和茄子給我吃，在食堂也請我吃過飯。另外，在暑假修改論文期間，方師姐跟我約定每天要在微信上打卡，互相鼓勵。每天的這一份「守時」與鼓勵，一直持續到我論文第五稿的修改完成。彭麗華老師和方慧老師這兩位年輕的女老師，既有自己的家庭、小孩需要照顧，又有自己的事業、學業需要忙碌，從她們身上我更感受到新時代女性的不易與偉大。

　　2021 年暑假在學院教師辦公室學習的時候結識了剛剛入職的王逸之老師。王逸之老師畢業於湖南大學嶽麓書院，師從「師爺」朱漢民先生，按輩分來說我應該稱王老師為「師叔」（儘管他只是比我大 5 歲）。王老師熱情和藹，關心我的學業進展，經常為我文章的發表以及就業等方面提出不少指導建議。王老師習慣送書予人（前後送了我兩套書），非常愛看書，就連開車等紅綠燈的時候都要翻上幾頁書，知識淵博，屬於博覽全書的學者，每次與他交談受益頗多。

　　還有需要感謝的是我本科院校（惠州學院）的三名老師，即成曉軍教授、關威教授、徐旭陽教授。三位老師現已退休，但他們淵博的學識和德高望重的學者的形象一直感召著我。他們三位老師對我人生產生了一些指引性作用。可能由於我不太世故、不善於交際，遇事專一且執著等等性格原因，所以當我還是在讀本科的時候，三位老師皆曾不約而同地建議我走走學術這條道。所以，我最終走上學術這條道路也是深受三位老師的感召與影響，最終我也成為本科院校惠州學院走出來的第一位博士。這三位老師對我而言猶如燈塔，指引著

我的「人生之船」該駛往何處。

　　然後，需要感謝的是就是我的父母。沒有他們在我身後默默地付出與支持，我無法順利完成學業。正如前文所述，我在本科階段立志要從事科研，走學術之路，我的父母對於我的志向十分理解與支持。從本科上碩士，從碩士上博士，我的父母並絲毫沒有半點勸我放棄繼續深造，催我趕緊工作掙錢。相反，他們鼓勵我繼續深造學習。有時，反而我會向他們抱怨，「別人家孩子都已經出來工作多年，可我還在學校裏讀書學習，半點收入都沒有」。而他們卻勸誡我說，「以後掙錢的機會多著，但是當下如果沒有選擇繼續深造，以後就再也沒有這樣的機會。及時抓住機遇才是你當下要做的事情。」正因為他們的理解、支持與鼓勵，我才能得以在學術道路上一路「死磕」到現在。父親、母親的文化水平不高，家裏又是只有我一個孩子，所以他們把全部的希望和關愛都灌注在我一個人身上。這麼多年我亦深切感受到他們對我的企盼，以及那份愛的炙熱。

　　再次，我要感謝身邊的一些同學和朋友。本人性格較為孤僻，身邊的朋友不多，能聊得來的就更少。例如跟我同一年級的李華文、張金豔、付超三位博士，李華文成績優異，博士三年順利畢業，現在為湖南大學嶽麓書院的博士後。張金豔跟付超比我早半年順利完成答辯。入學之初，我跟他們三位同學經常爬山，交流學習。他們在完成答辯以後紛紛離開了學校，開始找工作了。還有我的兩位好朋友，邱相炎和趙明超兩位博士，他們是數學統計學院的博士。邱相炎開始住在我隔壁 415 寢室，後搬來 416，與我成為舍友。趙明超是我隔壁寢室。我們仨人關係挺好，時常晚上回到寢室都聚在一起聊會兒天，批判一下現實，暢想一下未來。有一段時間，我跑去他們實驗室學習。他們實驗室有著舒適的學習環境，到現在我仍舊挺留戀。可惜，他們畢業以後，我再也不能去他們的實驗室了。這兩位朋友也是與我同一屆的博士，現在都已畢業找到工作了。人們常說「有空常聚」，但人往往在分別以後，就走向各自不同的人生軌道，此去以後再難相聚了。「此去經年，應是良辰美景虛設。便縱有千種風情，更與何人說？」還要感謝後來的兩位舍友——魏曉和楊梟兩位博士。魏曉是音樂學專業，主攻鋼琴教學，19 級博士，88 年生人。魏曉時常用自己那把電推剪把自己的頭髮推得乾乾淨淨，頭髮稍微長長一點他就推，三天兩頭地站在洗漱臺前自己給自己推頭髮。所以，魏曉留給我最深的印象就是一個大光頭。他出門必戴一個鴨舌帽。我問他為啥要把自己弄個光頭造型？他笑說 CPU 運轉

過快，推光了容易散熱，還有就是給人一種「聰明絕頂」的感覺。魏曉為人慷慨、仗義，2021 年暑假本來我無法再繼續留在學校的，多虧他當時幫忙才最終能夠繼續留宿學校。楊梟是我另一位舍友，20 級博士，學生物，主要研究漁業養殖，很年輕，97 年生人（足足小我 7 歲）。楊梟給我的印象就是一個年輕陽光男孩，長得十分清秀帥氣，喜歡足球，也喜歡玩遊戲。因為跟我一樣愛好玩遊戲，所以每天晚上在圖書館自習後回到宿舍，總是喊他玩上幾把，才給枯燥無味的學術生活增添了些許快樂。

最後，我想感謝學校圖書館為我提供良好優美的學習環境，感謝學校圖書館和學院資料室提供的學習資料。感謝宿管阿姨和食堂大媽為我的生活起居提供服務。感謝這個陪伴我多年的筆記本電腦，感謝「你」多次在系統崩潰之後能夠堅挺地「活」過來，並繼續「毫無怨言」地陪伴著我。感謝身上這個背了多年的雙肩背包，感謝「你」在我多年來無數次往「你」裏面放滿東西之後，仍然能夠如此「堅挺」。

七、論文出版

博士論文的撰寫和修改終於告一段落，接下來我開始著手將博士論文進行出版。對於我這種一窮二白的學生來說，出版費用是一項巨大的經濟負擔。所幸的是，在學院一位老師的友情推薦下，我遇到了臺灣花木蘭文化事業有限公司，該社同意免費出版我的博士論文。花木蘭文化出版社能夠同意出版我的博士論文，此舉對我而言無疑是雪中送炭，為我能夠順利地拿到學位證，走上高校教職崗位提供巨大的助力。這是我人生的第一本學術專著，其價值與意義非凡！為此，本人對花木蘭文化出版社及其為我專著出版辛勤付出的工作人員致以最真摯的感謝！同時也希望以後能夠有更多的合作與交流。

八、寫給自己

最後的最後，我想感謝自己一下。世事多艱，特別是在這個病毒蔓延且又內卷嚴重的時代中，能夠幸存下來已是不易。寫到這裡，我拿出了鏡子，狠狠對鏡子中的自己磕了兩個響頭，再道一聲「太不容易」！

寫罷此文之時，已過而立之年。在這個年齡階段，我深切感受到所謂的「中年危機」。環顧四周與我同處一年齡段的人，基本上都已成家立業，有些孩子已有兩個。再看看自己，博士還未畢業，工作尚未著落，自己還孑然一身，隨處飄零，不由得一聲感歎！當然，我也時常慶慰，在這個快節奏且浮

躁的社會中，能夠遠離塵囂，躲在「象牙塔」安心治學，這本身已是一種奢侈。如果說，對於未來的自己還有期許的話，我希望成為一個「心底乾淨、思路清晰，沒有多餘的情緒與執念的人」。然而我也知道現實生活中能夠做到如此分明的人，實屬罕見。能夠如此，這在某種程度上已經算是一種持戒。

縱世事維艱，望初心不改！

且要

勺飲不器盛滄海，拳石頻移磊泰山！

壬寅年仲夏

於潮州老家